Évaluations, sources de synergies

Évaluations, sources de synergies

Sous la direction de Nathalie Younès,
Christophe Gremion et Emmanuel Sylvestre

Portées par l'ADMEE-Europe et l'ADMEE-Canada, les Presses de l'ADMEE publient des ouvrages portant sur l'évaluation en éducation et formation. Leur vocation est de nourrir le débat et d'enrichir les pratiques dans la communauté internationale francophone des chercheurs et praticiens de ces domaines.

Les Presses de l'ADMEE publient des ouvrages scientifiques permettant de présenter les travaux de recherche issus des colloques internationaux, des activités des réseaux scientifiques thématiques, et plus largement de toute problématique portant sur l'évaluation en éducation et formation. Elles publient également des livres plus spécialement destinés aux praticiens, qu'il s'agisse d'analyse de pratiques, de conception d'outils et de dispositifs d'évaluation ou de formation.

www.presses-admee.com

© 2020 Les Presses de l'ADMEE
Éditeur : ADMEE Europe
c/o IRDP, Faubourg de l'Hôpital 43
Case postale 556, CH-2002 Neuchâtel, SUISSE
Impression : Books on Demand, Norderstedt, Allemagne

Illustration couverture : Borsu Olivier - IFRES ULiège

ISBN : 978-2-9701-5360-3
Dépôt légal : Décembre 2020

À Marcelo Giglio,

Table des matières

Introduction Évaluations, sources de synergies ?   15
    I.   Des mises en relation versus des couples d'opposition   16
    II. En quête de nouveaux dispositifs synergiques   17
    III. Présentation des chapitres de l'ouvrage   18
    IV. Bibliographie   26

Chapitre 1. Normalisation et développement dans l'éducation   29
    I.   Introduction   29
    II.   Olivier Maradan, secrétaire général de la CIIP   32
    III. Jean-Paul Moulin, directeur du CFPS   36
    IV. Raphaël Pasquini, professeur associé, HEP Vaud   41
    V.   Jacques Dubochet, professeur à l'Unil et prix Nobel de chimie 2017   45
    VI. Vers une conclusion   49
    VII. Bibliographie   51

Chapitre 2. Après la note   53
    I.   Après la note : effets psychosociaux de l'évaluation normative   53
    II.   Pourquoi les notes sont la plupart du temps menaçantes ?   54
    III. La Menace de l'Autonomie   56
    IV. La menace des compétences sociales   58
    V.   La menace de l'égalité   60
    VI. Conclusions   61
    VII. Bibliographie   63

Chapitre 3. Quand les recherches collaboratives nous montrent des tensions entre les fonctions formatives et certificatives de l'évaluation des apprentissages   69

   I. Perspectives de recherches collaboratives en pratiques évaluatives 70
   II. Un débat constamment repris : les « fonctions » de l'évaluation des apprentissages   73
   III. Vers une reconfiguration conceptuelle de l'évaluation des apprentissages : entre questionnement pratique et questions scientifiques   79
   IV. Discussion : quelques tensions entre les fonctions de l'évaluation telles que traitées dans les recherches collaboratives   89
   V. Bibliographie   92

Chapitre 4. Évaluations et didactiques, validités didactiques : quelles synergies ?   99

   I. Le RDV partiellement manqué des didacticiens avec l'évaluation 100
   II. EVADIDA : 6 ans d'existence   106
   III. Discussion – Évaluations et didactiques : quelles synergies ?   116
   IV. Bibliographie   121

Chapitre 5. Processus de normalisation dans l'évaluation des apprentissages des élèves   128

   I. Cadre de référence normative, cadre de référence critériée   131
   II. Cadre conceptuel du processus de normalisation, essai   132
   III. Exemples à partir de trois études empiriques : des dynamiques de (re)normalisation réflexives, collectives, délibératives   140
   IV. Perspectives conclusives   151
   V. Bibliographie   152

Chapitre 6. L'agir évaluatif entre ses deux pôles   157

   I. Le « tournis » de l'évaluation   158
   II. La double polarité, une thèse anthropologique   160

III. L'évaluation est donc prise ou doit voguer entre deux pôles	161
IV. Bref retour au champ éducatif	165
V. Les synergies en pénombre	168
VI. Quelques points d'achoppement qui rendent les synergies si problématiques	170
VII. Pour conclure	172
VIII. Bibliographie	175

Chapitre 7. Évaluation sommative versus évaluation formative dans les pratiques d'évaluation des acquis de l'expérience — 178

I. Introduction	178
II. Évolution des questionnements et des pratiques en matière de RVAE	180
III. Prolongement	193
IV. Bibliographie	195

Chapitre 8. Les pratiques évaluatives en contexte de formation par alternance : entre reliance et accompagnement — 199

I. Introduction	199
II. Méthodologie	201
III. Section 1 : Synthèse de la méta-analyse des publications scientifiques consacrées à la formation par alternance	202
IV. Section 2 : Nouvelles conceptions de l'intervention formative, émergence d'une posture de compagnonnage évaluatif et renouvellement des pratiques professionnelles des acteurs de l'alternance	217
V. Conclusion	223
VI. Bibliographie	226

Chapitre 9. Plus d'une évaluation : l'homo academicus à l'épreuve — 232

I. Introduction	232
II. Entre université et « multiversité »	235

III. Une enquête auprès des enseignant·es-chercheur·ses qui met en évidence la difficile évaluation d'une triple exigence	239
IV. Dissonance versus harmonisation	243
V. Conclusion	246
VI. Bibliographie	246

Conclusion : Vers une évaluation dialogique ? — 250

I. L'évaluation : des tensions au dialogue	250
II. Comment décrire ces tensions ?	253
III. Des postures repérées comme contributives à l'émergence d'une évaluation dialogique	255
IV. En conclusion : des postures contribuant à une évaluation dialogique	263
V. Bibliographie	264

Index des auteurs cités — 268

Les contributeurs — 274

Introduction
Évaluations, sources de synergies ?

Entre normalisation, contrôle et développement formatif

Nathalie Younès, Emmanuel Sylvestre et Christophe Gremion

L'évaluation sous ses différentes formes est intimement liée au monde de l'éducation, à ses permanences et à ses transformations. Elle y est omniprésente à tous les niveaux, du système éducatif dans son ensemble jusqu'aux processus les plus individuels. Mais des finalités différentes sont poursuivies selon qu'il s'agisse de classer les performances, de certifier la qualité d'un établissement (par exemple lors de différentes accréditations), les aptitudes d'un professionnel, le niveau attendu d'apprentissage des élèves ou l'efficacité d'un examen. Ou selon qu'il soit visé de réguler et faire évoluer les pratiques, les processus d'enseignement/formation et d'apprentissage ou les dispositifs, en fournissant un feedback aux différents protagonistes : responsables politiques et opérationnels, professionnels, bénéficiaires directs et indirects (ministères, chefs d'établissement, enseignants, élèves, familles, société civile). Si ces différentes finalités et pratiques coexistent souvent, leurs légitimités, articulations, compatibilités et valeurs respectives sont à re-questionner et ré-inventer, partant de l'hypothèse qu'elles sont en synergie dans tout processus d'évaluation.

I. Des mises en relation versus des couples d'opposition

Une face de l'évaluation est associée à des démarches de standardisation, de contrôle et de certification, composantes nécessaires de son rôle instituant. L'évaluation formative, quant à elle, est envisagée dans une perspective de soutien et de développement. Une distinction qui se retrouve également, entre des procédures de mesure (instruments, échelles, comptages statistiques, etc.) et des processus de sens (représentations, apprentissages, identités, référentialisation, réflexivité). Ce sont les mises en relation entre ces différentes dimensions qui ont été au cœur de la problématique du colloque de l'ADMEE-Europe 2019, ce qui exige encore et toujours de soumettre l'évaluation à de nouvelles réflexions épistémologiques (Mottier Lopez et Figari, 2012) et à plus de recherches empiriques sur ses effets (Allal, Dauvisis et De Ketele, 2017).

Un bref regard rétrospectif sur les colloques antérieurs montre que le questionnement sur les « couples d'opposition » est récurrent dans l'histoire de l'ADMEE-Europe. Le premier colloque international de Dijon en 1985 s'intitulait : « L'évaluation : approche descriptive ou prescriptive ? » (De Ketele, 1986). Depuis les années 2000, la question des relations entre différentes approches de l'évaluation s'affirme progressivement. A Liège en 2003, était interrogé comment articuler l'efficacité et l'équité, deux exigences pouvant être perçues comme inconciliables (Demeuse et al., 2005). En situant l'évaluation des compétences entre reconnaissance et validation, le 17ème colloque, à Lisbonne en 2004, conduisait à porter le projecteur sur les enjeux et les tensions sous-tendant ces processus. Et en 2008 à Genève, ce sont précisément les tensions entre régulation et pilotage qui sont au centre de l'argumentaire (Mottier Lopez et Crahay, 2009). Aux différents niveaux du système éducatif, dans les champs scolaires, universitaires et professionnels il s'agit de considérer ces relations en termes de continuités et de ruptures ainsi que d'effets positifs et négatifs. Le présent ouvrage, fondé sur les travaux du colloque de Lausanne en 2019 reprend ces problématiques en interrogeant plus particulièrement ce qui se passe « entre » normalisation, contrôle et développement formatif.

II. En quête de nouveaux dispositifs synergiques

Insister sur la question de « l'entre » (Jullien, 2012), c'est prendre en compte à la fois la question des ruptures et des continuités mais aussi des multiples relations, glissements, passages, confrontations qu'il est possible, selon les contextes, d'identifier. Plusieurs auteurs ont proposé des cartographies des modèles ou paradigmes d'évaluation (De Ketele 1993, 2016 ; Guba et Lincoln, 1989, 1994 ; Mertens, 2015 ; Shadish, Cook et Leviton, 1991, Vial, 2012). L'analyse de ces différentes cartographies, de leurs empiètements et contradictions, nous amène à formuler une cartographie des différentes générations d'évaluation qui, tout en reprenant les précédentes, repère de nouveaux contours (Younès, 2020).

Le chantier de la première génération d'évaluations - qui a largement porté ses efforts sur l'élaboration d'outils de mesure, d'explicitation de référentiels et d'indicateurs de performance individuelle et sur les tests standardisés - se renforce en liaison avec les outils numériques et avec des méthodologies consolidées. Une deuxième génération confrontée aux limites du paradigme quantitatif de la mesure a souligné l'importance d'associer mesure et régulation, quantitatif et qualitatif, standardisation et contextualisation, afin de disposer d'éléments objectivables situés. Une troisième génération a mis l'accent sur l'importance de la construction du sens individuel et partagé. Une quatrième génération semble se dessiner, qui vise à faire tenir ensemble les différentes dimensions de la culture de l'évaluation dans une dynamique synergique de milieu. La réflexion épistémologique sur les paradigmes et les différentes générations qui coexistent conduit à mettre en relation des univers théoriques et pratiques pluriels. Afin de n'évacuer ni l'incertain, ni les limites de la connaissance, ni les paradoxes et de se prémunir des simplifications, des systèmes clos et d'une orientation dualiste, il est visé de mobiliser et interroger les différentes strates engageant à penser, construire, expérimenter l'ouverture de possibles. Ceci amène à cibler les interactions et interengendrements impliqués et à prospecter plus particulièrement dans quelle mesure et comment dispositifs d'évaluation et transformations de l'objet évalué peuvent s'articuler de manière féconde : notamment à savoir comment les dispositifs d'évaluation normalisante et de contrôle peuvent s'articuler avec des dispositifs d'évaluation-développement ou d'évaluation-conseil (Bedin et Jorro, 2007), parce que c'est dans l'« entre » de différentes évaluations que les synergies sont recherchées.

Tout l'enjeu du chantier des synergies n'est pas la réalisation de synthèses abstraites qui résoudraient magiquement les divergences et les conflits en cherchant à les faire disparaitre, mais bien au contraire celui de viser à les affronter et à les faire tenir ensemble. Au fil des chapitres, il peut être observé en quoi et comment les dispositifs d'évaluation, situés, coopératifs et appropriés, pourraient être pensés moins comme procédure que comme dynamique de champs relationnels, capables potentiellement de créer des conditions propices à des déploiements créatifs entre parties prenantes et à une activation des milieux. Cette réflexion, conduite aux niveaux individuels, institutionnels et politiques, permet d'interroger comment les interrelations entre ces différents niveaux peuvent s'avérer constructrices ou destructrices de synergies entre normalisation, contrôle et développement formatif. Trois formes de synergies qui entrent en consonance ou dissonance apparaissent en filigrane au cours des différents chapitres : des synergies disciplinaires et interdisciplinaires qui renvoient plus spécifiquement aux références et méthodes mobilisées, des synergies entre parties prenantes qui concernent plus particulièrement les relations dialogiques, des synergies écologiques qui s'envisagent en termes de milieu, entité écosystémique s'avérant déterminante dans les dynamiques de transformation, co-évolution et adaptation de la culture évaluative, prise dans les paradoxes entre normalisation, contrôle et développement formatif.

III. Présentation des chapitres de l'ouvrage

1 - Le premier chapitre rend compte de la table ronde organisée au démarrage du colloque pour interroger, dans l'éducation, les relations paradoxales de la normalisation et du développement, prenant acte, en

référence à Morin (2008), de leurs antagonismes, concurrences, complémentarités et nécessités. Il donne la parole à quatre acteurs impliqués à différents niveaux du système éducatif suisse qui témoignent de ces difficiles relations.

Au niveau du pilotage du système, Olivier Maradan rappelle le contexte suisse, où chaque canton définit ses propres règles et reste très attaché à son autonomie politique. Néanmoins un mouvement inéluctable vers une harmonisation scolaire voulue a pris de l'ampleur depuis une dizaine d'années conduisant d'abord à définir des plans d'études communs puis des standards nationaux dont l'atteinte est contrôlée à travers la mise en œuvre d'évaluations standardisées. Destinées à faire un état des lieux, ces mesures devraient être suivies d'analyses approfondies pour identifier les origines des différences observées et permettre des actions correctives. L'auteur considère que ces mesures devraient conduire à un classement qui « bien qu'il ne soit en rien le but poursuivi, transparaitra forcément sur la base de la communication publique des résultats ».

Un problème majeur de la normalisation réside dans ses désastreuses conséquences pour celles et ceux qui sont en dehors de la norme. En tant que directeur d'une institution de formation professionnelle et sociale accueillant un public cumulant généralement des difficultés sociales et d'apprentissage, Jean-Paul Moulin met l'accent sur les impacts négatifs, sur les plans identitaire, affectif et cognitif de l'échec scolaire construit selon lui par une société qui a besoin de l'échec pour valoriser les meilleurs. Il rappelle que, alors que les intelligences sont multiples (Gardner, 2008), les évaluations les plus couramment pratiquées étant basées sur des compétences logico-mathématiques et langagières décontextualisées, elles favorisent certains élèves au détriment des autres. Il plaide pour un changement radical amenant une adaptation aux capacités de chacun et valorisant les compétences plutôt que de considérer chacun à travers la lunette de ses difficultés.

Selon Raphaël Pasquini, c'est bien la machine à sélectionner qui sous-tend toute l'école vaudoise. Il convient que les enseignants soient lucides quant à cette réalité et puissent arriver à se positionner et faire avec des prescriptions contradictoires. Le défi est de pouvoir articuler les démarches certificatives et formatives, une tâche redoutablement difficile mais possible quand les enseignants peuvent bénéficier d'un accompagnement formatif soutenu par la recherche.

Le chapitre s'achève sur une interview du prix Nobel de chimie 2017, Jacques Dubochet, qui témoigne d'une scolarité chaotique, marquée par de nombreuses ruptures dans les institutions scolaires du fait de son inadaptation à la norme, mais aussi d'un entourage soutenant et la rencontre de personnes marquantes ayant cru en lui.

2 – Le deuxième chapitre fait l'état des lieux de résultats d'un programme de recherches dirigé par Fabrizio Butera, étudiant les effets psycho-sociaux de la menace induite par l'utilisation des notes dans l'évaluation scolaire qui, en rendant les performances visibles, favorise les processus de comparaison et de sélection sociale. Il met en évidence une synergie généralement négative entre l'évaluation normative et le développement de la vie des individus et des groupes.

L'évaluation normative est communément définie depuis De Landsheere (1980) comme une procédure de fabrication du résultat de l'élève par comparaison avec ses pairs – par opposition à l'évaluation critériée consistant à juger de la performance au regard de critères préexistants définis. Les notes sont le parangon de l'évaluation normative d'autant plus acceptées qu'elles renvoient à l'idée que cette évaluation se fonde sur l'équité en tant que principe de la justice distributive, à la base de l'idéologie méritocratique.

Les études expérimentales dont il est rendu compte dans ce chapitre montrent systématiquement l'impact délétère de l'évaluation normative sur des dimensions psychosociales fondamentales. Trois effets majeurs sont mis en évidence : a) la réduction de la motivation autonome avec l'augmentation des buts d'évitement et leur cortège d'anxiété, honte et sentiment d'impuissance ; b) la menace des compétences sociales, notamment les comportements de partage, (même si ceux-ci seraient nécessaires à la résolution collective de la tâche), l'esprit critique dans le groupe ou la capacité à coordonner ses actions avec les autres ; c) la menace de l'égalité puisque dans un contexte de sélection, les correcteurs trouvent plus de fautes dans les copies d'élèves issus de milieux socioéconomiques défavorisés ou leur conseillent (à résultats scolaires équivalents) des filières d'étude moins prestigieuses. Les auteurs concluent en soulignant que les notes représentent moins pour les élèves des occasions de se faire une idée sur l'état de leurs apprentissages qu'un feedback sur leur place dans la hiérarchie scolaire. Ils insistent sur le fait que, même associées à des démarches d'évaluation formative, elles conservent leur pouvoir de nuisance puisqu'elles empêchent les effets de développement de celles-ci, pourtant largement démontrés. C'est donc autour de l'évaluation formative associée à des méthodes d'apprentissage coopératif que les auteurs préconisent de réorienter les systèmes éducatifs.

3 – Marcelo Giglio et Lucie Mottier Lopez rappellent que les tensions à propos des différentes fonctions de l'évaluation des apprentissages font l'objet de débats tant sur le plan théorique que sur le plan des pratiques depuis plusieurs décennies. Outre des reprises utiles de ces principaux débats et des recherches montrant comment la persistance de l'évaluation certificative normative entrave la pratique de l'évaluation formative, leur chapitre donne à voir comment de multiples tensions sont traitées dans le réseau des recherches collaboratives sur les pratiques évaluatives de l'ADMEE, en particulier lors du symposium « Perspectives contemporaines de recherches collaboratives en pratiques évaluatives et formation en enseignement » (Giglio, Cartier et Mottier Lopez, 2019).

Ces tensions apparaissent relativement aux objets d'apprentissage, notamment quand il s'agit de nouveaux objets (comme par exemple les compétences transversales) requérant un renouvellement de la façon de les évaluer. Les différentes recherches présentées mettent en évidence le rapport complexe qu'il peut y avoir à s'approprier des outils et pratiques innovantes au regard des habitudes en vigueur à l'école. Il apparait également que les tensions sont liées aux perspectives qui diffèrent en fonction des rôles et contextes socio-institutionnels portés par chaque acteur ou actrice. Dans la plupart des cas, qu'il s'agisse des enseignants, des superviseurs ou des étudiants, l'évaluation certificative tend à prendre le dessus. Pour autant les enseignants eux-mêmes se trouvent pris dans cette tension entre une justice distributive ou méritocratique visant une égalité de traitement pour tous les élèves et une justice corrective qui promeut une égalité des acquis en n'étant pas indifférente aux différences. D'autres tensions apparaissent entre les référentiels et les pratiques en contexte. Pour les auteurs, ce sont les regards croisés sur ces tensions, lors des controverses professionnelles suscitées par les recherches collaboratives, qui aident à penser collectivement et améliorer les pratiques évaluatives en classe.

4 – Le chapitre présenté par Marc Vantourout au titre du réseau EVADIDA – Évaluations et didactiques – vise notamment à mieux faire connaître ce « jeune » réseau à travers ses questionnements et réalisations. Pour ce faire, à partir de publications, l'auteur se centre sur deux périodes. Pour la première qui s'étale de la fin des années 1970 aux années 1990, sorte de « préhistoire » antérieure au réseau et où figurent d'illustres précurseurs, il retrace à grands traits les tentatives de rapprochements entre évaluations et didactiques. Pour la seconde, contemporaine, il propose un bilan quantitatif et qualitatif d'articles qui, publiés au sein des deux revues de l'ADMEE, renferment une dimension didactique et portent des thématiques correspondant à celles du réseau.

Parmi celles-ci, la validité didactique des outils d'évaluation est centrale ; les travaux impliquant cette notion contribuent fortement à la structuration scientifique du réseau. Avec la validité didactique, il s'agit de faire sortir cette notion du champ de la psychométrie pour l'intégrer à la réflexion didactique, et ce afin d'apporter une réponse à certaines insuffisances des approches psychométriques. L'un des objectifs est de concevoir des outils valides, c'est-à-dire qui permettent de décrire/qualifier le fonctionnement cognitif de l'évalué à partir de son activité de réponse. Cette conception renouvelée de la validité se situe davantage du côté du développement formatif, tandis que, historiquement dans le cadre de la psychométrie, la notion de validité se situe du côté de la standardisation, du contrôle et de la norme. Au sein du réseau, certains tentent d'articuler les approches psychométriques et didactiques de la validité, projet auquel on ne peut que souscrire. Toutefois, cet idéal de conception « unifiée » de la validité, à la fois qualitative et statistique, s'avère pour l'instant difficile à réaliser, la normalisation prenant dans les faits, lors de la conception d'outils, le pas sur la perspective de développement formatif.

5 – C'est dans une acception de la normalisation en évaluation en tant que phénomène complexe situé que Lucie Mottier Lopez se propose d'en amorcer une conceptualisation dans le chapitre suivant. Elle s'appuie sur des recherches en anthropologie et en sciences de l'éducation pour considérer qu'il existe à la fois des éléments normatifs préexistants et des

éléments normatifs émergeants des situations. Elle s'oppose cependant aux distinguos radicaux pour, dans une lignée anthropologique situationniste issue notamment des travaux de Lave et Wenger (1988), penser une relation dialectique entre *arena* et *setting* dans une constitution réciproque. Ce postulat est soutenu par l'analyse de plusieurs recherches empiriques fondées sur une approche analytique et interprétative. Conduites avec des enseignants, ces recherches étudient comment se construit une culture partagée de l'évaluation que ce soit dans la classe, pour coconstruire un référentiel d'évaluation formative ou confronter de manière délibérative des choix opérés par les enseignants pour l'évaluation certificative. Ces recherches donnent à voir des dynamiques de normalisation et de renormalisation différentes dans les pratiques évaluatives étudiées en situation. Il apparait ainsi que la pratique même d'expliciter et de négocier ces critères constitue une démarche de co-régulation formative. Il apparait également comment les pratiques collectives de confrontation de jugements sont propices à des controverses professionnelles au sens de Clot (2014), ce qui ouvre des pistes heuristiques pour comprendre ces processus dans une approche systémique et intégrative, mais aussi pratique, dans l'élaboration de dispositifs et outils de confrontation et de développement professionnel collectif.

6 - Dans une approche d'anthropologie philosophique, Yves Schwartz traite des difficiles synergies entre les deux pôles de « l'agir évaluatif » que sont pour lui d'un côté la normalisation et le contrôle et de l'autre, le développement formatif. Il considère que l'évaluation est prise entre ces deux pôles qu'il qualifie respectivement de désadhérence et d'adhérence. Le pôle de la désadhérence renvoie aux normes antécédentes qui régissent la vie collective en ne s'adressant à aucun individu en particulier et définissent différents niveaux de contraintes, constitutifs de notre humanité. Il se réfère au champ de l'ergologie ou l'étude des situations de travail en vue de les transformer, qui montre de manière récurrente y compris dans des environnements très contraints « qu'il est pour un soi humain impossible et invivable d'être un strict exécutant des normes antécédentes », qu'il y a toujours « un réajustement créatif de ces normes ». Cette « renormalisation » qui renvoie au pôle de « l'adhérence », à savoir des valeurs et choix individuels ou collectifs, est toujours largement énigmatique. Le monde du travail, comme celui de l'éducation et de la

formation sont les lieux de normes dichotomiques qui parfois entrent en synergie, quand l'individu arrive à inscrire dans sa singularité les savoirs normatifs situés au pôle de la désadhérence, quand ces deux pôles arrivent à dialoguer. L'enjeu est d'arriver à construire un troisième pôle, un pôle tiers, où valeur des savoirs et savoirs-valeurs peuvent s'instruire mutuellement dans une dialectique synergique qui ne soit pas « non maitrisée, grippée, sous dimensionnée ou en pénombre ». Il s'agit d'un « projet d'élucidation essentiel pour une synergie des savoirs d'expérience et des concepts abstraits. Il relève trois points d'achoppement de ces synergies : la temporalité des apprentissages qui n'est pas celle des contrôles, la centration de l'évaluation sur les individus alors que les savoirs-valeurs sont toujours socialisés et enfin la question de la légitimité des valeurs imposées au détriment d'autres. Il termine le chapitre en faisant référence aux travaux de Durrive (2015) qui propose de redéfinir le management dans une approche ergologique donnant toute sa place aux débats de normes et à l'action collective dans des groupes de travail visant « un monde commun à construire ».

7 - C'est également la tension entre l'évaluation sommative (comprise ici comme synonyme de l'évaluation certificative) et l'évaluation formative qui est au cœur du chapitre rédigé par Pascal Lafont, Patrick Rywalski et Carmen Cavaco en ce qui concerne l'évaluation des acquis de l'expérience au titre du réseau reconnaissance et validation des acquis de l'expérience (RVAE) de l'ADMEE-Europe, à la suite du symposium dédié. L'étude des dispositifs de RVAE au Portugal, en France, en Irlande et en Suisse montre une fois de plus que l'hégémonie de l'évaluation sommative entraine une difficulté, pour que l'évaluation formative assure un rôle central en faveur de la reconnaissance des acquis des adultes, mais également de fortes variations selon les contextes. Pourtant selon Cathal de Paor, membre du symposium, cette dichotomie reflète plus une métaphore discursive qu'une réelle analyse des potentiels de régulation de l'apprentissage qui d'après lui peuvent être produits tant par l'évaluation sommative que par l'évaluation formative. Cette proposition trouve un écho dans l'enquête réalisée par Pascal Lafont et Marcel Pariat au sein d'une licence de sciences de l'éducation qui tend à montrer les synergies entrainées par l'association de l'évaluation formative et de l'évaluation par compétences comme base d'une démarche pédagogique pour la valorisation des acquis des expériences d'apprentissage. Que ce soit dans le domaine de la

reconnaissance des acquis de l'expérience associative des jeunes en apprentissage ou de celui de la reconnaissance des acquis de l'expérience des formateurs et formatrices, les études de Sandrine Cortessis et Saskia Weber ainsi que de Patrick Rywalski montrent l'importance de l'accompagnement pour favoriser la réflexion sur l'expérience et sa mise en mots ainsi que la dynamique productive de l'évaluation formative dans le processus de certification.

8 - Pour Philippe Maubant, les pratiques évaluatives sont des enjeux de la mise en œuvre d'une ingénierie des parcours de professionnalisation. Il s'appuie sur une méta-analyse de recherches conduites sur les formations par alternance au Québec, en France et en Catalogne qui met en évidence que, quel que soit le secteur professionnel concerné, l'alternance semble s'imposer comme modèle d'ingénierie des dispositifs et des parcours de professionnalisation. Mais si les pratiques en la matière sont fortement dépendantes de représentations de la professionnalisation et de l'alternance variables, la recherche d'une synergie entre situations de formation et situations de travail reste un objectif récurrent. De manière générale, il apparait que les pratiques pédagogiques de l'alternance, conçues initialement comme des pédagogies de l'articulation ou de l'intégration, sont reconfigurées aujourd'hui comme des pédagogies de l'accompagnement et du compagnonnage évaluatif. Le chapitre propose ensuite des pistes permettant de fonder une ingénierie de l'alternance pensée dans deux directions : la prise en compte de l'apprentissage professionnel comme pierre angulaire d'une pédagogie de l'alternance d'une part et, d'autre part, le déploiement d'une posture de compagnonnage évaluatif permettant de renouveler les pratiques pédagogiques des différents acteurs de l'alternance.

9 – Nathalie Younès traite de l'évolution de la carrière universitaire qui montre que l'*Homo Academicus* (Bourdieu, 1984) ne cesse de changer de visage et de se reconfigurer de manière plurielle. Les recherches font apparaitre des profils et orientations multiples mettant fin au mythe de l'homogénéité du métier d'enseignant-chercheur, ce qui questionne les manières de le situer et de l'évaluer. Les universitaires sont désormais à l'épreuve de plus d'une évaluation. A partir d'une enquête conduite en France et dont les résultats ont été développés dans un ouvrage récent (Paivandi et Younès, 2019), ce chapitre interroge en quoi les difficiles et

conflictuelles relations à la fois entre les trois missions –recherche, enseignement, administration – et entre les parties prenantes de l'institution ouvrent de nouveaux chantiers d'évaluation. Comment les renouvellements et difficiles hybridations entre recherche et enseignement, entre individualisation, compétition et coopération, entre normes, contrôle et émancipation pourraient-ils susciter de nouvelles dynamiques d'évaluation ? En l'absence de dispositifs appropriés à même de développer une culture du collectif pour s'accorder sur les pratiques du métier, avec les différences de points de vue et les conflits de critères, c'est le poids des pouvoirs institutionnels et des dynamiques relationnelles qui en viennent à supplanter les ajustements mutuels et coopératifs propres à chaque situation. L'enjeu d'une autre génération d'évaluation, capable de faire tenir ensemble et de faire co-évoluer des logiques évaluatives parfois contradictoires en termes de normes, contrôle et développement, apparait déterminant. Ce qui requiert des dispositifs propres à activer des synergies de milieu situé et évolutif engageant les niveaux entrelacés de l'individuel, du collectif et du politique.

10 - Dans le chapitre conclusif, Gérard Figari et Christophe Gremion proposent une mise en perspective des travaux du colloque autour de postures adoptées par les acteurs-évaluateurs contributives à l'émergence d'une *évaluation dialogique*. Pensées comme des interfaces – entre internalité et externalité, entre objectivité et subjectivité, entre normalisation et développement – ces postures amènent à quitter les approches monologiques, soit en dépassant les contradictions pour diminuer les tensions (ce serait le cas dans une évaluation dialectique), soit en cherchant à observer et comprendre la possible unité de deux contradictions. C'est précisément dans ce sens que l'*évaluation dialogique* est une figure majeure des synergies en jeu.

IV. Bibliographie

Allal, L., Dauvisis, M.-C., et De Ketele, J.-M. (2017). L'ADMEE-Europe, née à Dijon en 1986 : Développements et perspectives. *Evaluer–Journal International de Recherche en Education et Formation*, 3(3), 107-

137. http://admee.ulg.ac.be/journal/index.php/ejiref/article/view/130

Bedin, V. et Jorro, A. (2007). L'évaluation-conseil en éducation et formation. *Les dossiers des sciences de l'éducation, 18.*

Bourdieu, P. (1984). *Homo Academicus.* Éditions de Minuit.

Clot, Y. (2014). Réhabiliter la dispute professionnelle. *Le journal de l'école de Paris du management, 105*(1), 9-16. https://www.cairn.info/revue-le-journal-de-l-ecole-de-paris-du-management-2014-1-page-9.htm

Demeuse, M., Baye, A., Straeten M.-H., Nicaise, J. et Matoul, A. (2005) (dir.). *Vers une école juste et efficace : vingt-six contributions sur les systèmes d'enseignement et de formation : une approche internationale.* De Boeck.

De Ketele, J.-M. (1986) (dir.). *L'évaluation : approche descriptive ou prescriptive ?* De Boeck.

De Ketele, J.-M. (1993). L'évaluation conjuguée en paradigmes. *Revue française de pédagogie, 103,* 59-80. https://doi.org/10.3406/rfp.1993.1298

De Ketele, J.M. (2016). L'évaluation et ses nouvelles tendances, sources de dilemmes. *Education permanente, 208,* 19-32.

De Landsheere, G. (1980). *Evaluation continue et examens : précis de docimologie.* Labor.

Durrive, L. (2015). *L'expérience des normes : comprendre l'activité humaine avec la démarche ergologique* (Préface de F. Daniellou). Octarès Éditions.

Gardner, H. (2008). *Les intelligences multiples : la théorie qui bouleverse nos idées reçues.* Traduit de l'américain par P. Evans-Clark, M. Muracciole et N. Weinwurzel. Retz.

Giglio, M., Cartier, S., et Mottier Lopez, L. (2019). Symposium « Perspectives contemporaines de recherches collaboratives en pratiques évaluatives et formation en enseignement. Dans C., Gremion, E., Sylvestre, et N., Younes (dir.), *Actes du 31e Colloque scientifique international de l'ADMEE-Europe : Entre normalisation, contrôle et développement formatif. Évaluations sources de synergies ?* (p.333-371). Lausanne, Suisse : IFFP et CSE de l'Université de Lausanne. http://wp.unil.ch/admee2019/files/2019/07/ActesADMEE2019-1.pdf

Guba, E. G., et Lincoln, Y. S. (1989). *Fourth generation evaluation*. Sage.

Guba, E. G., et Lincoln, Y. S. (1994). Competing paradigms in qualitative research. Dans N. K. Denzin et Y. S. Lincoln (dir.), *Handbook of qualitative research* (p. 105–117). Sage

Jullien, F. (2012). *L'Ecart et l'Entre. Leçon inaugurale de la chaire sur l'altérité*. Galilée.

Lave, J., et Wenger, E. (1991). *Situated learning: Legitimate peripheral participation*. Cambridge University Press.

Mertens, D. M. (2015). Philosophical assumptions and program evaluation. *Spazio Filosofic, 13*, 75-85.

Morin, E. (2008). *La méthode*. Seuil.

Mottier Lopez, L. et Crahay, M. (2009) (dir). *Évaluations en tension : Entre la régulation des apprentissages et le pilotage des systèmes*. De Boeck. https://archive-ouverte.unige.ch/unige:17507
DOI :10.3917/dbu.motti.2009.01

Mottier Lopez, L. et Figari, G. (2012) (dir.). *Modélisation de l'évaluation en éducation. Questionnements épistémologiques*. De Boeck.

Paivandi, S., et Younès, N. (2019). *À l'épreuve d'enseigner à l'Université. Enquête en France*. Peter Lang.

Shadish, W.R., Cook, T.D., et Leviton, L.C. (1991). *Foundations of Program Evaluation*. Sage.

Vial, M. (2012). *Se repérer dans les modèles de l'évaluation, méthodes dispositifs, outils*. De Boeck.

Younès, N. (2020). *Vers une évaluation écologique dans l'enseignement supérieur : dispositifs et transformations en jeu* (Habilitation à diriger des recherches, Université de Lorraine).

Chapitre 1. Normalisation et développement dans l'éducation

Des finalités antagonistes, concurrentes, complémentaires et nécessaires[1]

Christophe Gremion, Jacques Dubochet, Olivier Maradan, Jean-Paul Moulin et Raphaël Pasquini

I. Introduction

Le 31ème colloque de l'ADMEE-Europe avait pour titre « Entre normalisation, contrôle et développement formatif : évaluations sources de synergies ? »

A l'origine de cette rencontre et du choix de sa thématique se trouvent plusieurs constats de tensions régulièrement mises en évidence et présentées dans l'introduction de cet ouvrage : opposition et tension entre les finalités d'une évaluation certificative et contrôlante et celles d'une évaluation formatrice (Vial, 2012), entre l'évaluation bilan ou l'évaluation conseil (Bedin et Jorro, 2007), entre les référentiels convoqués dans l'évaluation selon qu'ils soient figés et attendus *versus* ouverts et mis en débat (Figari, 2006 ; Gremion, à paraître). Opposition et tension encore, entre une évaluation à la recherche de la preuve ou de la compréhension, entre évaluation quantitative vs qualitative (Jorro, 2016), interne et externe (Cardinet, 1990), objectiviste et subjectiviste (Rodrigues et Machado, 2012). Le choix de *normalisation* et *développement* dans le titre du colloque est une

---

[1] Termes empruntés à Edgar Morin définissant la complexité (2008, p. 121)

manière de regrouper et de résumer ces multiples divergences dans la représentation qu'il est possible de se faire des rôles et fonctions de l'évaluation. Résumer ces distinctions pour ne pas les citer, et mettre au premier plan l'autre notion centrale de ce titre, la notion de *synergie*.

A l'origine de cette rencontre, il y a ainsi le constat que, dans toutes ces oppositions et tensions, la tentation d'étudier un point de vue en occultant l'autre est forte.

> *Utilisons une allégorie en guise de fil d'Ariane de ce chapitre : un couple de patineurs. Chacun patine de son côté, sans se soucier de l'autre, dans une absence de coordination qui peut faire penser à la notion de désordre. Naturellement, la probabilité que le hasard les fasse se rencontrer existe, mais un regard, une estimation, un changement de trajectoire pour s'éviter... et les deux monologues continuent.*

Réunir trois cents chercheurs et praticiens de l'éducation autour du lien, du liant, de l'occasion de synergie que peut représenter l'évaluation, c'est tenter de dépasser les oppositions et les tensions, tenter de les aborder autrement.

Synergie ne signifie pas s'ignorer cordialement, se tourner le dos ou faire comme si l'autre n'existait pas.

Synergie demande de tenir compte de l'autre point de vue, même si les idées sont antagonistes.

> *Pour notre couple de patineurs, c'est ainsi un colloque qui cherche à faire évoluer ensemble ces deux concurrents, à les faire organiser leurs déplacements pour tenter de se coordonner, de patiner en tenant compte de l'autre. Et de se demander si l'évaluation peut œuvrer à ce rapprochement.*

Pour permettre de rendre visibles les oppositions, mais également la complémentarité, la table ronde d'ouverture de la manifestation donnait la parole à quatre intervenants :

- Olivier Maradan, secrétaire général de la Conférence intercantonale de l'Instruction Publique de la Suisse romande et du Tessin (CIIP)
- Jean-Paul Moulin, directeur du Centre de Formation Professionnelle et Sociale – Château de Seedorf, Noréaz - Fribourg (CFPS)
- Raphaël Pasquini, professeur associé à la Haute Ecole Pédagogique du canton de Vaud (HEP VD)
- Jacques Dubochet, professeur à l'Université de Lausanne (Unil) et prix Nobel de chimie 2017

Le corps de ce chapitre leur donne la parole.

Dans un premier temps, Olivier Maradan met en évidence les besoins de standards pour piloter les écoles. Dans ce sens, il nous expose en quoi la normalisation est nécessaire 1) pour le pilotage des institutions tant au niveau fédéral, cantonal que local et 2) pour garantir une équité de traitement d'un canton à l'autre.

L'intervention de Jean-Paul Moulin démontre l'importance de se distancier de certaines normes ou de certains standards attendus afin de permettre le développement des personnes en grande difficulté scolaire. En ce sens, il nous montre en quoi la normalisation peut perturber le développement d'une personne avec des besoins spécifiques. Mais comme tout être humain est unique et a des besoins spécifiques, ce risque de perturbation n'est-il pas généralisable ? Il s'agit donc dans un plaidoyer pour une évaluation plus humaniste envers la personne apprenante, le besoin d'une évaluation-développement pour le bon épanouissement - voire l'émancipation - des personnes.

Raphaël Pasquini problématise la nécessaire articulation qui doit exister entre les diverses attentes institutionnelles et le développement des compétences des élèves. Pour les futurs enseignants, l'enjeu majeur de formation est que ces derniers deviennent des enseignants compétents pour évaluer leurs futurs élèves dans une perspective de soutien à l'apprentissage tout en répondant aux exigences officielles.

Enfin, Jacques Dubochet témoigne d'un parcours atypique, celui qui a mené un enfant dyslexique[2] à devenir un professeur de renom. Dans une école qui peut être ressentie parfois comme une machine à classer et sélectionner, entreprise bien douloureuse pour certains élèves, quelles sont les opportunités de parcours de vie qui permettent de s'accrocher (ou de raccrocher) et de se « réaliser » au mieux ?

II. Olivier Maradan, secrétaire général de la CIIP

La notion de norme de référence varie beaucoup selon l'organisation des systèmes éducatifs nationaux, tout comme la genèse de telles normes, la responsabilité de leur mise en œuvre et le contrôle de leur atteinte ou de leur respect. Etat fédéral bien particulier, la Suisse se distingue comme il se doit dans la définition de ses référentiels, tout en s'étant inspirée de ses voisins (germanophones) et de l'air du temps. Les effets normatifs y sont toutefois exclusivement cantonaux.

Au fil des ans et des rencontres, j'observe constamment que l'opinion publique helvétique indigène ne voit pas à quel point notre système éducatif se montre particulier en comparaison internationale. D'une part, pour une population scolaire inférieure à un million d'élèves (928'268 élèves à l'école obligatoire en 2015/2016, source OFS) et à moins de soixante mille équivalents plein temps de personnel enseignant, la Suisse compte 26 « ministres » de l'éducation, soit un·e conseiller·ère d'Etat dans chacun des cantons et demi-cantons. Les lois scolaires et toutes les mesures pédagogiques et administratives qui en découlent – et constituent autant de normes – sont donc placées sous l'autorité législative et gouvernementale cantonale et elles présentent entre elles de notables différences. D'autre part, et ceci est plus exceptionnel encore, 95 % des élèves fréquentent en Suisse l'école publique et leurs parents ne peuvent choisir ni l'établissement, ni la classe de leur enfant. Ceci a pour conséquence cruciale que les pouvoirs publics doivent garantir sur tout le

---

[2] Le premier élève diagnostiqué « dyslexique » dans son canton.

territoire, qui plus est quadrilingue, un niveau homogène et exigeant de qualité de l'école publique, ce que le citoyen-parent est en droit d'attendre. Il faut croire que cela ne fonctionne pas trop mal puisque la Suisse se situe selon l'OCDE en tête du niveau de satisfaction émis par la population quant à son système global de formation.

Si la Suisse moderne a désormais un siècle et demi d'existence, avec une coordination scolaire intercantonale réellement active depuis cinquante ans, il n'y a toutefois que dix ans que nous avons mis en place, suite à de nouveaux articles constitutionnels sur l'éducation, un niveau plus conséquent et contraignant d'harmonisation scolaire. Citoyens et politiciens se sont finalement entendus sur le besoin d'un certain nombre de normes communes pour lever au mieux les obstacles à la libre circulation des étudiants et pour assurer donc un niveau d'exigence qui soit harmonisé à la sortie de l'école obligatoire. Bien qu'il n'ait pu être ratifié dans l'ensemble des cantons, l'accord intercantonal HarmoS est aujourd'hui solidement en place et commence à produire ses effets. Les premiers élèves concernés étant pour l'instant encore sur les bancs de l'école, il est donc un peu tôt pour en tirer des bilans détaillés.

Il découle de ce cadre général fédéral que les normes d'évaluation et de promotion au sein du système éducatif suisse restent strictement cantonales. Il serait dès lors trompeur de parler de normalisation. On constate par exemple que, sous l'égide de leurs lois scolaires respectives, les classes genevoises et vaudoises sont soumises à des évaluations cantonales régulières et à des critères de promotion relativement stricts, alors que les classes bernoises ne connaissent rien de tel.

Sur le plan intercantonal, le Plan d'études romand (PER) est depuis 2011 commun à tous les cantons francophones et il relève de la Conférence intercantonale de l'instruction publique de la Suisse romande et du Tessin (CIIP). Par voie d'accord intercantonal (la Convention scolaire romande du 21 juin 2007), les sept cantons francophones ont en effet renoncé à édicter eux-mêmes leurs plans d'études et ont confié cette tâche à leur organe commun de coordination. Le Tessin, se comprenant comme région linguistique, a développé son propre plan d'études. Les 21 cantons alémaniques - et les parties germanophones des cantons bilingues, dont trois sont également membres de la CIIP (Conférence intercantonale de l'instruction publique de la Suisse romande et du Tessin) - ont pour leur part adopté en 2014 un plan d'études commun, le Lehrplan 21, que chaque canton reste ensuite libre de mettre en œuvre, pour tout ou partie, et de le compléter si bon lui semble. Il faut souligner que ces plans d'études ne sont pas, comme tels, des référentiels d'évaluation, cette traduction des objectifs conduisant au bulletin scolaire restant d'obédience strictement cantonale.

Sur le plan de l'ensemble des 26 cantons et sous l'égide de la Conférence suisse des directeurs cantonaux de l'instruction publique (CDIP), le concordat HarmoS a toutefois introduit une autre forme normative, destinée à assurer un monitorage de l'harmonisation à partir de la comparaison des résultats de fin de cycle, recueillis auprès d'échantillons représentatifs d'élèves. Des évaluations standardisées sont donc développées depuis peu. Toutefois, si c'est bien l'élève qui passe l'épreuve, c'est le système qui est évalué, dans un contexte où l'anonymat est garanti aussi bien pour les écoliers·ères et leurs enseignant·tes que pour les établissements scolaires, seuls les résultats cantonaux globaux étant mis en comparaison.

Fondée sur des standards nationaux adoptés en 2012, après un développement didactique et scientifique, cette « vérification des compétences fondamentales » s'est déroulée pour la première fois en 2016 (11e année, mathématiques) et en 2017 (8e année, langue de scolarisation et première langue étrangère), auprès d'environ 25'000 élèves. Il s'agissait en l'occurrence d'une évaluation de départ, puisque les élèves testés en fin de 2e et 3e cycles de la scolarité obligatoire n'ont pas encore été concernés par les nouveaux programmes. La comparaison contrastée des résultats[3], publiés au printemps 2019, entre les cantons et les premières disciplines testées, soulève de nombreuses questions et devrait conduire plusieurs Départements à prendre des mesures correctives. Ces résultats, corrélés aux comparaisons internationales issues des tests PISA et conduits sous l'égide de l'OCDE, confirment assez bien les résultats des cantons qui avaient pris part à ceux-ci avec des échantillons représentatifs. Certains d'entre eux apparaissent à la traîne. Si elles n'ont pas créé de polémique, sinon sur Bâle-Ville, ni même soulevé une grande attention dans l'opinion publique, ces évaluations nationales sont diversement appréciées dans le

---

3 Les résultats peuvent être consultés sur le site de la CDIP : https://www.cdip.ch/dyn/15419.php

corps enseignant et chez les experts. La CDIP (Conférence suisse des directeurs cantonaux de l'instruction publique) veut en faire un processus scientifique régulier, confié à un centre de compétences universitaire selon le modèle allemand ; mais la petite taille du pays face aux coûts élevés de tests conçus en trois langues et au *splitting* des moyens financiers issus exclusivement des cantons, de même que la rareté des psychométriciens en Suisse, ne manquent pas de compliquer la conduite récurrente de cet exercice d'introspection.

Les effets les plus prometteurs vont découler des analyses de corrélation issues du questionnaire contextuel accompagnant les épreuves dans toute la Suisse, avec l'espoir d'identifier les origines des différences observées. Cela se fera principalement sous l'angle socio-culturel et socio-économique (en tenant compte de l'origine des élèves, dont presque un quart en moyenne nationale est issu de l'émigration), dans la comparaison des résultats filles/garçons et en regard des systèmes variés de répartition des élèves au degré secondaire inférieur et des dotations horaires (deux facteurs importants qui, contrairement aux objectifs d'enseignement, ne sont pas harmonisés). S'agissant d'une évaluation-système, des signaux d'alerte pourront être émis dans certains cantons et/ou face à certaines disciplines, signaux qui devront conduire à des analyses plus approfondies et à des réactions pédagogiques correctives et expansives.

En définitive, dans un système scolaire exigeant et ambitieux comme celui de tout pays occidental où la formation tertiaire est en passe de devenir la référence pour une majorité de la population, il est indéniable qu'une forte pression normative reste inhérente au milieu scolaire helvétique. L'école étant essentiellement publique et le choix de l'établissement n'étant pas offert aux parents, il est important que la qualité soit pareillement assurée et soutenue sur tout le territoire. Mais, spécificité inhérente au fédéralisme, la détermination et l'effet des normes et de l'évaluation, comme de la différenciation et du soutien aux plus faibles, restent placés sous l'autorité politique, les moyens financiers et les dispositions pédago-administratives de chaque canton, voire partiellement de chaque entité scolaire. Il est donc bien difficile de tirer pour notre pays une vue d'ensemble et des conclusions valides à plus large échelle quant au poids et à rigueur de la normalisation.

III. Jean-Paul Moulin, directeur du CFPS

Pouvez-vous nous dire quelques mots sur l'institution que vous avez dirigée ces dernières années ?

Le Centre de Formation Professionnelle et Sociale du Château de Seedorf (CFPS) dont j'assume la direction depuis début 2008, est une institution d'éducation spécialisée fondée en 1902 et devenue un Centre de formation professionnelle et sociale en 1974.

C'est donc en tant qu'Ecole professionnelle spécialisée que le CFPS accueille, pour leur majorité en internat, quelque 80 jeunes en provenance de toute la Suisse romande. Ceux-ci, âgés de plus de 16 ans, sont tous, en raison des difficultés d'apprentissage qui les empêchent de suivre une formation professionnelle dans les filières traditionnelles, au bénéfice d'une mesure de l'Assurance Invalidité.

Mandaté pour cette tâche, le CFPS forme des professionnels en Centre, notamment dans les domaines de la Blanchisserie, de la Confection industrielle, de la Cuisine, de l'Intendance, de l'Horticulture, de la Restauration, du Commerce de détail, des Soins et Accompagnement et de l'Entretien. Des prestations de type Formation en entreprise, Coaching et Coaching post-formation sont également proposées par le CFPS. L'ensemble des prestations proposées vise, en fin de cursus, une intégration socioprofessionnelle optimale, notamment en atteignant les objectifs professionnels, sociaux et personnels suivants :

- apprendre un métier qui confère, dans notre société, une reconnaissance sociale nécessaire à tout être humain,
- rendre possible une intégration professionnelle et communautaire satisfaisante,
- vivre en bonne harmonie avec soi-même et trouver sa juste place dans la société, en tant qu'être autonome et acteur de sa vie.

Du point de vue philosophique et éthique, le CFPS s'attache, dans une optique résolument humaniste, à dépasser le cadre strict de la formation professionnelle et à offrir une formation globale qui satisfasse aussi bien les plans personnel et social que professionnel.

M. Moulin, pour votre public, d'où viennent principalement les difficultés ?

L'une des caractéristiques communes, mais évidemment à des degrés divers, à nombre de jeunes en difficultés d'apprentissage, c'est une expérience de vie souvent chaotique déjà sur les plans personnel et familial. Sur le plan personnel, ils n'ont pu, bien souvent, bénéficier d'un environnement sécurisant et d'un parcours de vie qui auraient dû leur permettre de se construire une identité équilibrée. Cette fragilité psychique constitue un véritable obstacle au moment du passage vers le monde de la formation puis, une fois la formation terminée, vers le monde du travail. Dans ce deuxième cas on voit souvent ressurgir les vieux démons du passé : manque de confiance en soi, sentiment d'incompétence, surtout lorsque, durant la formation professionnelle, ces jeunes n'ont pas bénéficié du temps nécessaire à leur reconstruction identitaire.

Sur le plan scolaire, les expériences d'apprentissage ont fréquemment été synonymes d'échec pour ces jeunes. À l'entrée dans le monde professionnel la portée émotionnelle de ces expériences scolaires n'est pas sans conséquences. Beaucoup ont développé ce que l'on appelle l'impuissance apprise, convaincus qu'ils sont de leur nullité et de leur incapacité à réussir un apprentissage. La portée émotionnelle du vécu d'échec se traduit à la fois par une grande souffrance psychique, mais également et surtout par un manque total de confiance en soi, par une image de soi négative. Cela se traduit également par un rapport au savoir désastreux, par un refus conscient ou inconscient d'apprendre de nouveaux savoirs, par peur de vivre de nouveaux échecs. C'est une façon de se protéger malheureusement trop souvent perçue comme un manque de volonté, un manque de motivation voire une forme de paresse.

Afin de lutter contre la démotivation consécutive aux différents facteurs qui viennent d'être évoqués à propos de l'expérience scolaire de ces jeunes, il est indispensable de leur redonner une position de sujet, de leur faire abandonner leur statut de victime. Il est nécessaire que ces jeunes s'engagent dans la formation professionnelle en faisant de cette formation leur propre projet d'apprentissage.

Nous avons la conviction profonde que les facteurs de réussite d'une formation professionnelle s'inscrivent plutôt dans une rupture par rapport au passé que dans la tentative de surmonter les obstacles qui renvoient les jeunes trop souvent à leurs échecs antérieurs. Ces jeunes doivent être regardés comme des êtres de compétences et non pas uniquement à travers la lunette de leurs difficultés. Il faut valoriser les compétences plutôt que de stigmatiser les difficultés. D'où l'importance de créer cette rupture ou ces ruptures.

La norme, nécessaire pour conduire les institutions comme vient de nous le montrer Olivier Maradan, serait-elle source de ces difficultés ? Ou est-ce plutôt, selon vous, une notion de temporalité, de moment attendu pour telle ou telle norme ?

Créer une rupture signifie prendre de la distance par rapport à la norme, du moins une distance temporelle. Il est clair que tôt ou tard cette norme va ressurgir, en particulier à l'entrée dans la vie active, et la tendance de notre société n'est certes pas à la diminution du nombre de normes. Au cours de mes 12 années de direction du CFPS, la mise en place de l'attestation fédérale de compétence (AFP) a ainsi généré une nouvelle norme pour les jeunes rencontrant des difficultés d'apprentissage. Jusque dans les années 2010, les jeunes n'ayant pas accès à une formation niveau CFC effectuaient une formation dite « élémentaire ». Il n'y avait pas de notion de réussite ou d'échec puisque l'attestation octroyée relevait uniquement les compétences professionnelles maîtrisées au terme de la formation. Mais c'est un fait que, en Suisse et dans les pays qui nous entourent, une formation ne permettant pas l'échec est peu valorisée, car la réussite n'a de valeur, dans notre culture, que dans la mesure où tous ne l'obtiennent pas. C'est dans ce sens que le sociologue genevois Walo Hutmacher (1993) parle d'une école qui a besoin d'échec pour valoriser la réussite des meilleurs. C'est le même mécanisme qui préside au développement de l'AFP[4]. Mais contrairement à la formation élémentaire,

---

[4] L'attestation fédérale de formation professionnelle (AFP) est destinée aux jeunes qui ont des aptitudes essentiellement pratiques. Environ 60 professions AFP existent en Suisse, dans des domaines très variés.

celle-ci va introduire un processus de qualification finale pouvant se solder par un échec. Les jeunes que nous accueillons au CFPS et qui, dans leur grande majorité, ont vécu leur scolarité comme un échec permanent, sont souvent submergés émotionnellement à l'idée qu'ils pourraient être rattrapés par l'échec alors que, pendant toute leur formation au CFPS, l'accent a été mis essentiellement sur leurs compétences.

Peut-on dire que la norme attendue est un frein au développement de certains ?

S'il va de soi qu'une société a besoin de normes qui la structurent, le problème est que dès qu'il y a une norme, il y a automatiquement des hors normes. Le danger pour une personne vivant hors de la norme est d'être rejetée par l'ensemble. Elle se retrouve alors dans la marge. Dès qu'elle n'entre pas ou plus dans le moule, elle risque d'être rejetée, parfois même de façon inconsciente, par les membres de ces réseaux d'appartenance. Cela va même jusqu'à ressentir de l'antipathie pour une telle personne qui souvent, dans le cadre scolaire, va subir du harcèlement. Sans qu'on se rende compte des raisons, c'est la norme plus ou moins inconsciente qui entre ici en ligne de compte.

A l'école, la question qui pose problème de façon récurrente est de savoir ce que l'on va faire des hors normes. Les pays européens ont apporté des réponses différentes à cette question. Soit, et c'est le cas des pays nordiques, il y a eu une atténuation de la norme scolaire en supprimant le redoublement par exemple, soit, et c'est le cas des pays du bassin central européen, une norme très forte est maintenue et une pédagogie compensatoire est développée pour soutenir les hors normes. Dans le premier cas nous nous trouvons dans une logique d'accessibilisation de l'environnement qui doit permettre à chacun, dans sa différence, de développer des apprentissages dans un contexte favorable. Cette approche va considérablement diminuer le nombre de ceux qui sont stigmatisés comme hors normes. Dans le deuxième cas c'est une logique réadaptative qui tente de remettre les élèves en difficulté dans la norme. On connait l'échec de cette stratégie qui, malgré tous les efforts consentis, n'a pas réussi à supprimer le redoublement toujours aussi présent. L'effet pervers de cette stratégie est de renforcer chez l'élève le sentiment de nullité et le syndrome de l'impuissance apprise. La norme attendue est donc non seulement un frein au développement de certains élèves, mais elle produit des effets fortement dommageables sur le plan du développement personnel de ceux qui se retrouvent systématiquement dans la marge.

Et peut-on dire également que la norme attendue freine certains talents, certaines compétences peu valorisées sur le "marché scolaire" ?

La norme attendue est basée sur l'intelligence logico-mathématique et l'intelligence linguistique. Or Howard Gardner (2008), dans un livre paru il y a trente ans, parle d'intelligences multiples. Sa théorie des intelligences multiples comprend la compétence cognitive comme un ensemble d'habiletés, de talents et de capacités mentales que l'on appelle « intelligences ». Nous possédons toutes ces habiletés, capacités mentales et tous ces talents à différents niveaux de développement. Selon cette conception, certains élèves seront favorisés par un système scolaire basé sur une, voire deux formes d'intelligence alors que d'autres seront pénalisés parce que la forme d'intelligence qui les caractérise prioritairement est peu valorisée sur le « marché scolaire ».

D'après-vous, de quelle manière une évaluation - ou une valuation des talents de chacun - pourrait-être compatible avec notre système scolaire ?

L'évaluation formative va bien dans le sens d'une prise en compte des caractéristiques individuelles, c'est un progrès mais cela ne suffit pas. La remise en cause de la « pensée QI » par Howard Gardner rend caduques les formes d'évaluation actuellement pratiquées, en particulier celles qui mesurent des capacités logiques et langagières hors contexte. Celles-ci évaluent les élèves selon une forme unique qui tient beaucoup des tests d'intelligence.

Toutes les réformes entreprises jusqu'à aujourd'hui dans le monde scolaire n'ont pas réussi à résoudre le problème de la prise en compte des différences individuelles des élèves, en particulier parce qu'elles ont porté essentiellement sur les méthodes d'enseignement et peu sur l'apprentissage. Afin que notre système scolaire puisse valoriser les talents de chacun, un changement non seulement formel sur le plan méthodologique doit être entrepris, mais aussi un changement radical d'ordre pédagogique qui modifie fondamentalement la posture de l'enseignant dans son interaction avec l'apprenant. La préoccupation première de tout enseignant ne devrait pas être d'enseigner, mais de permettre à chaque élève d'apprendre en fonction de ses dispositions cognitives et personnelles. Michel Saint-Onge (2014) traite de cette question dans un livre dont l'intitulé interpelle, « Moi j'enseigne, mais eux apprennent-ils ? » …

IV. Raphaël Pasquini, professeur associé, HEP Vaud

Dans la formation à l'enseignement et plus spécifiquement à l'évaluation, comment s'articulent les niveaux prescriptifs et les volontés de promouvoir une école inclusive pour tous les élèves ?

Nous considérons deux niveaux prescriptifs.

Le premier est relatif à tout le système scolaire. Il concerne les textes de loi et les règlements que nous présentons de manière ciblée. En matière d'évaluation, ces textes sont aujourd'hui très normatifs et ont un impact sur les pratiques, il s'agit donc d'en tenir compte.

Le second niveau est très contextuel, car il concerne toutes les règles que les établissements créent en sus de ces textes légaux, comme l'obligation pour une équipe d'enseignants de réaliser des tests communs pour une même discipline ou d'utiliser tel ou tel barème de notation. Là, nous observons qu'il y a des différences importantes entre les établissements. Certains sur-prescrivent passablement, d'autres pas du tout. Cela étant, nous observons que la tendance est à la généralisation de certaines prescriptions.

Dès lors, en formation, nous portons une grande attention à relever cette dimension contextuelle de toute démarche évaluative, car toute pratique est fortement conditionnée par l'environnement dans lequel elle se développe. La recherche a bien montré que les enseignants ont différentes manières de réagir aux règlements, en fonction de leurs connaissances et expériences. Il nous revient donc de donner ces connaissances aux étudiants, de manière à ce qu'ils puissent agir à la lumière de toutes ces prescriptions avec le plus de professionnalisme possible.

Parallèlement, nous précisons que cette réflexion sur le contexte ne peut faire l'économie d'une autre réflexion portant sur la spécificité des élèves. Là, nous mettons en évidence le fait que l'évaluation doit être au service de chacun d'entre eux. En d'autres termes, nous problématisons à quelles conditions les prescriptions peuvent être suivies, tout en gardant à l'esprit que l'intérêt de l'élève doit primer. Et parfois c'est difficile, car bon nombre d'étudiants comprennent la pratique évaluative contextualisée comme étant subjective. Or, sans tomber dans le leurre de l'objectivité, nous défendons l'idée qu'une évaluation cohérente et constructive se doit d'être en lien direct avec les apprentissages réalisés, les parcours des élèves et les objectifs du curriculum, tout en respectant le cadre légal. Ce n'est pas une mince affaire…

Comment est abordée cette articulation en fonction des filières (Bachelor primaire et Master secondaire) ?

En Bachelor, la perspective formative est abordée au quatrième semestre dans un module de 6 crédits pour les étudiants 1 à 8H. Puis au cinquième semestre, un autre module aborde les questions de certification à hauteur de 3 crédits pour les degrés 5 à 8H.

En Master, deux modules, facultatifs, abordent spécifiquement les questions d'évaluation. Ils valent 6 crédits chacun. Le premier est de format classique cours-séminaire. Le second est davantage axé sur l'analyse de pratiques évaluatives et se conduit en collaboration avec des enseignants, ce qui est nouveau.

Dans les deux filières, nous mettons en évidence le principe suivant : toute démarche évaluative doit être au bénéfice de l'élève afin de le soutenir et

Normalisation
et développement dans l'éducation

lui permettre de progresser et renseigner l'enseignant sur ses apprentissages, quelles que soient les prescriptions. Ce message est concrètement incarné dans des modèles théoriques au service du développement de pratiques évaluatives constructives. Nous tentons également d'exemplifier le plus possible les pratiques que nous encourageons à l'aide de traces issues du terrain, de manière à montrer qu'il y a des possibles au-delà des pratiques traditionnelles qui, elles, ne donnent souvent pas beaucoup d'informations valides sur ce qu'apprennent les élèves…

Et dans les pratiques évaluatives des enseignants expérimentés, qu'observe-t-on ? Quelle dimension prend le dessus ?

Les recherches dont nous disposons ainsi que les observations relevées pendant les formations continues dispensées dans les degrés 5 à 11 tendent à montrer que, depuis plusieurs années, le questionnement principal des enseignants concerne la certification et la notation. Nous sommes régulièrement contactés par des équipes qui souhaitent travailler la construction de leurs épreuves, la réalisation de grilles critériées ou encore la construction d'échelles pour noter. C'est compréhensible, car c'est à ce niveau que le système est le plus contraignant.

Nous abordons donc ces questions de front, car les demandes de réponses sont bien présentes et parfois urgentes. Toutefois, dans un souci de contextualisation des pratiques, nous profitons de ces questionnements pour travailler la cohérence que ces démarches de certification devraient avoir avec les processus d'enseignement et d'apprentissage qui se déroulent en amont, même si ce ne sont pas explicitement les demandes des enseignants au départ. Le travail porte ses fruits, et nous observons de plus en plus d'équipes qui mettent en œuvre des pratiques évaluatives pédagogiquement intéressantes.

L'observateur lambda peut parfois avoir l'impression que l'école obligatoire devient plus une "machine à sélectionner" qu'une "organisation qui réveille les talents". Quelle est votre position

sur ce point ? Et comment la formation initiale à l'évaluation se positionne-t-elle dans ce débat de société ?

Ma position est claire : l'école vaudoise, malgré les nouveaux textes de loi qui la régissent depuis 2013, est construite sur un modèle implicite de type méritocratique et sélectif. Lorsque les parcours des élèves sont uniquement dictés par des notes, des moyennes de disciplines et des moyennes de groupes de disciplines, on ne parle pas d'orientation, mais bien de sélection.

Une première étape en formation consiste donc à expliciter cet état de fait, pour que les futurs enseignants puissent clairement se positionner dans cet environnement. Ensuite, il s'agit de les outiller théoriquement pour que leurs pratiques évaluatives, ici « noter », soient les plus cohérentes et valides possible, puisque c'est sur leurs bases que les élèves vont être sélectionnés. Je dis souvent aux étudiants que dans un système où la note est reine, il est d'autant plus nécessaire de se donner les moyens de la rendre la plus pédagogique possible, c'est-à-dire reliée à l'apprentissage évalué. Ce n'est pas non plus facile à comprendre pour eux, car ils ont une représentation de la note le plus souvent assez caricaturale et tranchée.

Cela étant, si ces pratiques peuvent réveiller de temps à autre un talent, c'est encore mieux.

En résumé, un enseignant compétent à évaluer tous les élèves pour les soutenir dans leurs apprentissages, ce serait…

Quelqu'un qui travaille en équipe avec une autonomie offerte par sa direction, ayant des connaissances approfondies en évaluation, soucieux des apprentissages des élèves, prêt à se distancer de certaines prescriptions parfois a-pédagogiques comme les barèmes standardisés ou les évaluations communes, réflexif, bref, un professionnel responsable, autonome et exigeant.

V. Jacques Dubochet, professeur à l'Unil et prix Nobel de chimie 2017

Comme enfant dyslexique, le premier officiellement reconnu dans l'école vaudoise, votre parcours aurait pu être très chaotique. Comment un enfant dyslexique, qui aurait très certainement pu terminer en échec scolaire avec une vie bien abîmée par l'école, termine sa carrière avec un prix Nobel ? Selon vous, qu'est-ce que l'école « loupe » pour risquer de laisser sur le bord de la route des personnes dont l'intelligence est extraordinaire mais peu reconnue sur le « marché scolaire » actuel ?

Le début de mon parcours scolaire a eu lieu en Valais, dans les années 1948 à 1952. A cette époque, le Valais était très différent d'aujourd'hui, mais je ne suis pas vraiment entré dans ce système scolaire car notre famille a déménagé sur le canton de Vaud. Lors de mon arrivée à Lausanne, je suis entré dans le système avec l'aide d'une « boîte à raccordement ». J'ai réussi les examens du collège (CO) classique, mais après 15 jours, on m'en a retiré. Quelqu'un a dû voir que ça n'allait pas, mes parents sans doute, ce n'était vraiment pas tenable. Je ne sais pas comment ils ont fait pour voir si vite que cela n'irait pas, ce serait intéressant de le savoir... Bref, je ne comprenais pas pourquoi, je ne comprenais pas ce qui n'allait pas. Suite à ce retrait, je suis passé du collège classique au collègue scientifique...

Quand vous dites que ce n'était pas tenable, pouvez-vous nous en dire plus ?

Oh, c'était le latin, ces grands nombres d'heures de latin « rosa, rose, ... » Non, ça n'allait pas. C'est certain, j'ai une très mauvaise mémoire, au sens habituel ou scolaire du terme. C'est certainement l'élément déclencheur : ma mémoire n'allait pas avec le système ! C'est ce que j'interprète maintenant. Mais sur le moment, la question qui me taraudait était « pourquoi m'a-t-on sorti du collège classique après quinze jours alors que j'avais passé l'examen de manière tout à fait honorable ? » Naturellement, mes parents ne sont plus là pour me l'expliquer, mais j'avais réfléchi à cette question. Semblablement, peu après le début du collège classique, mes parents ont dû faire du lobbying auprès de la direction pour que je ne sois pas renvoyé et que je puisse rejoindre le collège scientifique.

Moi, je ne me sentais pas spécial, juste un peu inadapté… et ce ressenti a duré longtemps. Plus tard, cela m'a amené à faire une psychanalyse classique freudienne, parce que je me sentais un infirme social. Mes amis ne me le disaient pas, pas du tout, j'étais considéré comme un type tout à fait normal, un type socialement tout à fait adéquat… Mais moi, je ne me sentais pas adéquat. Je ne sais pas, il y aurait certainement… c'est un peu trop tard pour refaire cette analyse, mais je ne comprends pas très bien ce que j'avais de différent. J'imagine que ces problèmes de mémoire, ces problèmes pour apprendre par cœur m'ont toujours fait me sentir différent, me sentir en difficulté. Et je peux vous dire, côté mémoire, qu'avec l'âge, ça ne s'améliore pas, je suis incapable d'apprendre un mot nouveau si on ne peut pas le mettre en relation avec quelque chose (rire)… S'il n'y a pas de liens que je puisse faire, il n'y a aucune chance, il y a un blocage. Des choses aussi simples que « gauche ou droite », ou que le sens de rotation de l'ADN. Pour me rappeler qu'il tourne à droite, je dois toujours faire un mouvement de la main. Enfin voilà, il y avait donc un gros problème de mémoire. Malgré cela, on m'a laissé faire toute ma scolarité sans tenir compte de mes notes. Pourtant, j'étais vraiment nul dans toutes les branches, y compris les maths, j'étais devenu nul surtout parce que je ne faisais rien pour y arriver ! Je n'avais donc rien en cette fin de scolarité obligatoire, rien, mis à part un télescope. Un beau télescope de 15 cm ! C'était une grosse affaire, vraiment un beau bricolage selon des méthodes traditionnelles. J'avais des plans et j'avais mis plusieurs années à le fabriquer en dehors des cours, avec tout ce que cela implique, comme l'apprentissage de l'optique…

Mais arrivé en fin de collège, le directeur qui me soutenait est parti et j'ai été exclu de l'école à quelques semaines ou quelques mois de l'examen de fin de scolarité obligatoire, à cause de mes notes.

A ce tournant de mon parcours, mes parents ont été courageux. Ils ont suivi le conseil d'un homme fameux, qui s'appelait Jacques Bergier, un pédopsychiatre qui est un des fondateurs, dans le canton de Vaud, de l'approche de la pédopsychiatrie sociale : « Ecoutez, ce gamin-là, il faut le

Normalisation
et développement dans l'éducation

sortir du système scolaire habituel, il a trop de peine à s'identifier, à se construire, et l'envoyer étudier dans un cadre totalement différent serait bénéfique ». C'est ainsi que mes parents m'ont envoyé à Trogen.

Trogen ?

Trogen, c'est une commune d'Appenzell Rhodes-Extérieures je crois et, là-bas, la région est constituée principalement d'un grand nombre de petites fermes disséminées sur une très grande portion de territoire. Les enfants sont emmenés au collège pour y passer la semaine, beaucoup se retrouvent ainsi en internat, puisque que les fermes sont trop éloignées pour que les enfants puissent y retourner chaque soir. Donc il y a cette école cantonale de Trogen et, associé à cette école, il y a un internat. Celui-ci n'accueille pas seulement les enfants de la région. S'y trouvent aussi les résidus de la colère de Dieu, exclus des écoles de Zurich, de Lucerne, même parfois de Suisse romande qui étaient peut-être les pires. Ah, mes chers amis de cette époque-là, c'était quand même un peu ambigu. L'un par exemple a fait 12 ans de prison... Non, ils n'ont pas tous bien réussi. Et moi, là, dans ce contexte, parmi ces exclus de l'école, j'étais bien, je m'intégrais dans cette forme de norme constituée par ces exclus.

Parallèlement, paradoxalement aussi, dans les classes de l'école de Trogen, j'étais encore plus hors contexte, hors norme, parce que je ne parlais pas l'allemand et encore moins le suisse allemand. Socialement, cela rendait beaucoup de choses difficiles : comment se situer entre ces jeunes suisses allemands d'une part et ces romands, qui étaient pour bon nombre des graines de délinquants, comment trouver ses points de repère au moment de l'entrée dans la période de l'adolescence, la période des relations avec les filles... Mais malgré tout il fallait s'en sortir, et probablement que le fait que je sois hors normes a été important, voire salvateur.

Il y avait un professeur d'histoire qui était directeur de cette institution, de ce gymnase et qui, lui, acceptait mes différences. Il disait « oui, ce type est hors normes, mais il a aussi sa chance ». Il enseignait l'histoire en se promenant dans la classe et en racontant l'histoire. Il était passionnant. Et chaque fois, à la fin du paragraphe, il faisait une courte traduction pour moi. Et ça, ça m'avait beaucoup touché, je peux vous le dire. Ses leçons d'histoire, elles ne me sont pas trop restées en mémoire. Ce qui reste ici, c'est que ce professeur d'histoire me considérait, respectait ma différence et me venait en aide.

Il y avait aussi un professeur d'allemand, qui évidemment aurait pu baisser les bras rapidement avec moi. Mais au bout d'une année, il a eu une idée importante pour moi. Il m'a dit « Ecoute, tu vas faire une conférence à la classe. Tu peux choisir ton sujet, mais tu leur fais une belle conférence en allemand. » Oh, j'ai travaillé comme un fou là-dessus et je leur ai parlé de fusées, en allemand naturellement ! C'était vraiment très bien, très important pour moi. Cette situation m'a fait prendre confiance en moi, je me suis cru capable de faire quelque chose de bien, un peu comme lorsque j'ai fabriqué mon télescope.

Le télescope... je ne l'avais pas pris à Trogen, il était un petit peu trop fragile, mais ce qui était important, c'était de l'avoir fabriqué. Ensuite, je ne l'ai jamais utilisé très sérieusement pour observer le ciel. Mais je me rends compte combien il a été important que je le fabrique, que je me réalise dans un domaine qui me passionnait. Je pense que c'est un conseil que l'on peut donner à tout le monde, à tout parent : donnez l'occasion à votre enfant de faire des choses dans un domaine qui le captive, qu'il puisse se dire qu'il a réussi, qu'il puisse être fier de ce qu'il a réussi, qu'il puisse se réaliser... Qu'il s'agisse de faire des claquettes, de raconter l'histoire de manière passionnante, d'interpréter un texte, un poème, une musique... Même si ce qui le captive, même si son talent n'entre pas dans le programme scolaire, n'entre pas dans la norme.

Se réaliser à travers ses passions, fabriquer ce télescope ou préparer cet exposé sur les fusées, c'est probablement au centre de mon histoire, qui représente un moment de bascule, de rupture bienvenue. L'histoire de ce gamin à qui on a donné la possibilité, qui n'était pas tout à fait dans la norme, peut-être à cause de la structure de sa mémoire ou de son incompétence sociale, de son côté marginal. Et puis ce gamin qui arrive à survivre à l'école parce qu'on le tolère ou, même mieux que ça, parce que certaines personnes l'acceptent comme il est, tel que ce directeur, ce professeur d'histoire ou ce professeur d'allemand. Se sentir accepté, sentir que l'on croit en nous, je pense que c'est essentiel.

Après ce passage à Trogen, retour en Suisse romande, j'ai fait ma maturité assez rapidement et facilement, puis c'est la suite classique d'une carrière scientifique dont on a déjà trop parlé ces derniers temps (*suite à sa nomination au prix Nobel, ndlr*).

Mais ce n'est pas que je sois particulièrement… tout le monde me croit génial, mais ce n'est pas vrai, je suis comme tout le monde, mais avec des formes de pensée, des manières d'être un peu différentes et voilà, on m'a donné cette chance d'être accepté malgré le fait que je sois hors normes scolaire, chance qui n'est pas donnée à tout le monde. Parce que, évidemment, notre société est quand même terriblement cruelle avec les personnes hors normes. Elle est même lamentable dans son rejet de l'acceptation de la différence. Que ce soit avec nos élèves comme avec nos migrants, c'est un grand problème, c'est une des grandes tristesses que m'inspire notre monde actuel.

VI. Vers une conclusion

Le titre de ce chapitre convoquait les quatre qualificatifs choisis par Morin (2008) pour définir la dialogique : antagoniste, concurrent, complémentaire et nécessaire. A travers les différentes interventions de cette table ronde, nous pouvons prendre la mesure de la complexité des relations selon le point de vue des parties prenantes, des synergies qui lient et éloignent normalisation et développement.

Les propos d'Olivier Maradan nous montrent l'importance du rapport à la norme pour le pilotage des institutions et ceux de Jean-Paul Moulin mettent en évidence le besoin de se distancier de cette même norme pour permettre le développement des personnes dans le contexte particulier qui est le sien. Il n'y a pas de bon ou mauvais rôle, mais deux rôles antagonistes et nécessaires. Nécessité de contrôler pour piloter, pour avoir des points de comparaison indispensables au pilotage mais aussi nécessité de se détacher du contrôle, parfois, pour permettre l'engagement dans l'apprentissage. Nécessité aussi, dans l'autoévaluation, de pouvoir comparer son propre développement à un état attendu, que l'attente soit interne et personnelle ou externe et socialement affirmée (Gremion, 2020).

> *Dans notre couple de patineurs, les deux athlètes suivent leur propre trajectoire, se croisent de temps en temps, s'observent, s'ignorent à d'autres moments.*

Tenir compte de l'autre point de vue, ne pas s'ignorer mais entrer en synergie. Tel est le message de Raphaël Pasquini, formateur d'enseignants, relevant ce souci de former à l'évaluation tout en respectant une forme de norme en fonction dans son contexte, de se conformer au travail prescrit tout en mettant ses limites en évidence. Le futur enseignant, le futur évaluateur pouvant être amené « à se distancer de certaines prescriptions », ce qui n'est pas sans rappeler les travaux de Clot (1999).

> *Nos deux patineurs évoluent de concert, se coordonnent, mais sentent bien qu'à certains moments, les intentions sont différentes et que, pour poursuivre la chorégraphie, des choix, des consensus sont nécessaires entre ces finalités antagonistes et concurrentes. C'est l'art de la dialectique que de faire se rapprocher des oppositions pour atténuer les tensions, de chercher des consensus.*

Un autre type de synergie apparaît dans l'interview de Jacques Dubochet. Dans ses propos, développement et normalisation peuvent également être vus comme antagonistes, mais des opposés nécessaires, qui se complètent. Ainsi, « probablement que le fait que je sois hors normes a été important, voire salvateur ». L'absence d'attentes de correspondance à la norme scolaire semble permettre cette recherche de correspondance (Gremion et Tominska, 2019). L'histoire de cet enfant « pas tout à fait dans la norme, peut-être à cause de la structure de sa mémoire, ou de son incompétence sociale, de son côté marginal. Et puis ce gamin qui arrive à survivre à l'école parce qu'on le tolère ou, même mieux que ça, parce que certaines personnes l'acceptent comme il est. »

> *Les deux patineurs, normalisation et développement, sont ici opposés et complémentaires. Sur la glace, c'est le moment de la pirouette en couple. En termes de physique, chacun représente une force centrifuge opposée à l'autre. Mais malgré leurs oppositions, les*

> *deux forces sont reliées, les deux patineurs se tiennent par la main, et cette force centripète rétablit l'équilibre dans le duo. Deux forces opposées et concurrentes, mais qui doivent nécessairement se compléter pour que l'équilibre soit trouvé et que les danseurs évoluent autour d'un axe commun.*

La synergie entre normalisation et développement peut ainsi être envisagée, l'évaluation devenant dialogique au service de la complexité. C'est la réflexion que le chapitre conclusif de cet ouvrage développera de manière plus approfondie.

VII. Bibliographie

Bedin, V., et Jorro, A. (dir.). (2007). *L'évaluation-conseil en éducation et formation*. Presses universitaires du Mirail.

Cardinet, J. (1990). Evaluation externe, interne, ou négociée ? Dans J.-A. Tschoumy et J. Cardinet (dir.), *Hommage à Jean Cardinet*, (139-157). IRDP ; DelVal.

Clot, Y. (1999). *La fonction psychologique du travail*. Presses universitaires de France.

Figari, G. (2006). Les référentiels entre théorie et méthodologie. Dans G. Figari et L. Mottier Lopez (dir.), *Recherche sur l'évaluation en éducation : Problématiques, méthodologies et épistémologie : 20 ans de travaux autour de l'ADMEE-Europe*, (101-108). L'Harmattan.

Gardner, P. H. (2008). *Les intelligences multiples*. Retz.

Gremion, C. (2020). Accompagner et/ou guider pour aider à la professionnalisation : Des pistes pour dépasser le paradoxe. Dans C. Pélissier (dir.), *Les recherches sur la notion d'aide en éducation* (p.33-56). ISTE Editions.

Gremion, C., et Tominska, E. (2019). Éditorial : La diversité des personnes et des contextes au secours d'une évaluation humaniste ? *Contextes et Didactiques, (13)*, 9-13.

Hutmacher, W. (1993). *Quand la réalité résiste à la lutte contre l'échec scolaire : Analyse du redoublement dans l'enseignement primaire genevois*. Service de la recherche sociologique.

Jorro, A. (2016). De l'évaluation à la reconnaissance professionnelle en formation. *Revue française de pédagogie*, *(190)*, 41-50.

Morin, E. (2008). *La méthode*. Seuil.

Rodrigues, P., et Machado, E. A. (2012). Modélisation de la participation des acteurs dans le processus d'évaluation de la formation. Dans L. Mottier Lopez et G. Figari (dir.), *Modélisations de l'évaluation en éducation*, (p.147-161). De Boeck.

Saint-Onge, M. (2014). *Moi j'enseigne, mais eux apprennent-ils ?* (5e éd.). Chronique Sociale.

Vial, M. (2012). *Se repérer dans les modèles de l'évaluation méthodes dispositifs outils*. De Boeck université.

Chapitre 2. Après la note

Effets psychosociaux de l'évaluation normative

Fabrizio Butera, Anatolia Batruch, Caroline Pulfrey, Frédérique Autin, Claudia Toma

L'évaluation n'est pas un exercice neutre qui consiste à quantifier les mérites de la production d'un élève : selon le type d'évaluation utilisée (p.ex., normative ou formative) et selon la fonction qu'on lui attribue (sélectionner ou former), les élèves se sentent plus ou moins menacés, et développent des représentations différentes de leur autonomie et de leurs compétences sociales. Ceci a un impact sur leur apprentissage et sur l'égalité des chances. Le présent chapitre passe en revue un programme de recherche qui étudie la menace impliquée dans l'évaluation normative et ses conséquences en termes d'autonomie, compétences sociales et inégalité de traitement des élèves.

I. Après la note : effets psychosociaux de l'évaluation normative

En tant qu'enseignantes[5] nous utilisons les notes tous les jours, pour évaluer les productions de nos élèves et de nos étudiantes. Lorsque nous avons terminé notre enseignement et fixé les objectifs d'apprentissage, nous utilisons une note pour quantifier ce que l'élève a appris et combien elle s'est approchée des objectifs fixés. Bien sûr, nous utilisons aussi une grande variété de dispositifs et de critères d'évaluation qui nous

---

5 Dans ce chapitre, le féminin est utilisé comme genre générique.

permettent d'affiner l'appréciation du travail de l'élève (Allal et Mottier Lopez, 2007 ; Mottier Lopez, 2012) ; mais globalement, en tout cas dans la plupart des pays occidentaux, nous utilisons des notes, qu'elles soient des nombres, des lettres, des pourcentages, des adjectifs, etc. (Knight et Yorke, 2003). Et nous rentrons à la maison avec un sentiment de devoir accompli, car nous avons signifié à l'élève — et à ses parents — la valeur de sa production d'une façon simple, transparente et compréhensible.

Ce chapitre commence au moment où s'arrête le travail de production de la note et où se déploient les effets psychosociaux de celle-ci. Nous argumenterons que les notes ne sont pas simplement un instrument clair et compréhensible de communication de la valeur du travail de l'élève, mais aussi de la valeur de l'élève en tant que personne. Nous verrons que les notes exercent une menace constante sur les élèves, dans la mesure où elles déterminent un ensemble d'avantages ou de désavantages identitaires, tels que la position dans la hiérarchie de la classe, l'accès à des diplômes et *in fine* l'insertion dans la hiérarchie des positions sociales. Le présent chapitre passera en revue des travaux de notre équipe de recherche, en se focalisant sur trois domaines psychosociaux sur lesquels la menace peut agir, notamment le sentiment d'autonomie, les compétences sociales et les inégalités scolaires.

II. Pourquoi les notes sont la plupart du temps menaçantes ?

Si on considère les notes comme un instrument de communication de la performance, il n'y a aucune raison *a priori* qu'elles soient menaçantes. On peut utiliser une note dans l'évaluation formative pour communiquer quelles sont les parties de la tâche ou du matériel à apprendre qui nécessitent du travail supplémentaire, ou on peut l'utiliser pour communiquer l'étendue de l'apprentissage résiduel nécessaire pour atteindre les objectifs fixés dans l'évaluation critériée (Butera, 2011). Dans ces exemples, la note focalise l'élève sur la tâche et mobilise un processus de comparaison entre performances passée et présente ou entre performances présente et future (Elliot et al. 2011). D'une certaine manière, le *contrat didactique* avec l'enseignant — l'ensemble « des règles spécifiques quant à ce que l'enseignant attend que l'apprenant fasse dans une tâche donnée, et des règles générales régissant le rôle de chacun face à la tâche et dans leur interaction » (Quiamzade et Mugny, 2011, p. 36) — pourrait garantir que la note est utilisée uniquement pour évaluer et faciliter l'apprentissage.

Malgré ce potentiel de communication bienveillante et orientée vers la tâche, les notes possèdent aussi trois caractéristiques qui attirent l'attention et les préoccupations des élèves en dehors de la tâche et du contrat didactique. En premier lieu, dans tous les systèmes éducatifs les élèves et les étudiantes sont insérées dans des classes, et dans ces contextes les notes rendent *visibles* les performances, non seulement à soi mais aussi aux autres (Marshall et Weinstein, 1984). La conséquence de cette visibilité est que, en deuxième lieu, les notes rendent visibles les *différences*, ce qui implique que la comparaison des performances passe d'un processus intra-individuel (soi avant – soi après) à un processus interindividuel (soi – autrui) (Butera et Darnon, 2017 ; Monteil, 1988). En troisième lieu, et pour terminer, il est important de noter que les élèves ne sont pas les seuls à se focaliser sur la comparaison interindividuelle, mais que les enseignants le font aussi, ce qui rend possible le *classement et la sélection* des élèves (Glaser, 1963). Ces trois caractéristiques expliquent pourquoi les notes ont par défaut les caractéristiques de l'évaluation normative, l'évaluation qui sert à comparer les élèves entre elles en fonction de leurs résultats.

C'est pour ces raisons que les notes sont par défaut, et dans la plupart des situations scolaires, menaçantes. En effet, la présence des notes rend visibles aux élèves et aux enseignantes les différences de performance, la position relative de chaque élève à l'intérieur d'un groupe signifiant (p. ex., la classe), et les conséquences possibles en termes de réputation, promotion et sélection. Les élèves, leurs parents et les enseignants sont bien conscients que l'école est un lieu de formation, mais aussi de sélection (Darnon et al., 2009), un lieu où les notes qu'on reçoit, quelle qu'en soit la forme, ont un impact sur le cursus scolaire, sur les opportunités de choix de filières d'études ou de formation, et *in fine* sur l'emploi et les positions sociales auxquelles on peut accéder en fonction des diplômes obtenus (Darnon et al., 2011). A des degrés différents, les acteur·rices de l'éducation — élèves (puis étudiantes), parents, enseignantes, directrices d'établissement, psychologues scolaires, politiciennes, etc. — sont conscient·es de l'utilité des notes, entendues comme évaluation normative, pour la facilitation du processus de sélection.

Un exemple illustratif de la forte association entre évaluation normative et sélection peut être trouvé dans une étude de Autin et al., (2015) portant sur des étudiantes universitaires. Les résultats de cette étude montrent que plus les participantes percevaient le système éducatif comme ayant un rôle de sélection, plus elles percevaient l'évaluation normative comme une méthode utile et à utiliser. De façon intéressante, cette association était expliquée par la perception que l'évaluation normative se fonde sur l'équité en tant que principe de justice distributive, un principe qui est à la base de l'idéologie méritocratique (Batruch et al., 2019 ; Darnon et al., 2011) En somme, les notes sont la plupart du temps menaçantes parce qu'elles représentent le prototype de l'évaluation normative et de la sélection que cette forme d'évaluation sert. Dans les sections qui suivent, nous allons discuter les domaines dans lesquels cette menace se manifeste.

III. La Menace de l'Autonomie

Le premier domaine affecté par l'utilisation de l'évaluation normative est celui de l'autonomie. Dans leur théorie de l'auto-détermination, Ryan et Deci (2000) ont argumenté que l'autonomie est l'un des trois besoins psychologiques fondamentaux de l'être humain, avec la compétence et l'affiliation, qui doivent être satisfaits pour pouvoir promouvoir la motivation et la santé mentale. Plus précisément, en termes de motivation, ces auteurs et leurs collaborateurs ont montré l'importance de la motivation autonome, une raison d'agir basée sur l'identification du comportement comme lié aux valeurs de l'individu et sur la perception du comportement comme intéressant et plaisant (Ryan et Connell, 1989). Cette motivation est à la base de la capacité des élèves de s'intéresser et d'apprendre (Deci et Ryan, 2000).

Dans une étude menée avec des étudiantes d'une école professionnelle, Pulfrey et al. (2011, étude 3) demandaient à leurs participantes de réaliser en classe un exercice de lecture-compréhension pour un cours d'anglais comme langue étrangère. Elles leur disaient alors, selon trois conditions expérimentales, que cet exercice serait évalué soit avec une note, soit avec un commentaire formatif, soit avec une note accompagnée d'un commentaire formatif. Les résultats montrent que les participantes à qui on avait annoncé une note rapportaient une motivation autonome inférieure aux participantes sans note. Il est important de remarquer que la différence provient du fait que les deux conditions avec note (note seule, note avec commentaire) réduisent la motivation autonome comparativement à la condition sans note (avec commentaire formatif). Autrement dit, lorsqu'il y avait une note, qu'il y ait un commentaire formatif ou pas, la motivation autonome baissait. Un autre résultat important de cette étude est que la baisse de la motivation autonome observée dans les conditions avec note s'accompagnait d'une augmentation des buts de performance-évitement, des buts qui traduisent l'objectif d'éviter d'être moins compétent que les autres (Elliot et al., 2001 ; voir Darnon et Butera, 2005 pour une discussion en français). Ce résultat est important car une littérature conséquente a montré que ces buts sont liés à l'anxiété, la honte et un sentiment d'impuissance (Pekrun et al., 2006), ainsi qu'à une performance réduite (Murayama et Elliot, 2012). Ce ne sont certainement pas là des conséquences qu'une enseignante voudrait observer dans sa classe.

Deux autres études menées avec des élèves de collège demandaient aux participantes de réaliser une tâche verbale (des anagrammes) et mesuraient à la fois la motivation autonome et la persistance dans le comportement, c'est-à-dire l'engagement dans la tâche même une fois que le devoir était terminé (Pulfrey et al., 2013). Dans ces études aussi la présence ou l'absence d'une note était manipulée. Les résultats des deux études convergent dans la mise en évidence d'un effet qui montre que c'était l'absence de la note qui amenait le sentiment d'autonomie des participantes à s'engager dans la tâche. Autrement dit, le notes ne donneraient pas la possibilité de se sentir suffisamment autonome par rapport à la tâche pour être motivé à continuer à apprendre même une fois que le devoir est terminé. Il apparaît donc des recherches de cette section que les notes représentent une contrainte externe qui réduit le sentiment d'autonomie, avec des conséquences potentiellement néfastes en termes d'apprentissage, de motivation et d'investissement scolaire.

IV. La menace des compétences sociales

Le deuxième domaine affecté par l'utilisation de l'évaluation normative que nous passerons en revue est celui des compétences sociales, les compétences qui permettent de travailler en groupe et de s'adapter de façon efficace à des environnements sociaux changeants (Johnson et Johnson, 1990). Il s'agit là de compétences très importantes à l'école pour assurer le bon fonctionnement de la classe, les bonnes relations entre élèves et l'efficacité du travail collectif. Dans cette section, nous allons nous focaliser sur le partage des informations, une compétence fondamentale dans la résolution de problèmes en groupe (Stasser et Titus, 2003 ; Toma et Butera, 2015).

Une première étude était menée avec un paradigme de profil caché (adapté de Toma et Butera, 2009), où les participantes devaient résoudre un problème en groupe (trouver le coupable d'un accident de la route), problème qui pouvait être résolu seulement en partageant toutes les informations uniques qui avaient été distribuées à chacune des trois membres de chaque groupe (Hayek et al., 2015, étude 1). Dans une condition expérimentale, les membres de chaque groupe attendaient une note individuelle, alors que dans deux autres conditions il n'y avait pas de note. Les résultats concernant le partage des informations montrent que dans la condition avec note les groupes partageaient moins les informations uniques que dans les conditions sans notes. Il est important de remarquer que les informations uniques — les informations qu'un membre, et pas les autres, possède — sont celles qui permettent de reconstituer l'ensemble des indices utiles à la solution du mystère ; et ce sont justement ces informations qui sont gardées pour soi par les membres des groupes qui attendaient une note, comme si l'avantage compétitif que représente la rétention d'information devenait plus important que la résolution de la tâche collective. Paradoxalement, c'est aussi dans cette condition, plus que dans les conditions sans note, que les membres du groupe partageaient plus d'informations communes, les informations que tous les membres du groupe possédaient et qu'il était donc inutile de partager. On pourrait voir dans ce comportement une sorte de stratégie compétitive qui consiste à donner une information inutile en appât, en espérant recevoir en retour une information utile. Quoi qu'il en soit, la présence d'une note pour évaluer le travail de groupe semble réduire des comportements fondamentaux pour l'efficacité de ce travail : la coopération et le partage des informations que les autres membres ne possèdent pas.

La deuxième étude de cet article montre les mêmes résultats avec une procédure où la note, à la place d'être explicitement annoncée, était simplement rendue saillante (Hayek et al., 2015, étude 2). Lorsque les membres du groupe rentraient dans le laboratoire, ils voyaient un flipchart où étaient dessinés, selon la condition expérimentale, soit le système de notation suisse, de 1 à 6 avec une légende pour chaque note, soit les différentes instances administratives de l'université. On expliquait aux participantes que c'était le reste d'un ancien séminaire et qu'il ne fallait pas y prêter attention, ce qui les conduisait en réalité à regarder le tableau. Ensuite, on procédait avec la même tâche décrite pour l'expérience précédente. De nouveau, les résultats concernant le partage des informations montrent que dans la condition où l'idée de note était saillante, les groupes partageaient moins les informations uniques et utiles (et plus les informations communes et inutiles) que dans la condition sans saillance de la notion de note. Cette étude montre que la signification normative et sélective des notes est tellement enracinée dans l'imaginaire collectif que ses effets négatifs opèrent aussi lorsque le concept de note est simplement évoqué.

Enfin, cette ligne de recherche a aussi montré que les notes réduisent d'autres compétences sociales comme l'évaluation critique de l'information traitée dans le groupe : dans deux autres études, les notes amenaient, plus que les conditions de contrôle, à une focalisation sur l'information qui confirmait la décision initiale, en négligeant les solutions alternatives (Hayek et al., 2014). La capacité de coordonner ses actions avec celles des autres membres du groupe est également détériorée par les notes (Hayek et al., 2017). Pour résumer, cette section suggère que les notes menacent les processus de groupe et réduisent l'émergence ou l'utilisation de compétences sociales fondamentales pour la vie en société.

V. La menace de l'égalité

Le troisième domaine affecté par l'utilisation de l'évaluation normative que nous allons considérer est celui de l'égalité, en particulier l'égalité de traitement des élèves. Il existe plusieurs études qui montrent que la représentation de la note comme étant un instrument de sélection amène les membres de groupes défavorisés à moins bien réussir ; c'est le cas notamment des étudiantes de bas statut socioéconomique à l'université (Smeding et al., 2013), ou des étudiantes dans un cours de sciences (Souchal et al., 2014). Mais dans cette section nous allons nous focaliser sur des études qui portent sur les effets observés sur les évaluatrices et non pas sur les effets relatifs aux élèves ou aux étudiantes. En effet, s'il est vrai que les notes évoquent par défaut la comparaison sociale et la sélection, ceci devrait être aussi vrai pour les agents préposés à l'évaluation.

Dans une étude comprenant quatre expérimentations, on donnait aux participantes une dictée à corriger (Autin et al., 2019). Cette dictée était fictive et contenait un nombre d'erreurs prédéterminé par les chercheuses. On disait aussi aux participantes que, comme elles ne connaissaient pas l'élève, elles avaient à leur disposition la fiche qui contenait des informations de base sur l'élève. Cette fiche contenait notamment la profession des deux parents qui évoquait, selon la condition expérimentale, un statut socio-économique plus ou moins élevé. La tâche des participantes consistait alors à identifier toutes les fautes dans la dictée et, selon la condition expérimentale, donner soit une note soit un feedback formatif. Les résultats montrent que dans la condition d'évaluation normative (note), les évaluatrices trouvaient plus de fautes dans la dictée de l'élève de bas statut socio-économique que dans la dictée de l'élève de haut statut socio-économique. Cette différence n'apparaissait pas dans la condition d'évaluation formative. Cette étude montre aussi que cet effet apparaît lorsque l'évaluation est représentée comme une activité de sélection plutôt que de formation. En d'autres termes, lorsque l'évaluation est normative ou sélective, les évaluatrices reproduisent dans leur travail les inégalités présentes dans la société dans son ensemble, même si la performance de l'élève est identique dans toutes les conditions.

Cette ligne de recherche a montré d'autres effets de reproduction des inégalités scolaires dus à une conception de l'école comme d'un lieu de sélection. Dans une étude, les évaluatrices d'une dictée — avec un nombre identique d'erreurs dans toutes les conditions — donnaient une moins bonne note à un élève de bas statut socio-économique qu'à un élève de haut statut socio-économique, lorsque l'élève était inscrit dans une filière d'études secondaires prestigieuse, autrement dit quand l'élève de bas statut socio-économique était dans une filière sélective ; cette différence n'apparaissait pas lorsque l'élève de haut ou de bas statut socio-économique était inscrit dans une filière moins sélective (Batruch et al., 2017). Finalement, dans une autre étude, les évaluatrices étaient engagées dans le processus de sélection qui devait décider de la filière d'études secondaires à conseiller à un élève. Bien que dans toutes les conditions expérimentales l'élève avait des notes « limites », qui pouvaient justifier une filière plus ou moins prestigieuse, les évaluatrices conseillaient la filière prestigieuse plus à l'élève de statut socio-économique favorisé qu'à l'élève de statut socio-économique défavorisé, alors que le résultat inverse apparaissait pour la filière ordinaire (Batruch et al., 2019). Ainsi, lorsque l'évaluation dans le système scolaire est conçue comme un instrument de sélection, les agents du système sont amenés à contribuer à la reproduction des inégalités scolaires déjà existantes.

VI. Conclusions

Les notes, en tant que prototype de l'évaluation normative et sélective, menacent parce qu'elles représentent pour l'élève moins une occasion de se faire une idée sur l'état de ses apprentissages, qu'un feedback sur sa valeur en tant qu'individu inséré dans une hiérarchie scolaire, avec les conséquences que cette valeur implique pour son statut et la poursuite de son parcours scolaire et professionnel. Nous avons vu dans ce chapitre que cette menace se manifeste dans plusieurs domaines très importants de la vie scolaire et académique. Nous avons vu en particulier que les notes représentent une entrave à la motivation autonome, l'un des mécanismes qui permettent à l'élève, puis à l'étudiante, de s'approprier les objets d'apprentissage sur la base d'un intérêt sincère et autodéterminé. Les notes représentent aussi une entrave au déploiement de compétences sociales qui permettent aux groupes de travailler en harmonie et de façon efficace. Pourtant, nous vivons dans un monde de plus en plus connecté, où l'on ne peut pas se permettre de mettre à mal l'échange réciproque d'informations. Finalement, les notes empêchent les évaluatrices de traiter les élèves de façon égalitaire, ce qui est particulièrement problématique alors que les inégalités sociales se creusent.

Pour faire face à ces menaces, les solutions existent déjà, pour certaines d'entre elles depuis longtemps. La première solution consisterait à utiliser l'évaluation formative comme seul moyen d'évaluation. Ce moyen d'évaluation focalise l'élève — et l'enseignante — sur le contenu de la tâche, les apprentissages réalisés et à réaliser, et plus généralement sur une conception de l'éducation comme d'un processus de développement. L'évaluation formative existe depuis longtemps et des manuels d'utilisation sont facilement disponibles (p. ex., Allal, 1991). De plus, l'efficacité de cette forme d'évaluation n'est plus à démontrer, puisqu'une méta-analyse a mis en évidence des effets positifs sur l'acquisition des connaissances, des compétences, et sur l'accomplissement scolaire (Black et Wiliam, 1998). Nous aimerions insister cependant sur un point qui nous paraît important. Les notes font traditionnellement partie intégrante du paysage scolaire et académique, et l'on pourrait être tenté, dans un souci de compromis, d'utiliser l'évaluation formative en complément des notes. Nous avons vu plus haut que cette solution n'est pas efficace, puisque les effets de la condition de note accompagnée d'un feedback formatif ont les mêmes effets délétères sur la motivation autonome que la condition avec note seule (Pulfrey et al., 2011). Le problème semble donc venir de la simple présence des notes, un effet trouvé aussi au niveau du partage de l'information dans l'expérience où les notes étaient juste rendues saillantes par le contexte (Hayek et al., 2015).

Une autre solution pourrait être l'utilisation généralisée des méthodes d'apprentissage coopératif, dans la mesure où elles peuvent amener à considérer les compétences des partenaires comme des ressources pour l'apprentissage et non comme une menace potentielle (Buchs et al., 2004). De nouveau, ces méthodes existent depuis longtemps (pour des revues, Butera et Buchs, 2019 ; Johnson et Johnson, 2009) et plusieurs méta-analyses montrent leurs effets bénéfiques en termes d'apprentissage et de relations avec les camarades, comparativement à des méthodes traditionnelles basées sur la performance individuelle (Hattie, 2004 ; Johnson et Johnson, 1989). Nous devons, cependant, émettre une deuxième mise en garde : un système scolaire basé sur l'évaluation normative est un système qui ne promeut pas la coopération et qui risque d'interférer avec des méthodes basées sur l'interdépendance positive. En effet, une étude de Buchs et al. (2016) montre qu'il peut être indispensable de former les étudiantes aux valeurs qui sous-tendent la coopération pour que les méthodes coopératives puissent exprimer tout leur potentiel.

En conclusion, les notes apparaissent comme un facteur endémique de menace dans les systèmes éducatifs, et ceci à plusieurs niveaux. Les études passées en revue dans ce chapitre montrent en quoi consistent ces menaces, mais montrent aussi que, de par leur ancrage traditionnel dans le système, leur remplacement doit passer par une attention plus grande à la fonction de formation, qu'à la fonction de sélection, des systèmes éducatifs. En effet, pour obtenir des synergies entre parties prenantes — en particulier les élèves et leurs enseignantes — et des synergies entre milieux — en particulier l'école, la famille, et la société dans son ensemble — il faut que trois éléments soient alignés : les valeurs de l'école, les pratiques des enseignantes et les motivations des élèves. En particulier, des valeurs scolaires fondées sur la coopération et la promotion de toutes les élèves pourraient entrer en résonance avec des pratiques d'enseignement et d'évaluation formatives. Cette consonance aurait, au niveau sociétal, l'effet de réduire les inégalités d'apprentissage et de chances entre élèves de milieux différents. Et, au niveau individuel, elle aurait comme effet d'augmenter le sentiment d'autodétermination des élèves, de dynamiser leur curiosité, et de poser les bases pour un apprentissage durable, tout au long de la vie (McCombs, 1991).

VII. Bibliographie

Allal, L. (1991). *Vers une pratique de l'évaluation formative : Matériel de formation continue des enseignants*. De Boeck.

Allal, L., et Mottier Lopez, L. (dir.) (2007). *Régulation des apprentissages en situation scolaire et en formation*. De Boeck.

Autin, F., Batruch, A., et Butera, F. (2015). Social justice in education: How the function of selection in educational institutions predicts support for (non)egalitarian assessment practices. *Frontiers in Psychology, (6)*, 707. https://doi.org/10.3389/fpsyg.2015.00707

Autin, F., Batruch, A., et Butera, F. (2019). The function of selection of assessment leads evaluators to artificially create the social class achievement gap. *Journal of Educational Psychology, (111)*, 717–735. https://doi.org/10.1037/edu0000307

Batruch, A., Autin, F., et Butera, F. (2017). Re-establishing the social-class order: Restorative reactions against high-achieving, low-SES pupils. *Journal of Social Issues, (73)*, 42-60. https://doi.org/10.1111/josi.12203

Batruch, A., Autin, F., et Butera, F. (2019). The paradoxical role of meritocratic selection in the perpetuation of social inequalities at school. Dans J. Jetten et K. Peters (dir.), *The social psychology of inequality* (p. 123-137). Springer Nature.

Batruch, A., Autin, F., Bataillard, F., et Butera, F. (2019). School selection and the social class divide: How tracking contributes to the reproduction of inequalities. *Personality and Social Psychology Bulletin, (45)*, 477–490. https://doi.org/10.1177/0146167218791804

Black, P., et Wiliam, D. (1998). Assessment and classroom learning. *Assessment in Education, (5)*, 7-74. https://doi.org/10.1080/0969595980050102

Black, P., et Wiliam, D. (2009). Developing the theory of formative assessment. *Educational Assessment, Evaluation and Accountability, (21)*, 5–31. https://doi.org/10.1007/s11092-008-9068-5

Buchs, C., Butera, F., et Mugny, G. (2004). Resource in(ter)dependence, student interactions and performance in cooperative learning. *Educational Psychology, (24)*, 291-314. https://doi.org/10.1080/0144341042000211661

Buchs, C., Gilles, I., Antonietti, J. P., et Butera, F. (2016). Why students need to be prepared to cooperate: A cooperative nudge in statistics learning at university. *Educational Psychology*, (36), 956-974. https://doi.org/10.1080/01443410.2015.1075963

Butera F. (2011). La menace des notes. Dans F. Butera, C. Buchs, et C. Darnon (dir.) *L'évaluation, une menace ?* (p. 45-53). Presses Universitaires de France.

Butera, F. et Buchs, C. (2019). Social Interdependence and the promotion of cooperative learning. Dans K. Sassenberg et M. Vliek (dir.), *Social Psychology in Action* (p. 111-127). Springer Nature.

Butera, F., et Darnon, C. (2017). Competence assessment, social comparison and conflict regulation. Dans A. Elliot, C. Dweck et D. Yaeger (dir.), *Handbook of Competence and Motivation* (2e éd: Theory and Application, p. 192-213). Guilford Press.

Darnon, C., et Butera, F. (2005). Buts d'accomplissement, stratégies d'étude, et motivation intrinsèque : présentation d'un domaine de recherche et validation française de l'échelle d'Elliot et McGregor (2001). *L'Année Psychologique*, (105), 105-131.

Darnon, C., Dompnier, B., Delmas, F., Pulfrey, C., et Butera F. (2009). Achievement goal promotion at university: Social desirability and social utility of mastery and performance goals. *Journal of Personality and Social Psychology*, (96), 119-134. https://doi.org/10.1037/a0012824

Darnon, C., Smeding, A., et Redersdorff, S. (2018). Belief in school meritocracy as an ideological barrier to the promotion of equality. *European Journal of Social Psychology*, (48), 523-534. https://doi.org/10.1002/ejsp.2347

Darnon, C., Smeding, A., Toczek-Capelle, M.C., et Souchal, C. (2011). L'évaluation comme instrument de formation et/ou de sélection. Dans F. Butera, C. Buchs, et C. Darnon (dir.) *L'évaluation, une menace ?* 117-124, Presses Universitaires de France.

Deci, E. L., et Ryan, R. M. (2000). The" what" and" why" of goal pursuits: Human needs and the self-determination of behavior. *Psychological Inquiry*, (11), 227-268. https://doi.org/10.1207/S15327965PLI1104_01

Elliot, A. J., et McGregor, H. A. (2001). A 2 X 2 achievement goal framework. *Journal of Personality and Social Psychology*, (80), 501–519. https://doi.org/10.1037/0022-3514.80.3.501

Elliot, A. J., Murayama, K., et Pekrun, R. (2011). A 3 X 2 achievement goal model. *Journal of Educational Psychology*, (103), 632–648. https://doi.org/10.1037/a0023952

Glaser, R. (1963). Instructional technology and the measurement of learning outcomes: Some questions. *American Psychologist*, (18), 519-521. https://doi.org/10.1037/h0049294

Hattie, J. (2008). *Visible learning: A synthesis of over 800 meta-analyses relating to achievement*. Routledge.

Hayek, A.S., Toma, C., Guidotti, S., Oberlé, D., et Butera, F. (2017). Grades degrade group coordination: deteriorated interactions and performance in a cooperative motor task. *European Journal of Psychology of Education*, (32), 97–112. https://doi.org/10.1007/s10212-016-0286-9

Hayek, A.S., Toma, C., Oberlé, D., et Butera, F. (2015). Grading hampers cooperative information sharing in group problem solving. *Social Psychology*, (46), 121–131. https://doi.org/10.1027/1864-9335/a000232

Hayek, A.S., Toma, C., Oberlé, D., et Butera, F. (2014). The effect of grades on the preference effect: Grading reduces consideration of disconfirming evidence. *Basic and Applied Social Psychology*, (36), 544-552. https://doi.org/10.1080/01973533.2014.969840

Johnson, D. W., et Johnson, R. T. (1989). *Cooperation and competition: Theory and research*. Interaction Book Co.

Johnson, D. W., et Johnson, R. T. (1990). Social skills for successful group work. *Educational Leadership*, (47), 29-33.

Johnson, D. W., et Johnson, R. T. (2009). An educational psychology success story: Social interdependence theory and cooperative learning. *Educational Researcher*, (38), 365–379. https://doi.org/10.3102/0013189X09339057

Knight, P., et Yorke, M. (2003). *Assessment, learning and employability*, Open University Press.

Marshall, H. H., et Weinstein, R. S. (1984). Classroom factors affecting students' self-evaluations: An interactional model. *Review of Educational Research*, (54), 301-325. https://doi.org/10.3102/00346543054003301

McCombs, B. L. (1991). Motivation and lifelong learning. *Educational Psychologist*, (26), 117-127. https://doi.org/10.1207/s15326985ep2602_4

Monteil, J. M. (1988). *Eduquer et former. Perspectives psycho-sociales*. Presses Universitaires de Grenoble.

Mottier Lopez, L. (2012). *La régulation des apprentissages en classe*. De Boeck.

Murayama, K., et Elliot, A. J. (2012). The competition-performance relation: A meta-analytic review and test of the opposing processes model of competition and performance. *Psychological Bulletin*, (138), 1035–1070. https://doi.org/10.1037/a0028324

Pekrun, R., Elliot, A. J., et Maier, M. A. (2006). Achievement goals and discrete achievement emotions: A theoretical model and prospective test. *Journal of Educational Psychology*, (98), 583–597. https://doi.org/10.1037/0022-0663.98.3.583

Pulfrey, C., Buchs, C., et Butera, F. (2011). Why grades engender performance avoidance goals: The mediating role of autonomous motivation. *Journal of Educational Psychology*, (103), 683–700. https://doi.org/10.1037/a0023911

Pulfrey, C., Darnon, C., et Butera, F. (2013). Autonomy and task performance: Explaining the impact of grades on intrinsic motivation. *Journal of Educational Psychology*, (105), 39–57. https://doi.org/10.1037/a0029376

Quiamzade, A., et Mugny, G. (2011). Du contrat didactique à la menace identitaire. Dans F. Butera, C. Buchs, et C. Darnon (dir.) *L'évaluation, une menace ?* (p. 35-43), Presses Universitaires de France.

Ryan, R. M., et Connell, J. P. (1989). Perceived locus of causality and internalization: Examining reasons for acting in two domains. *Journal of Personality and Social Psychology, (57)*, 749–761. https://doi.org/10.1037/0022-3514.57.5.749

Ryan, R. M., et Deci, E. L. (2000). Self-determination theory and the facilitation of intrinsic motivation, social development, and well-being. *American Psychologist, (55)*, 68–78. https://doi.org/10.1037/0003-066X.55.1.68

Smeding, A., Darnon, C., Souchal, C., Toczek-Capelle, M.C., et Butera, F. (2013). Reducing the socio-economic status achievement gap at university by promoting mastery-oriented assessment. *PLoS ONE, 8(8)*: e71678. https://doi.org/10.1371/journal.pone.0071678

Stasser, G., et Titus, W. (2003). Hidden profiles: A brief history. *Psychological Inquiry, (14)*, 304–313. https://doi.org/10.1080/1047840X.2003.9682897

Souchal, C., Toczek-Capelle, M.C., Darnon, C., Smeding, A., Butera, F., et Martinot, D. (2014). Assessing does not mean threatening: Assessment as a key determinant of girls' and boys' performance in a science class. *British Journal of Educational Psychology, (84)*, 125–136. http://dx.doi.org/10.1111/bjep.12012

Toma, C., et Butera, F. (2009). Hidden profiles and concealed information: Strategic information sharing and use in group decision making. *Personality and Social Psychology Bulletin, (35)*, 793-806. https://doi.org/10.1177/0146167209333176

Toma, C., et Butera, F. (2015). Cooperation versus competition effects on information sharing and use in group decision making. *Social and Personality Psychology Compass, (9)*, 455–467. https://doi.org/10.1111/spc3.12191

Chapitre 3. Quand les recherches collaboratives nous montrent des tensions entre les fonctions formatives et certificatives de l'évaluation des apprentissages

Marcelo Giglio et Lucie Mottier Lopez

Ce chapitre propose quelques distinctions conceptuelles sur les « fonctions » de l'évaluation des apprentissages qui peuvent parfois créer des tensions entre les arguments théoriques et les pratiques analysées. Tout d'abord, nous situerons ce débat dans le cadre d'un réseau scientifique de recherches collaboratives pour ensuite analyser quelques mises en question conceptuelles sur l'évaluation discutées depuis plusieurs décennies dans la littérature. Finalement, à partir de recherches actuelles, nous identifierons quelques tensions entre l'évaluation formative et l'évaluation certificative dans les approches évaluatives.

Depuis 2008, des résultats de recherches sur les pratiques d'évaluation en éducation ont été présentés et discutés au sein du réseau thématique *Recherches Collaboratives sur les Pratiques Evaluatives* (RCPE) de l'ADMEE-Europe[6]. Dans le cadre du colloque de l'ADMEE-Europe de 2019 à l'Université Lausanne, le symposium « *Perspectives contemporaines de recherches collaboratives en pratiques évaluatives et formation en enseignement* »

---

[6] Le réseau RCPE s'adresse aux chercheur·se·s et praticien·ne·s (personnes enseignantes, formatrices, conseillères pédagogiques, etc.) qui étudient les pratiques évaluatives dans une approche de recherche collaborative – ou avec des composantes de recherche collaborative. Pour plus de détails : http://admee.org/activites/reseaux-thematiques/rcpe/

(Giglio et al., 2019) a problématisé plusieurs pratiques évaluatives dans des perspectives contemporaines de recherches collaboratives, plus particulièrement dans des contextes de formation en enseignement, conduites par des chercheur·se·s de la Belgique, du Canada, de la France et de la Suisse, à des fins d'innovations pour la plupart. Un des fondements épistémologiques des approches de recherche collaborative est de mettre en œuvre des dispositifs qui donnent aux participant·e·s, acteurs et actrices de l'école ou de la formation, la possibilité de prendre une place active dans la co-construction des savoirs « avec » eux en tant que praticien·ne·s, encadrée par des méthodes rigoureuses et objectivées (Desgagné, 1997, 1998 ; Bednarz, 2013 ; Desgagné et Bednarz, 2005 ; Dejean, 2010 ; Morrissette et al., 2012 ; Mottier Lopez, 2018). De plus, cette approche de recherche peut assumer un lien concret avec la formation des enseignants et enseignantes, car, comme l'explique Bednarz (2013), les travaux québécois des premières heures (Desgagné, 1997, 1998 ; Desgagné et al., 2001) étaient « de satisfaire un intérêt premier pour la production de connaissances susceptibles de venir éclairer un certain champ de pratique professionnelle et, en conséquence, cette formation » (p. 16).

I. Perspectives de recherches collaboratives en pratiques évaluatives

Il n'existe pas une approche homogène des méthodes de recherches collaboratives. En ce sens, le réseau RCPE ne vise pas une normalisation de ce type de recherches, dans le sens d'une standardisation qui écarterait des approches multiples, alternatives et innovantes. Tout en accordant une place importante aux travaux québécois initiaux et à des principes épistémologiques et méthodologiques centraux présentés ci-après, ce réseau est ouvert à l'étude des pratiques évaluatives par des recherches-actions collaboratives par exemple, des recherches intervention, des recherches formation, des recherches innovation, entre autres. Toutefois, il est important de s'interroger sur la nature épistémique de la collaboration entre chercheur·se·s et praticien·ne·s dans les processus de co-construction des savoirs sur les pratiques évaluatives investiguées.

Mottier Lopez (2018) suggère plusieurs éléments, parmi d'autres possibles, pour préciser la nature d'une recherche collaborative :
- le rapport traditionnellement hiérarchique de la recherche en éducation sur la pratique éducative est foncièrement remis en question, en faveur d'une reconnaissance mutuelle d'expertises distribuées différentes entre recherches académiques et champs professionnels de la pratique ;
- une ouverture aux apports des acteurs et actrices non académiques est proposée dès les premiers choix méthodologiques dans la construction du projet de recherche et dans les savoirs qui en résulteront ;
- des investigations conjointes et des espaces collectifs de négociation de sens font partie à part entière des « design » des dispositifs de recherche pour interpréter les phénomènes investigués, confronter des points de vue, intégrer les catégories de sens propres à chaque partie prenante du projet ;
- ces négociations de sens représentent des données de recherche à part entière, objectivées et analysées, susceptibles de redevenir des objets collectifs de débat dans des cycles itératifs qui contribuent à l'approfondissement de l'objet d'étude commun et partagé.

Ces « fondements » s'observent dans différents « modèles » de recherche collaborative. Il y a celui aujourd'hui bien connu de Desgagné et ses collègues (Desgagné, 1997, Desgagné et al., 2001 ; Bednarz, 2013) définissant des phases :
- de co-situation (co-élaboration du projet de la recherche entre partenaires académiques et non académiques),
- de co-opération (investigation formelle permettant à la fois un recueil de données et un questionnement pratique des acteur·rice·s sur la pratique investiguée),
- de co-production (co-production et communication des résultats dans des formes adaptées pouvant être réinvesties dans les différentes communautés concernées).

D'autres modèles existent comme celui de la recherche-action collaborative déclinée par Cartier et ses collègues du point de vue de l'apprentissage autorégulé (par exemple Cartier et al., 2018) ou encore de la recherche-intervention associée à des enjeux d'innovation et d'accompagnement au changement dans des situations sociopolitiques complexes (Marcel, 2016). Dans le cadre du symposium qui nous intéresse, quel que soit le modèle de recherche collaborative choisi par les contributeurs et contributrices, un des points communs était de conduire des recherches avec des acteurs et actrices de l'enseignement ou de la formation en enseignement, y compris en proposant parfois des actions collaboratives avec ces personnes. Plus généralement, la visée professionnalisante de ces recherches était de faire émerger :

> *certains usages habituels et de nouveaux usages nécessaires pour à la fois innover et améliorer leurs pratiques [car] il s'agit en même temps de créer, d'utiliser des savoirs et des outils pour observer et se développer professionnellement ; et cela sous des angles scientifiques.* (Giglio et Rothenbühler, 2017, p. 40)

Sept contributions[7] ont été présentées dans le symposium *Perspectives contemporaines de recherches collaboratives en pratiques évaluatives et formation en enseignement*. Elles sont résumées dans les Actes du colloque de l'ADMEE-Europe de Lausanne. Pour nous y référer, nous citerons les auteur·rice·s sans ajout de dates. En lien avec la thématique générale du présent ouvrage, ces contributions nous invitent à interroger quelques tensions associées aux différentes fonctions attribuées à l'évaluation des apprentissages.

La section suivante rappelle quelques éléments du débat à propos de la distinction entre les fonctions de l'évaluation des apprentissages et quelques arguments qui, aujourd'hui, justifient l'actualité de ce débat. La section suivante présente la façon dont les différentes contributions du symposium ont traité la question. Le chapitre se termine par une conclusion soulignant les tensions entre les fonctions de l'évaluation telles que traitées dans les recherches collaboratives.

---

7 Le lien Internet d'accès aux contributions de ce symposium est : http://wp.unil.ch/admee2019/files/2019/07/ActesADMEE2019-1.pdf, pages 333-371.

II. Un débat constamment repris : les « fonctions » de l'évaluation des apprentissages

On pourrait penser à tort que les distinctions conceptuelles à propos des différentes fonctions de l'évaluation des apprentissages (des élèves, des étudiant·e·s, des apprenti·e·s, des professionnel·le·s, etc.) sont aujourd'hui bien établies : évaluation formative, évaluation formatrice, évaluation diagnostique, évaluation pronostique, évaluation prédictive, évaluation certificative, évaluation sommative, évaluation descriptive, ... Pourtant, une lecture avertie de la littérature scientifique actuelle montre, d'une part, que les auteur·rice·s n'argumentent pas toujours les mêmes choix conceptuels, voire proposent des définitions qui ne se rejoignent pas pleinement (Mottier Lopez, 2015). Dans le contexte anglo-saxon, on observe l'émergence de nouvelles terminologies visant à dépasser la conception des fonctions « historiques » des évaluations mentionnées : par exemple, « *assessment for learning* », « *assessment as learning* », « *assessment of learning* », entre autres (Earl, 2003). Dans le contexte francophone, on observe également des traces dans des publications quant à l'*évaluation-soutien d'apprentissage* (Allal et Laveault, 2009) ou à l'*évaluation constructive* (Hadji, 2015, entre autres).

À l'origine... l'évaluation dans une perspective américaine

Il n'est certainement pas inutile de rappeler que dans la littérature américaine, la distinction entre « *formative assessment* » et « *summative assessment* » découle des travaux de Scriven (1967) dans le contexte de l'évaluation de programmes. Pour l'auteur, l'évaluation d'un plan d'études joue un rôle de « *formative asssessment* » lorsqu'elle est utilisée dans un but interne d'amélioration du programme ; puis l'évaluation joue un rôle de « *summative assessment* » lorsqu'un jugement général sur un produit fini est établi et communiqué à un auditoire externe sous la forme d'une note, d'un score ou d'un classement en tant que recommandation pour l'adoption d'un programme d'études plutôt que d'un autre. Ces termes ont ensuite été repris par Bloom (1971) dans le cadre d'une stratégie pédagogique spécifique sous le nom de « *learning for mastery* » (Bloom,

1968), plus tard abrégé sous le nom de « *Mastery learning* » (Bloom, 1971), souvent traduits en français comme la « pédagogie de maitrise », pour exploiter les procédures de rétroaction et de correction. Avec cette stratégie pédagogique de maitrise de l'apprentissage, les enseignant·e·s organisent les contenus à enseigner et les apprentissages que les élèves doivent effectuer durant un temps d'enseignement défini. Les enseignant·e·s procèdent à de brèves « évaluations formatives » en donnant aux étudiant·e·s des rétroactions, ou des commentaires, sur leurs résultats afin de les aider à identifier ce qu'elles·ils ont bien appris à ce stade et ce dont elles·ils ont besoin pour atteindre les objectifs d'apprentissage visés (Bloom, Hastings et Madaus, 1971).

Cette distinction a eu le mérite de mettre en avant le rôle crucial que peut jouer l'évaluation quand elle est formative dans la régulation de l'enseignement et le soutien à l'autorégulation des personnes en apprentissage (élèves ou étudiant·e·s). Elle a également permis de déconstruire la représentation d'une évaluation qui serait strictement réduite à la somme de points pour contrôler (sanctionner, mesurer) les acquis des élèves sous différentes formes que nous pouvons constater dans certaines institutions de formation. Cette distinction a eu un retentissement majeur dans le monde de l'éducation à l'international et reste, aujourd'hui, au cœur de nombreux travaux en éducation.

Des mises en question conceptuelles depuis plusieurs décennies

Cette distinction entre les différentes fonctions de l'évaluation a fait l'objet de controverses régulières depuis les années 1990. Prenons l'exemple d'une « évaluation plus authentique et équitable » proposée par Wiggins (1989). Wiggins plaide pour des évaluations qui intègrent des composantes formatives (rendre centrales les rétroactions aux élèves, permettre des collaborations entre eux·elles, intégrer des démarches d'autoévaluation et d'étayage, révéler les forces plutôt que de dénoncer les faiblesses, etc.) qui nécessitent une réflexion de fond sur la nature des savoirs et des tâches évaluatives proposées aux élèves, y compris à propos de leur temporalité, si possible plus continues, articulées à l'enseignement et à l'apprentissage. Vingt-cinq ans après, Wiggins publie en 2014 un « commentaire » sur Internet afin de clarifier les intentions de ce premier article très débattu et controversé (et des travaux qui en ont suivi) par rapport à ce qu'il considère être une mauvaise compréhension de ses propositions confondant évaluation « authentique » avec évaluation « pratique » ou évaluation « réelle ».[8] On notera que Wiggins n'utilise pas les catégories conceptuelles « formative » et « sommative » pour reconceptualiser l'évaluation, préférant interroger celle-ci du point de vue des objets (apprentissages) évalués, de la nature des tâches et des conditions sociales, matérielles, temporelles, culturelles qui participent à part entière à l'évaluation. Les travaux de McMillan (2003) montrent que même si des enseignant·e·s du secondaire intègrent certains éléments d'une réforme sur l'évaluation, plusieurs de ces enseignant·e·s gardent cependant des pratiques d'évaluation très traditionnelles. Des travaux plus contemporains, comme ceux par exemple de Sayac (2017), identifient certaines logiques évaluatives « traditionnelles » de l'évaluation qui représentent une impasse pour étudier les pratiques évaluatives des enseignant·e·s en contexte professionnel, notamment dans une perspective didactique des mathématiques. Dans une perspective de l'apprentissage situé, Mottier Lopez (2017) et Mottier Lopez et Dechambiux (2017) visent à mieux appréhender le rapport dialectique entre l'activité évaluative et les contextes et cultures dans lesquels et avec lesquels cette activité se développe au regard de finalités multiples. Le tableau 1 présente quelques arguments d'auteur·e·s qui incitent à un dépassement conceptuel.

Sommatif : un choix terminologique contestable.	Scallon (2000) : le terme d'évaluation sommative est un néologisme provenant de la traduction littérale de l'anglais « summative assessment ».
Un parallèle discutable entre évaluation de programmes et évaluation des apprentissages.	Scallon (2000) : l'évaluation sommative n'est pas identique entre un programme (susceptible d'une évaluation terminale) et un apprentissage (qui n'est jamais terminé en soi, dans la perspective d'un apprentissage tout au long de la vie).
Sommatif : réductionnisme conceptuel	De Ketele (2006) : l'évaluation sommative a été réduite à ses aspects et effets négatifs.
Confusion entre fonctions et démarches de l'évaluation	Taras (2005) : l'évaluation sommative est un bilan qui réunit les preuves (*evidences*) de l'apprentissage ; ce bilan peut avoir des fonctions multiples. De Ketele (2010) : faire une « somme de » (un bilan) désigne une démarche et non pas une fonction de

---

8 Sur : https://grantwiggins.wordpress.com/2014/01/26/authenticity-in-assessment-re-defined-and-explained/

	l'évaluation. Le terme « évaluation certificative » est plutôt une fonction de l'évaluation (certifier des acquis, certifier les résultats d'une action) et évite une confusion entre la démarche de l'évaluation sommative et la fonction de l'évaluation certificative.
Confusion entre fonctions et instruments utilisés pour évaluer	Scallon (2000) : on tend à confondre les outils/instruments utilisés (voir tests, portfolio, questionnaires, etc.) à leur(s) fonction(s). Autrement dit, les outils ne déterminent pas la fonction de l'évaluation ; ils peuvent servir plusieurs fonctions.
Des oppositions qui verrouillent les synergies entre les différentes fonctions éducatives de l'évaluation	Mottier Lopez et Laveault (2008) : sous certaines conditions, l'évaluation certificative peut assumer une fonction éducative, dans un rapport de complémentarité et de réciprocité avec l'évaluation formative.
Une dichotomie réductrice	Plus généralement, l'évaluation ne se réduit pas aux deux fonctions formatives et certificatives (voir bilan dans Mottier Lopez, 2015).

Tableau 1 : Quelques arguments mettant en question la distinction conceptuelle entre différents types d'évaluation des apprentissages.

Retenons plus généralement que les écrits sur les tensions[9] à propos des différentes fonctions de l'évaluation des apprentissages existent depuis plusieurs décennies et persistent à nourrir un débat qui n'est pas clos (voir Hadji, 1997, 2012 ; Harlen, 2005, 2012 ; Perrenoud, 1998 ; Mottier Lopez et Crahay, 2009 ; Taras, 2005), comme en témoigne aussi la thématique du 31e colloque de l'ADMEE-Europe à Lausanne.

Des flottements dans les pratiques en classe, mais ne pas jeter le bébé avec l'eau du bain !

Outre ces questionnements d'ordre théorique, les mises en question émanent également du terrain. Ainsi, comme le signale la revue de littérature de Sayac (2017), essentiellement dans le monde anglophone, au début des années 2000, les observations des pratiques évaluatives en classe montrent que les distinctions entre évaluations formative et sommative apparaissent flottantes, parfois inexistantes. Les constats de Black et al. (2004), soulignent que la séparation entre les différentes fonctions de l'évaluation est fréquemment refusée par le terrain. De grandes variations

---

[9] Sous forme de ruptures, de contradictions irréductibles, de cohabitations imposées versus de complémentarités, voire d'interdépendances possiblement positives.

peuvent également exister entre les enseignant·e·s, leurs classes, les établissements de formation, les ordres d'enseignement, avec néanmoins une constante : les pratiques évaluatives tendent à rester traditionnelles, orientées par les enjeux de la notation, auxquelles s'ajoutent des feedbacks formatifs.

Les recherches citées dans Crahay et al. (2019) énoncent le même constat : dans certains cas, l'évaluation reste encore souvent normative[10], fondée sur des enjeux de comparaison et de classement des élèves plutôt que formative et critériée. Les auteur·e·s nuancent cependant, en prenant appui sur une étude comparative menée par Issaieva et al. (2015) intitulée « *Conceptions et prises de position des enseignants face à l'évaluation scolaire dans quatre systèmes éducatifs : quel est le reflet des cultures et politiques évaluatives ?* ». Des différences sont observées à partir de l'analyse des résultats à un questionnaire portant sur la conception que les enseignant·e·s ont des fonctions de l'évaluation des apprentissages de leurs élèves :

> *L'adhésion à une évaluation à visée normative est particulièrement forte en Turquie, puis en Bulgarie et ensuite en FWB[11] ; elle est la plus faible dans le canton de Genève. Il semble qu'en Bulgarie et, plus encore, en Turquie, les perspectives formative et sommative critériées en matière d'évaluation sont largement méconnues ; elles émergent chez un minimum d'enseignants. Comme l'écrivent ces chercheurs, les résultats obtenus reflètent l'histoire de chaque pays eu égard à l'évaluation des élèves. Comme déjà signalée ci-dessus, Genève a été très tôt le creuset d'une réflexion approfondie à ce propos ; des recherches nombreuses en collaboration avec des enseignants et des formations y ont pris place. Malgré les efforts de certains chercheurs (de Landsheere, en premier), la FWB est restée en retrait par rapport à ce qui s'est passé dans la Cité de Calvin. En Turquie, comme en Bulgarie, la culture pédagogique y est très*

---

10 L'évaluation normative se réfère ici à la comparaison interindividuelle qui détermine le résultat obtenu : celui-ci dépend alors de la position que l'individu occupe au sein d'une distribution de référence. L'évaluation normative s'oppose à l'évaluation dite critériée (Mottier Lopez, 2015).
11 Fédération Wallonie-Bruxelles.

marquée par l'idéologie méritocratique. (Crahay et al., 2019, p. 400)

En bref, on retiendra que, dans le terrain, l'évaluation des apprentissages peut rester essentiellement marquée par les enjeux de la notation, elle-même associée à une fonction pronostique d'orientation (à des fins de promotion, d'orientation d'études, de sélection vers des filières d'études) justifiée par des valeurs méritocratiques conduisant à une hiérarchisation des niveaux de réussite des élèves (souvent par des échecs scolaires). En ce sens, il apparait crucial de poursuivre et d'insister sur la compréhension des buts d'une évaluation des apprentissages dont la fonction première est celle de soutenir une régulation différenciée des apprentissages, dans la perspective d'une justice corrective qui prône une égalité des acquis pour tous les élèves (Crahay, 2012). Des résultats empiriques, y compris dans un contexte plutôt favorable comme celui du canton de Genève (Mottier Lopez et al., 2010) ou celui de Neuchâtel (Giglio et al., 2019 ; Giglio et al., soumis), montrent cependant que les enseignant·e·s peinent à conscientiser leurs pratiques d'évaluation formative quand elles sont fortement intégrées à l'enseignement par exemple, qu'ils ou elles exploitent peu les outils d'évaluation formative critériée proposés par l'institution et que c'est l'évaluation certificative qui, en quelque sorte, impose sa logique aux démarches formatives associées (Chanudet, 2019).

Une des caractéristiques du symposium dont est issu ce texte est de penser ces questions à partir de recherches collaboratives qui visent à combiner des questionnements pratiques et des questionnements scientifiques. Quels éclairages les recherches présentées dans le symposium apportent-elles dans ce débat déjà ancien, largement documenté, notamment quand il y a des enjeux d'innovations et de développement professionnel ?

III. Vers une reconfiguration conceptuelle de l'évaluation des apprentissages : entre questionnement pratique et questions scientifiques

Les contributions au symposium qui nous intéresse ici donnent à voir des tensions sur différents plans (sans être exclusifs les uns des autres), le premier et le dernier étant relativement attendus, les deux autres étant plus rarement mis en évidence dans la littérature consultée :

- entre évaluations formative, sommative et certificative ;
- au sein d'une même fonction évaluative ;
- propres à la spécificité de l'objet évalué ;
- par rapport à des attentes institutionnelles et standardisées externes.

Ces différents plans se déclinent différemment par rapport *aux contextes socio-institutionnels concernés* (du point de vue des pratiques évaluatives en jeu et de la co-construction de savoirs professionnels les concernant[12]) :

- les pratiques d'évaluation au sein des classes (Cartier et al. ; Tali et Roméro), par rapport à des enjeux de formation professionnelle initiale et continue (Miserez-Caperos et al. ; Nizet et al. ; Pasquini) ;
- les pratiques d'évaluation dans le contexte de la formation professionnelle en alternance en formation initiale (Van Nieuwenhoven et al.) ;
- les pratiques d'évaluation dans un cours de formation universitaire (Mottier Lopez et Girardet).

Pour la plupart des contributions, des enjeux d'innovation sont impliqués :

- à propos de l'objet enseigné, appris, évalué à l'école, plus spécialement la créativité (Tali et Roméro) et l'apprentissage par la lecture (Boutin, Martel et Cartier) ;

---

[12] Nous ne problématiserons pas ici les contextes propres aux recherches elles-mêmes.

- à propos de démarches et outils innovants d'évaluation à l'école (Miserez-Caperos, Giglio, Droz Giglio, Desaules, Guillaume et Roulet) ou pour modéliser sa pratique professionnelle (Pasquini) ;
- mêlant démarches évaluatives et compétences transversales sur des objets disciplinaires (Mottier Lopez et Girardet).

Nous extrayons et discutons ci-dessous quelques éléments de ces recherches collaboratives, afin de donner à voir la façon dont les tensions ont été traitées.

À propos des pratiques en classe, tension autour de l'objet à évaluer

Une des originalités de la recherche de Tali et Roméro, ainsi que celle de Boutin, Martel et Cartier présentée ci-après, est de donner à voir les tensions qui, dans les pratiques évaluatives en classe, semblent tout particulièrement liées à la spécificité et complexité de l'objet (ou apprentissage) évalué. Plutôt que de la considérer comme un trait individuel et personnel, Tali et Roméro proposent de concevoir la créativité chez les élèves comme une « activité collaborative », les amenant à parler de co-créativité. Un enjeu pour l'enseignant·e est alors de pouvoir évaluer cette co-créativité en tant que compétence transversale aux différentes disciplines scolaires. Les chercheuses s'intéressent plus spécialement aux conditions des travaux de groupe pour appréhender l'évaluation formative de la co-créativité dans une approche à la fois sociocognitive et socioculturelle (Henriksen et al., 2016). Dans l'étude présentée, l'évaluation formative apparait au service d'une rétroaction sur les conditions de l'apprentissage co-créatif, plus spécialement le nombre de co-équipiers dans un groupe collaboratif et les modalités d'échanges entre eux. Il est envisagé d'articuler cette dimension avec des évaluations mutuelles entre apprenant·e·s, confrontées aux évaluations des enseignant·e·s, notamment pour tenter d'appréhender à la fois la construction des compétences dans le groupe, mais également à un niveau individuel.

La tension exprimée dans cette recherche montre que, si sur un plan de formation, l'évaluation d'une compétence dite transversale aux disciplines scolaires est susceptible d'appréhender des dimensions non strictement individuelles (pour prendre en considération aussi les conditions de la co-créativité et les processus et productions collectives), il n'en va pas de même pour l'évaluation certificative. Alors que les chercheuses questionnent la possibilité de considérer la co-créativité comme pouvant aussi être un « élément d'évaluation certificative » (parce que participant, par exemple, aux processus de résolution de problèmes), les formateurs et formatrices expriment un questionnement pratique : dans quelle mesure une certification collective est-elle admise institutionnellement quand il y a un travail de groupe ? Sur quels éléments s'appuyer concrètement ? (p. 337).

On retiendra de cette première contribution que le type de tensions entre évaluations est aussi lié à la nature des apprentissages (ou objets) évalués, une question peu explorée à notre connaissance dans la littérature scientifique. Certains objets d'apprentissage sont peu circonscrits dans les plans d'études, soit parce qu'ils sont « nouveaux », soit parce qu'ils sont considérés comme faisant partie du projet général de formation de l'élève, sans être définis comme des savoirs culturels scolaires qui nécessitent une certification de « niveaux d'acquisition ». Vu la pression de la notation, la non-certification dévalorise parfois ce type d'apprentissages qui, par ailleurs, participent à la réalisation d'autres apprentissages disciplinaires qui sont certifiés quant à eux.

À propos des pratiques en classe, tensions entre les fonctions de l'évaluation

La recherche-action collaborative présentée par Boutin, Martel et Cartier porte sur des pratiques d'évaluation d'enseignant·e·s de français qui cherchent à intégrer dans leur classe un « apprentissage par la lecture » en contexte de « littératie médiatique multimodale ». Le but de la recherche est « d'explorer (…) les pratiques évaluatives formatives et sommatives-certificatives, privilégiées par les enseignants » (p. 349) dans ce contexte d'innovation pédagogique. Notons ici la différence établie par les chercheur·se·s entre évaluations sommative et certificative, laissant entendre une différence conceptuelle entre les deux termes. Sous forme d'études de cas, la recherche de Boutin et al. présente les données d'une classe au primaire et de deux classes au secondaire au Québec. Les résultats montrent que l'évaluation formative représente un défi pour que les enseignant·e·s s'y engagent réellement ; l'évaluation certificative reste prioritaire à leurs yeux. À propos de cette dernière, un manque de « cohérence didactique » est constaté par rapport aux activités d'apprentissage réalisées. Les chercheur·se·s concluent que les enseignant·e·s semblent nombreux·ses à « opposer évaluation formative et évaluation sommative ou du moins, plusieurs semblent considérer qu'il est complexe et difficile (à l'égard du temps disponible) de s'investir dans l'une comme dans l'autre » (p. 352), rejoignant en cela les constats de la littérature citée plus haut. Boutin et al. proposent plusieurs pistes explicatives de ce constat, dont une qui concerne plus spécialement la spécificité et la complexité de l'objet de savoir enseigné.

Nous pointons ici une tension possible quand il s'agit d'introduire des objets nouveaux d'enseignement et d'apprentissage nécessitant également un renouvellement de la façon même de les évaluer. Les pratiques d'évaluation habituelles (perçues comme maîtrisées par les particien·ne·s) reprennent le dessus, notamment quand il y a de forts enjeux tels que ceux de la certification, quitte à rompre la cohérence didactique avec les activités d'enseignement et d'apprentissage. Ce constat à propos des « habitudes » s'observe également dans la recherche de Miserez-Caperos, Giglio, Droz Giglio, Desaules, Guillaume et Roulet. Dans cette recherche, l'objet porte sur les pratiques évaluatives dans la classe par rapport à l'introduction de pratiques innovantes (évaluation des progressions d'apprentissage des élèves), et ce qu'elles peuvent apprendre à chaque acteur et actrice concerné·e au regard de leurs rôles institutionnels différents, mais complémentaires quand il s'agit de former des personnes au métier d'enseignant·e. La recherche a pour objectif de « mettre en lumière l'émergence de certaines tensions entre l'évaluation formative et l'évaluation certificative vécues par les acteurs de la formation en enseignement » (p. 366).

Les auteur·e·s proposent de concevoir l'évaluation comme un « soutien d'apprentissage » – ou évaluation formative – pouvant représenter une intervention éducative sur le plan de « l'instrument en soi » en ce qui concerne des outils qui sont à la fois d'enseignement et d'information sur ce que les élèves savent ou apprennent (*Knowing What Students Know*) (Pellegrino et al. 2001). La recherche entreprise s'intéresse à mieux connaître les différents points de vue des acteurs et actrices de la formation en enseignement dans le cadre de trois séances de 90 minutes. Une des originalités est de réunir des personnes qui ont des fonctions institutionnelles différentes dans le canton de Neuchâtel en Suisse : formateur·rice·s d'enseignant·e·s ; formateur·rice·s en établissements scolaires ; étudiant·e en formation à l'enseignement ; enseignant·e-animateur·rice de la formation pour l'évaluation ; enseignant·e·s ; chercheur·se·s. Les discours produits ont été collectivement co-analysés.

Ces études montrent quatre nœuds de tensions :

- il peut exister une cohabitation entre des pratiques d'évaluation certificative traditionnelle (par le moyen d'un livret scolaire) et le développement de nouvelles pratiques centrées sur une évaluation de la progression des apprentissages de chaque élève ;
- le choix des traces à insérer dans un portfolio en fonction de leurs usages (pour observer un acquis ou une progression des apprentissages de l'élève à un moment donné ou entre différents moments de l'année) et leurs destinataires (pour l'élève, pour l'enseignant·e, pour l'institution ou pour les parents) à des fins de régulation des apprentissages, ou qui n'ont pas directement de lien avec des enjeux d'évaluation, car l'enseignant·e choisit d'autres traces plus significatives ;
- la gestion des attentes institutionnelles et sociales distinctes et parfois avec des incongruences entre un plan d'études, les attentes de l'institution et celles des partenaires et encore la conduite de la classe, les activités didactiques propres à chaque enseignant·e et les contraintes personnelles ;
- et plus généralement sur le rapport complexe qu'il peut y avoir à s'approprier des outils et pratiques innovants proposées par une réforme de l'évaluation dans le canton aux égards à ce qui est perçu comme rassurant, car habituel dans les usages « traditionnels » à l'école.

Ces différents éléments mettent en évidence les différentes dimensions qui interviennent pour les acteurs et actrices de terrain en fonction des rôles institutionnels qu'ils et elles ont. Ces rôles sont certainement eux-mêmes en tension entre, par exemple, l'enseignant·e qui doit gérer au quotidien sa classe dans un principe de réalité et d'efficacité et des formateur·rice·s qui ont pour mission de sensibiliser les étudiant·e·s-stagiaires aux attentes institutionnelles et prescriptions en vigueur en matière d'évaluation. Un des intérêts de cette recherche est de proposer des espaces dialogiques entre les différentes partenaires pour penser ensemble des pratiques évaluatives en classe et au regard des contenus de la formation professionnelle initiale. En ce sens, une démarche de reconnaissance des contraintes du terrain est prise au sérieux, rompant avec l'idée d'une position en surplomb de prescriptions issues de la formation continue. Des relations dialectiques de réciprocité semblent ici pouvoir se construire.

À propos de pratiques évaluatives en formation de base universitaire, tensions au sein d'une même évaluation continue

La contribution de Mottier Lopez et Girardet s'inscrit précisément dans un contexte de formation universitaire, plus particulièrement à propos d'un cours de maitrise proposé dans différents programmes en sciences de l'éducation. Le thème du cours est la recherche collaborative en éducation. La grande majorité des étudiant·e·s se destine à l'enseignement en contexte scolaire. La recherche des autrices porte sur une évaluation certificative visant une évaluation authentique (Wiggins, 1989). Celle-ci est composée de différentes tâches inter-reliées à réaliser tout au long d'un semestre, conçues pour d'abord et avant tout soutenir les progressions d'apprentissage des étudiant·e·s. Autrement dit, ici, la distinction conceptuelle qui consiste traditionnellement à attribuer cette visée de régulation des apprentissages à l'évaluation formative est clairement attribuée aussi à l'évaluation certificative. La contribution de Mottier Lopez et Girardet consiste alors à déterminer précisément les caractéristiques de cette évaluation certificative innovante (jamais expérimentée par les étudiant·e·s), du point de vue notamment de ses temporalités, de l'intégration de régulations interactives sociales et matérielles, finalisées par une pratique sociale de référence : mener une recherche collaborative en éducation.

Les tensions sont alors au cœur même de l'évaluation certificative, par exemple :

- la délimitation d'objectifs personnels d'apprentissage articulés aux objectifs du cours, passant par des objectifs d'apprentissage

intermédiaires, communs et négociés (dans de petits groupes collaboratifs) ;
- l'expérimentation de rôles distincts, mais interdépendants, associés à des démarches d'évaluation entre pairs dans des configurations sociales différentes (au sein de son propre groupe, entre plusieurs groupes, de façon plus ou moins publique).

L'enjeu est de permettre aux étudiant·e·s de développer des compétences transversales en évaluation et en collaboration tout en acquérant des savoirs académiques qui eux seuls seront certifiés. Cet enjeu ne va pas forcément de soi pour des étudiant·e·s habitué·e·s à des formes traditionnelles d'évaluation à l'université. C'est pourquoi un des buts de l'étude présentée par Mottier Lopez et Girardet est d'analyser les perceptions des étudiant·e·s par le moyen de questionnaires et d'entretiens semi-structurés. Les premiers résultats montrent, entre autres, que les étudiant·e·s ont eu l'impression de s'être engagé·e·s de façon importante dans le travail à accomplir, et de s'être approprié·e·s en profondeur les contenus académiques en jeu. Mais, en même temps, les enjeux de l'évaluation certificative ont amené certain·e·s à se surinvestir dans la préparation d'une des tâches à réaliser, voire même à détourner les conditions formatives planifiées pour celle-ci, se donnant peu le droit à l'erreur et à la co-construction de significations émergentes.

À propos des pratiques évaluatives en formation professionnelle en alternance, tensions entre les fonctions évaluatives

Passons maintenant à la recherche menée par Van Nieuwenhoven, Maes et Colognesi qui s'intéresse au contexte de la formation initiale des enseignant·e·s en Belgique francophone. Celle-ci organise des stages sur trois années d'études dans une perspective d'alternance intégrative. Un des objectifs de cette recherche est de « mieux comprendre la tension existant entre la fonction d'évaluation formative et celle d'évaluation certificative rencontrée » (p. 344) dans des entretiens de co-évaluation entre un·e étudiant·e, son ou sa superviseur·se et l'enseignant·e issu·e de la Haute école pédagogique. Dans une approche de recherche collaborative, le but annoncé est de « tisser des liens entre les savoirs pratiques objectivés par les praticiens et les savoirs théoriques formalisés par les chercheurs, et ce à travers un processus commun de négociation de sens » (p. 346). Les résultats présentés au symposium ont ciblé sur les données qui concernent quatre superviseurs en particulier, analysées collectivement avec les différentes catégories d'acteurs et actrices impliqué·es. Tout comme pour la recherche présentée par Miserez Caperos et al., les chercheur·se·s soulignent le fait que les tensions apparaissent spécifiquement liées aux rôles institutionnels des personnes présentes et concernées par la coévaluation, montrant que les perspectives diffèrent en fonction des rôles et contextes socio-institutionnels portés par chaque acteur ou actrice. Du point de vue des superviseurs plus particulièrement, le constat rejoint la littérature scientifique évoquée plus haut, à savoir que la préoccupation dominante concerne la « note finale » à attribuer en tant que « moment » déterminant, susceptible d'influencer les processus d'évaluations formatives supposées être également impliquées dans les échanges de coévaluation. À nouveau, comme déjà mis en évidence dans les recherches précédentes, l'enjeu de l'évaluation certificative tend à prendre le dessus.

À propos des pratiques d'évaluation en classe, tensions entre modélisations de l'évaluation sommative et pratiques

La recherche de Pasquini engage précisément une réflexion collaborative avec des enseignant·e·s du secondaire en Suisse romande sur leurs pratiques d'évaluation certificative[13] dans un contexte de formation continue et de développement professionnel. Le postulat du chercheur est que l'évaluation certificative, à certaines conditions, peut contribuer à faire progresser l'élève notamment pour « l'informer au travers de commentaires portant également sur ses apprentissages au-delà d'une note chiffrée » (p. 339). Pour ce faire, un modèle théorique de « l'alignement curriculaire élargi » a été présenté aux participant·e·s par le chercheur dans une visée de compréhension et de modélisation des pratiques évaluatives en classe. Ce modèle vise à sensibiliser les enseignant·e·s sur un ensemble de composants qui interviennent dans les pratiques de notation. Le dispositif de recherche a été conçu pour « offrir la possibilité aux enseignants de s'approprier des connaissances théoriques pour analyser, concevoir et discuter leurs évaluations

---

13 Notons, pour lui rendre justice, que l'auteur parle d'évaluation sommative, terme qu'il privilégie à évaluation certificative.

sommatives en partant de leurs questions et problèmes, et soumettre [le] modèle théorique aux pratiques évaluatives effectives » (p. 340). La contribution donne à voir l'évolution du modèle théorique au contact des co-analyses et discussions réflexives. Elle pointe plusieurs éléments sur lesquels les enseignant·e·s ont construit de nouvelles compétences professionnelles : la compréhension du curriculum, le choix des contenus évalués, l'élaboration des tâches évaluatives, la pondération et la notation au regard des apprentissages visés et, dans certains cas, la qualité des feedbacks aux élèves à des fins de progression.

Nous observons que des tensions existent entre ces différents composants au sein de la même fonction de l'évaluation. Comment par exemple assurer la cohérence entre des objectifs d'apprentissage définis par un plan d'études et le « design » des tâches élaborées tout spécialement pour l'évaluation ? Considérant par exemple la contrainte de devoir ensuite attribuer des points et une note chiffrée sur une échelle prescrite par l'institution qui, par exemple, se prête peu à des façons nouvelles de penser qualitativement l'évaluation certificative, notamment quand celle-ci aimerait également engager des progressions d'apprentissage par les informations qu'elle produit.

Outre ces tensions situées sur le plan de la méthode de construction de l'épreuve et de la note, la contribution de Pasquini a pour originalité de pointer les tensions possibles entre un modèle opératoire visant à donner des pistes concrètes de réalisation pour élaborer une épreuve certificative qui soit « alignée » et les pratiques réelles, les conditions et contraintes de celles-ci, les injonctions institutionnelles susceptibles de faire obstacle, les croyances personnelles, notamment.

À propos des pratiques en classe, tensions entre prescriptions ministérielles et spécificités du contexte

Dans un contexte tout à fait différent, qui est celui de la communauté de Pikogan au Québec, la contribution de Nizet, Blaser et Kistabish pose également la question sensible des relations entre les prescriptions ministérielles et la réalité du terrain, dans ce cas pour des enseignant·e·s œuvrant en milieu autochtone. Par rapport à des « standards de réussite » et des échéances d'examens certificatifs prédéfinis pour l'ensemble du

Québec, les tensions pointées dans cette contribution interrogent l'articulation entre les modes centralisés et locaux de gouvernance susceptibles d'avoir un impact négatif sur certaines populations d'élèves. Les autrices parlent de stigmatisation de l'échec scolaire chez les élèves autochtones.

Les enseignant·e·s concerné·e·s ressentent des dilemmes par rapport aux prescriptions qui apparaissent ne pas leur permettre de prendre suffisamment en compte les modes d'apprentissage des élèves autochtones, leur réalité linguistique et leur spécificité culturelle. Leur questionnement est le suivant : « doivent-ils formater les situations d'évaluation sur des attentes standardisées, conformes aux épreuves ministérielles, liées aux plans de réussite, et situer l'élève en fonction d'une courbe normale, au risque de stigmatiser l'échec ? Doivent-ils favoriser une évaluation offrant à l'élève un soutien stratégique efficace, différencié et progressif ? » (p. 355). Nous pouvons constater que ce questionnement donne à voir une opposition et même une tension entre les formes de justice pouvant être associées à l'évaluation (Crahay, 2012), entre une justice distributive ou méritocratique visant une égalité de traitement pour tous les élèves et une justice corrective qui promeut une égalité des acquis en n'étant pas indifférente aux différences.

Le projet de la recherche collaborative entreprise par Nizet et al. est d'accompagner le développement professionnel de ces enseignant·e·s afin qu'ils soient « davantage outillés techniquement et conceptuellement pour mettre en œuvre la fonction formative de l'évaluation (formulation et différenciation de questions, consignes et rétroactions), en respectant les prescrits ministériels (fonction certificative) » (p. 355). Les premiers résultats montrent que l'action conjointe se déploie au niveau micro-contextuel, c'est-à-dire au sein des activités didactiques elles-mêmes et au niveau du rapport au savoir des élèves, tout en intégrant les contraintes externes et macro-contextuelles.

IV. Discussion : quelques tensions entre les fonctions de l'évaluation telles que traitées dans les recherches collaboratives

Les études citées dans ce chapitre nous donnent à voir plusieurs tensions à propos des différentes fonctions de l'évaluation des apprentissages débattues depuis plusieurs décennies.

En premier lieu, il peut exister une confusion entre une démarche sommative (additionner ou soustraire des points censés représenter des niveaux de performance) et la fonction certificative de l'évaluation des apprentissages. Il semble difficile pour certain·e·s enseignant·e·s et étudiant·e·s en formation de dépasser les traditions et concevoir, voire même d'étudier, une démarche sommative de l'évaluation autant dans une fonction certificative que dans une fonction formative de l'évaluation des apprentissages.

En deuxième lieu, une évaluation envisagée de manière professionnelle, visant à être authentique, équitable et responsable (Wiggins, 1989), doit aussi pouvoir soutenir une régulation différenciée des apprentissages dans une perspective de justice corrective qui prône une égalité des acquis (Crahay, 2012) et donc d'autorégulation des apprentissages de la part de tous les élèves ou des étudiant·e·s. Dans ce sens, pour améliorer les apprentissages en classe tout en respectant les caractéristiques spécifiques tant culturelles que linguistiques des élèves il semble crucial d'étudier et de développer des pratiques évaluatives pour les adapter, pour en créer de nouvelles et donc innover. À cela s'ajoutent les spécificités et la complexité propres à certaines compétences pour réaliser des tâches complexes et collaboratives telles que présentées dans les curricula du monde occidental, et par conséquent évaluables sous forme de capacités ou compétences dites transversales comme communiquer, collaborer, créer, réfléchir seul·e ou avec d'autres, par exemple. Il s'agit ici d'une forme de synergies entre la discipline ou les approches interdisciplinaires et les références et méthodes de l'évaluation mobilisées.

En troisième lieu, certaines pratiques évaluatives peuvent se cloisonner dans des traditions face aux menaces de l'identité sociale, pédagogique ou scientifique. Tout changement peut déstabiliser les traditions longuement intériorisées au cours des années d'études et de pratique. De ce fait, les avancées scientifiques, la multiplication de résultats de recherche ainsi que les innovations pédagogiques peuvent être ressenties comme une atteinte à un « ordre sacré » des disciplines scolaires à la suite des réflexions de Bernstein (1971) dans une perspective ethnologique de Mary Douglas (1966). En ce sens, l'évaluation formative peut représenter un grand défi pour que les enseignant·e·s s'y engagent réellement, car les enjeux de l'évaluation certificative restent perçus comme « prioritaires » dans des pratiques traditionnelles d'enseignement. À cela peut s'ajouter une incongruence entre les missions de l'école, l'adhésion idéologique aux innovations et aux changements éducatifs de la part des enseignant·e·s d'un côté, et les pratiques réelles d'enseignement, apprentissage, évaluation d'un autre côté (Lenoir, 2006 ; Giglio et al., 2014). Ceci peut expliquer certaines tensions quand il s'agit d'introduire des contenus nouveaux à apprendre à l'école, qui nécessitent des formes d'évaluation également renouvelées pour répondre aux exigences socioculturelles et socioprofessionnelles actuelles de notre société en transformation.

En quatrième lieu, dans le cadre des innovations pédagogiques, il peut exister plusieurs tensions entre des pratiques d'évaluation formative :

- sur les acquis des connaissances et compétences de l'élève,
- sur ses progressions d'apprentissage,
- et sur la manière dont il ou elle apprend.

Ceci implique aussi une autre tension autour des traces choisies en tant que ressources matérielles ou numériques parmi celles récoltées par l'enseignant·e ou par les élèves : lesquelles, pourquoi et à l'attention de qui, de l'enseignant·e, de l'élève, des parents ou de l'institution ? Il s'agit ici d'une autre forme de synergie entre les parties prenantes de l'évaluation et leurs interactions à deux niveaux : interindividuelles et interinstitutionnelles. Ces tensions peuvent émerger au sein d'une même pratique enseignante au moment d'apprécier un acquis de l'élève ou sa progression des apprentissages à un moment donné ou entre deux ou plusieurs moments de l'année.

Certes, ces hétérogénéités de contextes impliquent des visées spécifiques et questionnent de façon centrale les liens entre l'évaluation formative et l'évaluation certificative. A ce propos, lors de la discussion du symposium (Giglio et al., 2019) mentionné au début de ce chapitre, la discutante Lucie Aussel constatait :

> *Bien sûr, nous avons pu voir apparaître dans les titres puis repris au sein des communications le terme de « tension » pour caractériser le lien entre ces fonctions (employé tantôt au singulier tantôt au pluriel). Que celui-ci ne nous induise pas en erreur car il s'agit dans chacun des cas de penser la dialectique productive, constitutive de sens pour le développement des apprentissages. Autrement dit, j'ai perçu en vous écoutant de façon commune un travail « pour » la « synergie » de ces fonctions. Ce que je veux dire, c'est que j'ai perçu dans vos travaux le « choix » de développer cette synergie « pour » le développement des apprentissages.*

Ces constats ont invité Lucie Aussel à poser la question des conditions d'organisation de la synergie entre ces deux fonctions dialectiques de l'évaluation des apprentissages :

> *Peut-on penser une temporalité (non fixe, non linéaire) de ces deux types d'évaluation ? Si l'on accepte l'idée que ces deux logiques sont orientées vers le soutien des apprentissages : peut-on questionner la prégnance d'une fonction sur l'autre ? Peut-on décrire ces rapports dialectiques à partir d'une ligne de force : autrement dit de l'influence d'une fonction sur l'autre ? Ainsi, se succèdent-elles ? Si oui, dans quel ordre ? Se déploient-elles simultanément ou en continuité – pour reprendre le terme que Lucie Mottier Lopez a mobilisé tout à l'heure lors de sa conférence ? Si oui à quelle(s) condition(s) ? etc., etc. (Propos de L. Aussel lors du symposium)*

Finalement, nous constatons l'importance d'étudier les tensions entre les traditions et les innovations des pratiques évaluatives par des recherches collaboratives avec des praticien·ne·s ; notamment en ce qui concerne les nœuds, les résistances, les ruptures qui donnent à voir les enjeux propres aux objets évalués, aux contextes socio-institutionnels de travail ou d'étude en tant que synergies écologiques, ainsi que les rôles institutionnels, parfois interinstitutionnels des chercheur·se·s. Les regards croisés sur ces tensions, y compris au sein de controverses professionnelles que permettent les recherches collaboratives, nous aident à penser collectivement des pratiques évaluatives en classe à améliorer et à innover au regard des contenus des formations professionnelles en enseignement initiales et continues.

V. Bibliographie

Allal, L., et Laveault, D. (2009). Assessment for Learning : évaluation-soutien d'Apprentissage. *Mesure et évaluation en éducation, 32*(2), 99–106.

Bednarz, N. (Dir). (2013). Recherche collaborative et pratique enseignante. Regarder ensemble autrement. L'Harmattan.

Bennett, R. E. (2011). Formative assessment: A critical review. *Assessment in Education: Principles, Policy & Practice, 18*(1), 5-25.

Bernstein, B. (1971). On the classification and Framing of Educational Knowledge. Dans Young (dir.), *Langage et classes sociales : codes socio-linguistiques et contrôle social* (47-69). Ed. de Minuit.

Biémar, S., Dejean, K., et Donnay, J. (2008). Co-construire des savoirs et se développer mutuellement entre chercheurs et praticiens. *Recherche et formation*, (58), 71-84.

Black, P., Harrison, C., Lee, C., Marshall, B., et Wiliam, D. (2004) *Assessment for Learning. Putting it into Practice* (Maidenhead, Open University Press).

Bloom, B.S., Hastings, J. Th., et Madaus, G. F. (1971). *Handbook on formative and summative evaluation of student learning.* McGraw-Hill.

Bloom, B. S. (1968). Learning for mastery. *Evaluation Comment (UCLA-CSIEP), 1*(2), 1-12.

Bloom, B. S. (1971). Mastery learning. Dans J. H. Block (dir.), *Mastery learning: Theory and practice.* Holt, Rinehart et Winston.

Cartier, S.C., Bélanger, J., Boutin, J.-F., et Martel, V. (2018). *Appropriation de pratiques pédagogiques sur l'apprentissage par la lecture d'enseignants du primaire et du secondaire*. Rapport de recherche remis au Fonds de Recherche du Québec - Société et Culture (FRQSC), Université de Montréal.

Chanudet, M. (2019). La place de la verbalisation dans l'activité de résolution de problèmes en mathématiques : le cas du problème des portes de prison. *Raisons éducatives, 23*(1), 125-151.

Crahay, M. (2012). *L'école peut-elle être juste et efficace : De l'égalité des chances à l'égalité des acquis*. De Boeck Supérieur.

Crahay, M., Mottier Lopez, L., et Marcoux, G. (2019). L'évaluation des élèves : Docteur Jekyll and Mister Hyde de l'enseignement. Dans M. Crahay (dir.), *Peut-on lutter contre l'échec scolaire ?* (p. 358-425). De Boeck.

De Ketele, J.-M. (2006). La recherche en évaluation : propos synthétiques et prospectifs. *Mesure et évaluation en éducation, 29*(1), 99-118.

De Ketele, J.-M. (2010). Ne pas se tromper d'évaluation. *Revue française de linguistique appliquée, 1*(15), 25-37.

Dejean, K. (2010). Co-construire des savoirs et se développer mutuellement entre chercheurs et praticiens enseignants. *Spirales,* (46), 63-74.

Desgagné, S. (1997). Le concept de recherche collaborative : l'idée d'un rapprochement entre chercheurs universitaires et praticiens enseignants. *Revue des sciences de l'éducation, 23*(2), 371-393.

Desgagné, S. (1998). La position du chercheur en recherche collaborative : illustration d'une démarche de médiation entre culture universitaire et culture scolaire. *Recherches qualitatives,* (18), 77-105.

Desgagné, S., et Bednarz, N. (2005). Médiation entre recherche et pratique en éducation : faire de la recherche « avec » plutôt que « sur » les praticiens. *Revue des sciences de l'éducation, 31* (2), 245-258.

Desgagné, S., Bednarz, N., Lebuis, P., Poirier, L., et Couture, C. (2001). L'approche collaborative de recherche en éducation : un rapport nouveau à établir entre recherche et formation. *Revue des sciences de l'éducation, 27*(1), 33-64.

Douglas, M. (1966). *Purity and Danger*. Routledge and Kegan Paul.

Earl, L. (2003). *Assessment As Learning: Using Classroom Assessment to Maximize Student Learning*. Corwin Press.

Giglio, M., Matthey, M. P., et Melfi, G. (2014). *Réactions des formateurs d'enseignants à un nouveau curriculum scolaire*. Editions HEP-BEJUNE. ISBN : 9782970077947.

> http://doc.rero.ch/record/306837/files/Reaction_des_formateurs_HEP_BEJUNE_V4_BAT.pdf

Giglio, M., et Miserez-Caperos, C. (2019, September). Group creation & innovation : deux niveaux de données dans une recherche sur la formation en enseignement. *Colloque du Conseil académique des hautes écoles romandes en charge de la formation des enseignant·e·s*, 12-13 Switzerland.

Giglio, M., et Rothenbühler, P. (2017). Deux approches de recherche collaborative : points de vue d'un chercheur formateur et d'une enseignante formatrice. Dans F. Pasche Gossin et G. Melfi (dir.), *Synergies entre recherche, formation et enseignement* (p. 31-42). Publications HEP-BEJUNE. http://doc.rero.ch/record/305703

Giglio, M., Cartier, S., et Mottier Lopez, L. (2019). *Symposium « Perspectives contemporaines de recherches collaboratives en pratiques évaluatives et formation en enseignement*. Dans C., Gremion, E., Sylvestre, et N., Younes (dir.), Actes du 31e Colloque scientifique international de l'ADMEE-Europe : Entre normalisation, contrôle et développement formatif. Évaluations sources de synergies ? (p. 333-371). IFFP et CSE de l'Université de Lausanne. http://wp.unil.ch/admee2019/files/2019/07/ActesADMEE2019-1.pdf

Giglio, M., Miserez Caperos, C., et Droz Giglio, C. (soumis). Sur les traces de progressions des apprentissages.

Hadji, C. (1997). *L'évaluation démystifiée*. ESF.

Hadji, C. (2012). *Faut-il avoir peur de l'évaluation*. De Boeck.

Hadji, C. (2015). *L'évaluation à l'école : pour la réussite de tous les élèves*. Nathan.

Harlen, W. (2005). Teachers' summative practices and assessment for learning – tensions and synergies. *The Curriculum Journal, 16*(2), 207-223.

Harlen, W. (2012). On the relationship between assessment for formative and summative purposes. Dans J. Gardner (dir.), *Assessment and Learning* (p. 87-102). Sage.

Issaieva, E. Yerly, G. Petkova, Marbaise, I., et Crahay, M. (2015). Conceptions et prises de positions des enseignants face à l'évaluation scolaire dans quatre systèmes éducatifs : quel est le reflet des cultures et politiques évaluatives ? Dans L. Belair et P-F. Coen (dir.). *Évaluation et auto-évaluation : quelle espace de formation ?* (p. 73-98). De Boeck Université.

Lenoir, Y. (2006). Du curriculum formel au curriculum enseigné : comment des enseignants québécois du primaire comprennent et mettent en œuvre le nouveau curriculum de l'enseignement primaire. *Raisons Éducatives, (10)*, 119-141.

Marcel, J.-F. (Dir.) (2016). *La recherche-intervention par les sciences de l'éducation*. Educagri.

McMillan, J. H. (2003). Understanding and improving teachers' classroom assessment decision making: Implications for theory and practice. *Educational measurement: Issues and practice, 22*(4), 34-43.

Miserez-Caperos, C., et Giglio, M. (2019, juin). *Gestes professionnels dans la formation en enseignement pour soutenir une évaluation des progressions des apprentissages en classe*. Communication orale présentée dans le Congrès de la Société Suisse de recherche en education SSRE 2019, du 26 au 28 juin 2019, Universtity of Basel.

Morrissette, J., Mottier Lopez, L., et Tessaro, W. (2012). La production de savoirs négociés dans deux recherches collaboratives sur l'évaluation formative. Dans L. Mottier Lopez et G. Figari (dir), *Modélisations de l'évaluation en éducation : Questionnements épistémologiques* (p. 27-43). De Boeck.

Mottier Lopez, L. (2009). L'évaluation en éducation : des tensions aux controverses. Dans L. Mottier Lopez et M. Crahay (dir.), *Évaluations en tension : entre la régulation des apprentissages et le pilotage des systèmes* (p. 7-25). De Boeck

Mottier Lopez, L. (2015). *Évaluations formative et certificative des apprentissages. Enjeux pour l'enseignement.* De Boeck.

Mottier Lopez, L. (2017). L'étude d'un dispositif d'évaluation formative et certificative visant à soutenir l'autorégulation des apprentissages des étudiants en contexte universitaire. Dans S. C. Cartier et L. Mottier Lopez (dir.), *Soutien à l'apprentissage autorégulé en contexte scolaire : perspectives francophones* (p. 55-83). Presses Universitaires du Québec.

Mottier Lopez, L. (2018). Une approche de recherche collaborative sur les pratiques enseignantes. Partir d'une compréhension conjointement construite pour appréhender le développement professionnel des participants. Dans D. Broussal, K. Bonnaud, J.-F. Marcel et P. Sahuc (dir.), *Recherche(s) et changement(s), dialogues et relations* (p. 131-151). Cépaduès-Éditions.

Mottier Lopez, L., et Crahay, M. (dir.). (2009). *Évaluations en tension : entre la régulation des apprentissages et le pilotage des systèmes.* De Boeck.

Mottier Lopez, L., et Dechamboux, L. (2017). D'un référentiel d'évaluation fixe à une co-constitution référentielle dynamique, ce que nous apprend le jugement situé de l'enseignant. *Contextes et didactiques, (9),* 12-29.

Mottier Lopez, L., et Laveault, D. (2008). L'évaluation des apprentissages en contexte scolaire : développements, enjeux et controverses. *Mesure et évaluation en éducation, (3),* 5-34.

Mottier Lopez, L., Borloz, S., Grimm, K., Gros, B., Herbert, C., Methenitis, J., Payot, C., Pot, M., Schneuwly, J.-L., et Zbinden, S. (2010). Les interactions de la régulation entre l'enseignant et ses élèves. Expérience d'une recherche collaborative. Dans L. Lafortune, S. Fréchette, N. Sorin, P.-A. Doudin et O. Albanese (dir.), *Approches affectives, métacognitives et cognitives de la compréhension* (p. 33-50).

Presses de l'Université du Québec, collection éducation-intervention.

Pellegrino, J., Chudowsky, N., et Glaser, R. (2001). *Knowing what students know*. National Academies Press.

Penuel, W. R., et Shepard, L. A. (2016). Assessment and teaching. Dans D. H. Gitomer et C. A. Bell (dir). *Handbook of research on teaching* (787-850). AERA Book Editorial Board.

Perrenoud, P. (1998). *L'évaluation des élèves. De la fabrication de l'excellence à la régulation des apprentissages.* De Boeck.

Sayac, N. (2017). *Approche didactique de l'évaluation et de ses pratiques en mathématiques: enjeux d'apprentissages et de formation.* Habilitation à Diriger des Recherches. Université Paris Diderot - Paris 7. Link : https://hal.archives-ouvertes.fr/tel-01723752

Scallon, G. (2000). *L'évaluation sommative et ses rôles multiples.* Département des fondements et pratiques en éducation, Faculté des sciences de l'éducation, Université Laval. http://www.fse.ulaval.ca/gerard.scallon/fascicules/sommative.htm

Scriven, M. (1967). The methodology of evaluation. Dans R. W. Tyler, R. M. Gagne et M. Scriven (dir), *Perspectives of Curriculum Evaluation* (p.39–83). Rand McNally.

Smith, C. L., Wiser, M., Anderson, C. W., et Krajcik, J. (2006). Implications of Research on Children's Learning for Standards and Assessment: A Proposed Learning Progression for Matter and the Atomic-Molecular Theory, *Measurement: Interdisciplinary Research and Perspectives, 4*(1-2), 1-98.

Taras, M. (2005). Assessment–summative and formative–some theoretical reflections. *British Journal of educational studies, 53*(4), 466-478.

Tessaro, W., Gerard. F.-M., et Giglio, M. (2017). Changements curriculaires : un levier pour les pratiques évaluatives des enseignants ? *Évaluer. Journal international de Recherche en Éducation et Formation, 3*(1-2), 51-60.

Wiggins, G. (1989). A True Test: Toward More Authentic and Equitable Assessment. *The Phi Delta Kappan, 70*(9), 703-713.

Wiliam, D. (2011). *Embedded formative assessment*. Solution Tree Press.

Chapitre 4. Évaluations et didactiques, validités didactiques : quelles synergies ? [14]

Marc Vantourout[15]

Ce chapitre est consacré aux relations entre évaluations et didactiques, pour une bonne part à l'aune du réseau EVADIDA – « Évaluations et didactiques » – créé au sein de l'ADMEE-Europe en 2013-2014[16]. L'idée d'un rapprochement entre didacticiens et spécialistes de l'évaluation, ainsi que l'existence d'une série de questions et thématiques afférentes, a existé bien avant la naissance du réseau. C'est pourquoi, dans la première partie du chapitre, nous allons retracer à grands traits les premières tentatives d'un tel rapprochement que nous faisons remonter à la fin des années 1970. Dans la deuxième partie, nous nous intéresserons à l'histoire plus récente de ce rapprochement et à sa dynamique actuelle. Pour cela, nous nous appuierons sur un corpus d'articles publiés au sein des deux revues de l'ADMEE – « Mesure et évaluation en éducation » (MEE) et « Évaluer, Journal international de recherche en éducation et formation » (e-JIREF). Tous comportent une dimension

---

[14] Ce chapitre prend appui sur des travaux et des réflexions menés dans le cadre d'un projet « Idex-Émergence en recherche » de l'université de Paris, « EVADIVA – Math&Lect - Évaluations didactiques et validité en mathématiques et lecture au cycle 2 » (projet en cours, septembre 2019 – septembre 2021).

[15] L'auteur tient à remercier Sylvette Maury, Nadine Grapin et Éric Mounier pour leur contribution à l'amélioration de ce texte, dans le cadre des travaux du projet EVADIVA.

[16] Le réseau EVADIDA a comme objectif prioritaire la tenue d'un dialogue constructif et productif entre des spécialistes de l'évaluation et des didacticiens intéressés par la thématique de l'évaluation, et corrélativement le renforcement de la présence de ces derniers au sein de l'ADMEE-Europe.

« didactique disciplinaire » plus ou moins affirmée, laquelle se caractérise pour nous, dans une perspective évaluative, par une prise en compte effective des contenus pour étudier, concevoir, décrire, analyser des évaluations et des activités évaluatives. Nous dresserons d'abord un bilan plutôt général du corpus puis nous nous arrêterons sur deux lignes de forces ou visées complémentaires qui caractérisent ce rapprochement. Enfin, dans la troisième et dernière partie, nous présenterons nos réflexions vis-à-vis de la notion au cœur du colloque, la synergie. Quelle perception et expérience avons-nous de la synergie dans le cadre d'une approche didactique de l'évaluation, telle qu'elle est abordée dans ce chapitre ? En amont de cette dernière partie, le lecteur pourra identifier au fil du texte des manifestations des tensions ou complémentarités entre des visées de normalisation, contrôle *vs.* développement formatif.

Le sujet abordé couvre un large domaine et nous le traiterons de manière non-exhaustive. Cette présentation sera orientée par nos travaux qui sont largement ancrés dans la didactique des mathématiques. La part des mathématiques et de leur didactique sera ici importante, certainement bien plus qu'elle ne l'est lorsque l'on considère l'ensemble des didactiques et des travaux ayant contribué et contribuant actuellement à ce rapprochement.

I. Le RDV partiellement manqué des didacticiens avec l'évaluation

Le réseau EVADIDA ne nait pas spontanément en 2013-2014, ses prémices ont plus de quarante ans et l'on peut même lui attribuer d'illustres précurseurs. L'idée d'un rapprochement ou d'une articulation entre évaluation(s) et didactique(s) n'est en effet pas neuve ; elle est attachée à l'origine au développement de l'évaluation formative, comme en témoignent les actes du colloque « L'évaluation formative dans un enseignement différencié »[17] (Allal et al., 1979). Lors de ce colloque, cette idée est exprimée, pour les mathématiques, par Brun (1979), alors que les

---

[17] Il s'agit en 1978 à Genève de l'un des premiers colloques, certainement le deuxième après celui de Mons en 1977, organisé par des membres de la future « ADMEE-Europe », celle-ci étant créée en 1986 à Dijon (Allal, Dauvisis et De Ketele, 2017).

didactiques disciplinaires ne sont encore que naissantes. Il échafaude le projet d'une évaluation formative en mathématiques qui serait centrée sur les connaissances des élèves dans une perspective développementale avec pour références les travaux de Vergnaud sur les structures additives et ceux de Brousseau sur les obstacles épistémologiques. Allal (1979) défend une approche cognitiviste de l'évaluation formative, avec, parmi ses références, des travaux psycho-pédagogiques s'inscrivant dans un cadre piagétien, ce choix résultant en grande partie d'une quasi-absence à l'époque de propositions des didactiques disciplinaires. Cardinet manifeste lui aussi des préoccupations relevant de la didactique des mathématiques à plusieurs reprises. Dans les années 1975, critiquant l'évaluation par objectifs telle qu'elle est pratiquée, il fait appel aux trois niveaux de l'évaluation en mathématiques proposés par Brun (comportements attendus ; procédures ; représentations et processus) pour clarifier l'interaction entre critères (autres que les performances) et objectifs (voir Cardinet, 1988). En 1987, il s'appuie sur les travaux de Bodin[18] pour rappeler que, même avec un objectif pédagogique qui semble suffisamment étroit, comme calculer l'aire d'un triangle, « on peut faire réussir ou échouer la majorité des élèves, selon la façon dont on vérifie qu'ils savent calculer cette aire » (Cardinet, 1990a, p. 203-204). Ce que Cardinet énonce ici renvoie à l'une des préoccupations actuelles du réseau, la thématique de la validité didactique (voir « La validité didactique », p. 97 dans ce chapitre).

Parmi les didacticiens des mathématiques, lorsqu'il est question d'évaluation, le premier nom cité est généralement celui de Chevallard. Cet auteur a publié deux textes (Chevallard, 1986, 1990) tirés de conférences tenues lors de colloques organisés par la future ADMEE-Europe en 1985-1986 et par l'ADMEE-Europe en 1989. Le premier texte, nous le soulignons, porte exclusivement sur l'attribution de notes en lien avec un processus de négociation didactique qui est identifié et analysé indépendamment des contenus ; cela relève davantage d'une didactique générale et reste en marge des travaux en didactiques disciplinaires. Dans le deuxième, il pose les bases d'une théorie de l'évaluateur avec pour cibles

---

18 On peut se faire une idée précise de ces travaux en allant sur le site de Bodin, en particulier en consultant la base de questions d'évaluation en mathématiques « EVAPMIB » : https://antoine-bodin.com/

la docimologie expérimentale et l'approche méthodologique de l'évaluation, celles-ci ignorant l'acteur de l'évaluation, l'enseignant-évaluateur. Ces deux textes sont plutôt éloignés des préoccupations du réseau, même si l'on y trouve des réflexions sur « l'activité de l'évaluateur » qui constitue un thème du réseau. Brousseau (1979), comme certainement bon nombre de ses collègues, se détourne de l'évaluation telle qu'elle est développée par les promoteurs de la pédagogie par objectifs dans les années 1970-1980, en raison de divergences profondes quant aux fondements théoriques en matière d'apprentissages.

À la fin des années 1980 et dans le cadre d'une évaluation intégrée à l'enseignement du français, Bain (1988), rejoint par Perrenoud (1991), estime qu'il faut « choisir résolument l'entrée par la didactique » (p. 27). Bain ajoute que les didactiques doivent prendre en charge la formation à l'évaluation et plaide, comme le résume Perrenoud, « pour une problématique de l'évaluation formative construite à partir des contenus et des structures spécifiques du savoir aussi bien que des mécanismes d'apprentissage correspondants » (p.57). Allal, bien que convaincue des apports de la didactique, accorde la priorité aux recherches et lieux de formation centrés sur l'évaluation formative (voir Allal et al., 1993, p. 10-11), elle privilégie en quelque sorte, contrairement à Bain, une « entrée par l'évaluation ». Son choix repose sur l'existence de « zones d'ombre » : « pour la vaste majorité des notions enseignées à l'école, les points de repères théoriques et empiriques [issus des didactiques] sont inexistants » (Allal, 1979, p. 137). Il s'agit d'un argument fort à l'époque qui reste en partie vrai aujourd'hui même si ces zones d'ombre tendent à s'amenuiser notamment pour la scolarité obligatoire. En 1993, avec l'implication de didacticiens, Allal, Bain et Perrenoud publient « Évaluation formative et didactique du français » (Allal et al., 1993) qui, selon Reuter (1994), constitue « un jalon essentiel dans la conjonction de ces deux champs de recherche » (p. 34), bien qu'imparfait sur le plan des apports en didactique. On relève donc chez plusieurs didacticiens du français, ainsi que chez Brun, la volonté de parvenir à opérationnaliser une complémentarité entre évaluation formative et développement. Plus largement, les didacticiens du français, contrairement à la grande majorité de leurs homologues en mathématiques, ont rapidement intégré la thématique de l'évaluation parmi leurs préoccupations : ce sont des précurseurs du dialogue constructif et productif recherché par le réseau EVADIDA.

Ce constat devient plus visible lorsque l'on considère les deux revues de référence, « Repères – Recherches en didactique du français langue maternelle »[19] et « RDM – Recherches en didactique des mathématiques »[20], sur la période allant de leur création aux années 1990[21] : la thématique de l'évaluation est régulièrement présente dans la première revue alors qu'elle est quasi-absente dans la seconde. En feuilletant « Repères », les proximités et liens entre spécialistes de l'évaluation et didacticiens du français sont nombreux (annonces de manifestations, références bibliographiques). Nous avons là la confirmation que ces derniers se sont manifestement emparés de la thématique de l'évaluation, le plus souvent dans le cadre de préoccupations pédagogiques qui n'apparaissent pas explicitement chez les didacticiens des mathématiques. La revue « Repères » consacre plusieurs numéros à la question de l'évaluation en français[22] (production écrite, lecture, vocabulaire), auxquels s'ajoutent des articles régulièrement publiés dans d'autres numéros ; nombre de ces écrits – des ouvrages ont aussi été produits – émanent des groupes baptisés « recherche-évaluation »[23]. Dans la revue « RDM », le premier article explicitement consacré à l'évaluation est, en 1997, celui de Bodin. Il débute ainsi : « La recherche en didactique des mathématiques, malgré l'importance de ses récents développements, a jusqu'à présent, produit peu de travaux explicites sur les phénomènes liés à l'évaluation » (Bodin, 1997, p. 53). Bodin décèle alors chez les didacticiens des mathématiques ce qui s'apparenterait à une mise entre parenthèses des phénomènes liés à

---

19 http://ife.ens-lyon.fr/edition-electronique/archives/reperes/web/
20 https://revue-rdm.com
21 Le premier volume de RDM date de 1980. Contrairement à RDM, la revue Repères a connu plusieurs formats. Le premier numéro paraît fin 1969, la revue s'appelle alors « Repères pour la rénovation de l'enseignement du Français à l'école élémentaire » et spécifie qu'il s'agit d'un « Bulletin de liaison et d'échange des équipes expérimentales de français (1er degré) ». Le premier format a connu des évolutions progressives et c'est en 1990 que la revue devient « Repères – Recherches en didactique du français langue maternelle ».
22 Le numéro 46 de 1978 s'intitule « Pédagogie du lexique – Problèmes d'évaluation » ; le numéro 86 en 1984, « Ils écrivent ... comment évaluer ».
23 La recherche-évaluation est définie par Romian (1983) : « la recherche-évaluation construit, comme objet propre, l'évaluation des effets d'une action pédagogique donnée, en relation avec des objectifs que celle-ci s'était assignés. En matière de pédagogie de la langue maternelle – et surtout lorsqu'on se propose d'évaluer des capacités langagières en relation avec une description rigoureuse des modes de travail pédagogique des enseignants –, on se heurte à de très nombreux problèmes » (p. 108).

l'évaluation, bien qu'ils aient été depuis longtemps conscients de leur importance. La même année, la revue publie un article de Grugeon (1997). Dans cet article, le focus est mis sur l'étude de la transition institutionnelle que connaissent des élèves de lycée professionnel lorsqu'ils intègrent l'enseignement général de lycée. Ces élèves qui sont de « bons » élèves se retrouvent en échec, et une évaluation, un outil diagnostic (le test PÉPITE), est élaborée pour qualifier et comprendre cet échec. Il est surprenant de noter que, avec le test Pépite, la thématique de l'évaluation est omniprésente tout en n'étant jamais assumée ou véritablement présentée comme telle. Pourtant, à notre connaissance, la question des compétences, de leur identification et opérationnalisation pour l'évaluation n'a jamais été aussi poussée que dans cet article[24]. Le cadre d'analyse retenu est exclusivement didactique, avec au centre la théorie anthropologique du didactique de Chevallard, l'auteure s'intéressant principalement aux rapports personnels et institutionnels des élèves à l'algèbre ; d'une certaine façon, à cette époque (car les choses ont bien changé), Grugeon « tourne le dos » au champ des recherches dans le domaine de l'évaluation. Les choix opérés dans cet article illustrent, à leur manière, le constat de Bodin quant à la quasi-absence de travaux explicitement consacrés à l'évaluation. Ce dernier veut certainement souligner que des didacticiens utilisent l'évaluation en tant qu'outil au service de leurs travaux sans que celle-ci figure parmi leur(s) objet(s) de recherche. On trouve, dans « Didactique et acquisition du concept de volume », une magnifique illustration de ce phénomène lorsque Vergnaud et ses collègues (1983) évaluent des élèves pour étudier les expérimentations didactiques développées en classe. Plus largement, si l'évaluation n'est pas traitée en tant qu'objet de recherche, elle apparaît implicitement dans de nombreux travaux, notamment dans les premiers volumes de RDM qui regorgent de ressources, hélas peu exploitées, pour développer des évaluations porteuses de préoccupations didactiques. On peut ainsi considérer que, jusqu'à une période récente, les didacticiens des mathématiques avaient raté leur rendez-vous avec l'évaluation alors qu'il existe une forte convergence entre les préoccupations scientifiques d'un nombre non négligeable d'entre eux et certaines visées de l'évaluation formative (dans sa perspective cognitive

---

24 Grugeon propose une définition *a priori* extrêmement détaillée de la compétence algébrique.

développée par Allal) qui promeut l'évaluation avant tout comme une aide à l'apprentissage en classe (voir Coppé, 2018).

Finalement, les perspectives de rapprochements des années 1970-1990 n'ont pas suscité un grand nombre d'avancées sur le plan de la recherche, ni d'évolutions majeures dans les pratiques d'évaluation des enseignants. Concernant ces dernières, le bilan est, de manière récurrente, négatif. Déjà en 1992, Hadji se désolait (comme il le fait dans ses ouvrages suivants), quand il constatait l'absence d'évaluation réellement formative, « l'évaluation formative étant, d'une certaine façon toujours à naitre » (p. 117). Notons que, plus récemment, les catégories utilisées par cet auteur (Hadji, 2012) – en termes de problématiques évaluatives – se retrouvent au centre des questionnements du colloque : d'un côté, les problématiques qui gagneraient à devenir prioritaires pour les enseignants, autoévaluation et développement personnel de l'élève et évaluation formative et ajustement pédagogique, et, de l'autre, associées à des problématiques tout aussi légitimes, des évaluations normatives relevant du contrôle, avec comme finalités d'informer un pays sur les niveaux de son système scolaire et ses citoyens sur celui de ses unités éducatives (voir p. 231 à 235). Perrenoud quant à lui, en 1991, plaçait l'évaluation formative parmi les réformes ayant échoué et proposait de la réinventer. La situation que ce dernier décrit alors ressemble à une impasse : les enseignants soucieux de bien évaluer sont pris entre deux modèles, « un modèle didactique séduisant mais qui ne dit pas grand-chose de l'évaluation, et un modèle d'évaluation formative transdisciplinaire [...], qui s'est développé indépendamment de la didactique et du curriculum spécifique d'une discipline » (p. 56).

Ces dernières années, la situation a évolué de façon extrêmement positive, au moins sur le plan des recherches, avec chez certains auteurs la volonté de faire des propositions pour la classe, comme nous allons le voir en nous référant à un corpus de publications[25].

---

[25] En faisant ce bond, nous passons sous silence une période où se sont développées, entre autres, les évaluations à grande échelle et les approches par compétences. Pour une présentation de ces questions voir Vantourout et Goasdoué, 2019.

II. EVADIDA : 6 ans d'existence

Une présentation du réseau EVADIDA a été réalisée dans l'ouvrage issu du 27e colloque de l'ADMEE-Europe par Fagnant (2017). Dans ses conclusions, elle se risque à constater « que l'évaluation semble avoir peu de place dans la revue « Éducation et didactique » et que la didactique occupe peu de place dans la revue « Mesure et évaluation en éducation » (p. 59). Autrement dit, jusqu'en 2015 (dernière année prise en compte), lorsque l'on se réfère à ces deux revues représentatives de leur champ, on recense peu de relations entre évaluations et didactiques disciplinaires. Cette situation semble révolue. En effet, le bilan que nous dressons début 2020 témoigne d'un dynamisme du réseau et se démarque de ces conclusions antérieures.

Du point de vue de l'origine du corpus, l'exploration présentée ci-après s'inspire de celle menée par Fagnant (2017). Nous avons identifié, en nous limitant aux deux revues de l'ADMEE – MEE et e-JIREF – et sans prendre en compte des revues de didactiques, des articles qui, selon nous, traitent de questions « EVADIDA », dans le sens où ces articles consacrés à l'évaluation comportent des considérations didactiques.

Nous porterons d'abord un regard général et plutôt quantitatif sur le corpus, puis nous nous arrêterons sur deux éléments qui en émergent.

Bilan général et plutôt quantitatif

Le nombre de publications qui portent sur des thématiques correspondant à celles du réseau EVADIDA, autrement dit qui comportent une dimension didactique[26], est en nette augmentation. Il en va de même pour les manifestations scientifiques qui se tiennent régulièrement et qui ont donné lieu à des publications[27], dont plusieurs figurent dans le corpus.

---

26 Cette dimension didactique peut occuper une place variable, elle peut être centrale, affirmée, voire « simplement » présente. Dans la bibliographie, les références de ces articles sont suivies d'étoiles : *** lorsque la dimension didactique est centrale, ** affirmée, * simplement présente.
27 En 2015 à Liège, un axe du colloque de l'ADMEE-Europe s'intitulait « Évaluations et contextes didactiques » (voir Detroz et al., 2017). En 2016 à l'université Paris-Est Créteil s'est tenu le colloque « Évaluations en mathématiques : dispositifs, validités et pratiques » (voir MEE Vol. 41/1 déjà

Nous identifions, dans la revue MEE[28], douze articles publiés entre 2005 et 2019, dont neuf entre 2015 et 2019 (cinq de ces articles composent le volume 41/1 consacré à l'évaluation des apprentissages scolaires en mathématiques), et, dans la jeune revue e-JIREF[29], neuf articles publiés entre 2015 (année de sa création) et 2019. Sur la période 2015-2019, cela représente environ un huitième des articles publiés par ces revues[30], sachant que lors des dix années précédentes nous n'avons identifié que trois articles dans MEE, soit approximativement un cinquantième des articles.

Ces articles, qui ont en commun de porter sur des apprentissages « scolaires », voire *a minima* leur être liés, peuvent faire l'objet de plusieurs catégorisations[31]. Celle que nous proposons repose sur trois critères : la nature des contenus, autrement dit la « discipline », le niveau de scolarité et le type d'évaluation.

Avec douze articles, les mathématiques figurent au premier rang des disciplines ; trois articles portent sur la compréhension en lecture, trois autres renvoient au domaine des « sciences »[32], un à l'éducation physique et sportive[33]. Nous distinguons trois niveaux de scolarité : le primaire (de 3-4 ans à 11-12 ans), le secondaire inférieur (de 11-12 ans à 15-16 ans), le

---

mentionné). En 2017 à Paris, la 19e école d'été de didactique des mathématiques a consacré, pour la première fois, l'un de ses deux thèmes à l'évaluation (voir Coppé et Roditi, 2019).
28 https://www.erudit.org/fr/revues/mee/
29 http://journal.admee.org/index.php/ejiref
30 Pour e-JIREF, 12,3% (9 articles sur 73, 15 numéros, aucun numéro dédié) ; pour MEE 13,5% (9 articles sur 67, un numéro dédié, 13 numéros, les 2 derniers numéros de 2019 étant actuellement non parus).
31 Deux articles échappent à la plupart de ces catégorisations. Le premier s'appuie sur une table ronde organisée par le réseau EVADIDA (Fagnant et al., 2017). Le second (Tourmen, 2015) n'est pas en lien avec une didactique disciplinaire, mais avec la didactique professionnelle. Cette didactique – non-disciplinaire – offre de nombreuses perspectives dans le domaine de l'évaluation. Par ailleurs, un article peut porter sur plusieurs disciplines (p. ex., Blanc et al., 2018), concerner plusieurs niveaux (p. ex., Bodin et Grapin, 2018), ou encore couvrir un très large champ, comme la synthèse de Coppé (2018).
32 Un article porte sur la biologie, un autre sur la physique. Le troisième article porte sur les représentations des élèves, le contenu – l'énergie à travers des « schémas » d'éoliennes – étant peu présent.
33 Il s'agit d'un texte de didacticiens de l'EPS (Lenzen et al., 2017) consacré aux compétences et à leur évaluation. Les auteurs, bien qu'ils s'intéressent à la notion de validité, le font selon une entrée « prescription », via des référentiels institutionnels, qui se démarque de la nôtre (voir infra 2.2.2). C'est pourquoi nous ne reviendrons pas sur ce texte qui présente un réel intérêt sur le plan didactique.

secondaire supérieur et le supérieur (au-delà de 15-16 ans)[34]. Il apparaît que c'est au primaire (10 articles) et au secondaire inférieur (8 articles), autrement dit au niveau de la scolarité obligatoire, que les recherches sont les plus nombreuses (4 articles seulement pour le secondaire supérieur et le supérieur).

Le critère « type d'évaluation » comprend trois catégories. Nous partons de la distinction proposée par Coppé (2018), entre des travaux sur les pratiques d'évaluations des enseignants et d'autres sur les évaluations à grande échelle. La catégorie « classe interne »[35] regroupe sept articles qui reposent sur des évaluations qu'un enseignant mène avec ses élèves dans sa classe, il les conçoit, choisit, corrige, etc. La catégorie « classe externe » regroupe quatre articles qui renvoient à des évaluations qui sont externes sans être institutionnelles : l'enseignant qui les utilise ne les a pas conçues mais il prend cette décision sans répondre à une demande institutionnelle. Avec cinq articles, la catégorie des évaluations à grande échelle regroupe toutes les formes d'évaluations institutionnelles. Onze des articles figurant dans les deux dernières catégories sont en lien avec des tests. Il s'agit alors soit d'études secondaires sur des évaluations institutionnelles à grande échelle, soit de développements de tests pour de telles évaluations ou pour des évaluations « externes en classe ».

Plusieurs articles renvoient à l'espace des pratiques (Reuter, 2007) et comportent une visée descriptive et compréhensive. Les propositions d'outils d'évaluation, notamment d'ingénieries évaluatives[36] (Vantourout et Maury, 2017), pourraient s'apparenter à de la prescription ; il nous paraît préférable de parler de « recommandations » (Reuter, 2007). La question des relations entre description et prescription qui caractérise à la

---

[34] Ces choix sont discutables car à géométrie variable. En effet, les niveaux de scolarité selon les pays auxquels renvoient les articles ne sont pas totalement homogènes. L'idée est que, à une année près, les deux premières catégories couvrent la scolarité obligatoire (jusqu'à la fin du collège en France), et que la troisième marque l'entrée dans l'enseignement post-obligatoire (à partir du lycée en France).

[35] Les termes « interne » et « externe » sont utilisés dans un tout autre sens que chez Cardinet (1990b), ils ne sont porteurs d'aucune réflexion épistémologique. Ils renvoient plutôt à des acteurs, à des « lieux » de conceptions des épreuves, ainsi qu'à des modalités de mise en œuvre.

[36] La finalité des ingénieries évaluatives est de mettre à la disposition d'enseignants des évaluations externes qu'ils pourront utiliser comme évaluations internes. Auparavant, elles doivent être « testées » auprès d'élèves, selon des conditions de passations qui sont analogues à celles d'une classe, autrement dit en intégrant des préoccupations ergonomiques et écologiques.

fois les domaines de l'évaluation (De Ketele, 1986) et celui des didactiques disciplinaires (Reuter, 2007), bien que rarement abordée de manière explicite par les auteurs, « plane » sur une bonne partie du corpus. Concernant cette question importante, il nous semble que la position équilibrée mise en avant par Reuter pour les didactiques pourrait être défendue par beaucoup de membres du réseau : en se protégeant de toutes les dérives « applicationnistes », il est difficile, voire impossible de ne pas prendre une part de responsabilité, de ne pas s'impliquer vis-à-vis des enseignants en leur proposant notamment des outils et des pistes d'amélioration pour l'évaluation de leurs élèves, avec parmi ces pistes des apports sur l'élaboration des résultats-diagnostics des évaluations et leur utilisation.

Visées et lignes de force

Au sein du corpus, la diversité est forte, tant du point de vue des questions abordées, que des cadres théoriques, des « terrains », des méthodologies, etc. Les visées et les lignes de force pouvant caractériser les relations entre évaluations et didactiques telles qu'elles se développent au sein du réseau sont assez nombreuses. Dans ce chapitre, nous ne retenons que deux d'entre elles, celles que nous jugeons les plus à même de caractériser qualitativement ces relations et qui sont en lien avec les travaux que nous avons menés (Vantourout et Blanc, 2017 ; Vantourout et Maury, 2017) et d'autres plus récents dans lesquels nous sommes impliqué[37].

« Outiller » et « comprendre » pour évaluer

Outiller des enseignants et des formateurs, du primaire au supérieur, afin de faciliter leur travail d'évaluateurs et de formation, notamment à l'évaluation, est une visée largement partagée par les auteurs du corpus. Concernant les tests, certains ont été conçus et validés, voire traduits et adaptés, par les auteurs (Champagne Queloz et al., 2018 ; Demonty et Vlassis, 2016 ; Grugeon-Allys, 2016 ; Trudel et al., 2008 ; Turcotte et Talbot, 2017). Des démarches et méthodes sont proposées aux enseignants pour mener

---

37 Nous venons de mener avec des collègues (Grapin, Mounier et Maury) des études empiriques sur la résolution de problèmes au CP (first grade) reposant sur une problématique impliquant les notions présentées et discutées dans cette sous-partie. Des articles consacrés à ces études seront prochainement soumis.

des analyses qualitatives des épreuves qu'ils conçoivent et utilisent (Blanc et al., 2018 ; Sayac, 2017), avec au centre la question de leur validité didactique (cf. La validité didactique, p. 111 dans ce chapitre). Se démarquant de la prescription[38], des auteurs cherchent à comprendre la construction des jugements évaluatifs des enseignants à partir d'analyses approfondies des processus de référentialisation (Mottier Lopez et Morales Villabona, 2018 ; Mottier Lopez et Dechamboux, 2019) ou d'élaboration de leur référent (Vantourout, 2007), en considérant les enjeux disciplinaires des tâches d'évaluations auxquelles ils sont confrontés.

Tous les articles que nous venons de mentionner s'organisent autour d'un important travail empirique qui repose sur des apports des didactiques. Ceux-ci se manifestent, d'une part, lors de l'identification de l'objet d'évaluation en référence à des travaux en didactique relatifs aux contenus évalués (par exemple pour l'algèbre, Grugeon-Allys, 2016 ; Demonty et Vlassis, 2016) ou à des modèles plus généraux pour la compréhension en lecture (Turcotte et Talbot, 2017), et, d'autre part, lors de l'étude des jugements évaluatifs et de leurs processus.

La contribution des didactiques est essentielle pour disposer, via ces tests ou outils, de diagnostics qui informent qualitativement sur les connaissances et compétences des évalués ou des évaluateurs. Dans cette optique, les tests en mathématiques et en sciences accordent une place importante aux notions de conceptions ou de représentations (Johsua et Dupin, 1993) ; les conceptions alternatives ou les représentations erronées servent à construire les réponses alternatives ou les distracteurs pour les QCM et contribuent à l'exploitation des résultats des évaluations. Ces notions permettent aussi de bâtir des modalités alternatives d'interrogation, des « super-items » (Trudel et al., 2008), les « inventaires de concepts » (Champagne et al., 2018), ou encore des « situations à analyser » (Demonty etVlassis, 2016 ; Vantourout, 2007). Ces dernières, basées sur des études de cas, confrontent de futurs enseignants de mathématiques à des tâches extrêmement complexes en les soumettant à des jugements évaluatifs et à des argumentations de collègues ou d'élèves

---

38 À y regarder de plus près, l'opposition « description/prescription » n'est jamais complètement tranchée, surtout dès lors que la description conduit à des analyses qui, reconnaissons-le, ne peuvent totalement éviter d'évaluer l'évaluation et les évaluateurs, même si les auteurs, dont nous-mêmes, s'en défendent.

fictifs. Le recours aux conceptions et représentations est également présent dans deux articles consacrés aux pratiques évaluatives en classe, mais avec une dimension didactique moins affirmée (Dehon et Derobertmasure, 2016 ; Mottier Lopez et Dechamboux, 2019). Enfin, la notion de croyance figure en bonne place dans le cadre de l'évaluation d'un dispositif pédagogique tourné vers l'apprentissage d'heuristiques en résolution de problème au collège (Hanin et Van Nieuwenhoven, 2016).

Ces outils et analyses de l'activité sont conçus pour contribuer à une prise en charge, plus ou moins importante, des trois gestes professionnels distingués par Mottier Lopez et Dechamboux (2019) : identifier l'objet d'évaluation, interpréter les informations recueillies et intervenir à des fins de régulation. Lorsqu'il est question de gestes professionnels, autrement dit dans le cadre d'une entrée par l'activité, le recours à la didactique professionnelle (voir la note de synthèse de Tourmen, 2015), à la fois sur les plans méthodologique et conceptuel, peut s'avérer très bénéfique (Mottier Lopez et Villabona, 2018 ; Vantourout, 2007).

La validité didactique

Sans conteste, la validité est la thématique qui émerge du corpus en étant la plus partagée. Les travaux impliquant la validité contribuent à la structuration scientifique du réseau. Cette notion occupe une place centrale ou est présente dans douze des vingt et un articles du corpus. Elle y est traitée dans le cadre d'approches différentes, didactiques (Blanc et al. 2018 ; Bodin et Grapin, 2018 ; Demonty et al., 2015 ; Demonty et Vlassis, 2016 ; de Pietro et Roth, 2017 ; Sayac, 2017) ou ancrées dans la psychométrie (Loye, 2018 ; Turcotte et Talbot, 2017), assez fréquemment avec, en complément, des tentatives d'articulations plus ou moins développées et assumées (Demonty et Vlassis, 2016 ; Drijvers, 2018 ; Grapin et Grugeon, 2018 ; Loye, 2018 ; de Pietro et Roth, 2017 ; Turcotte et Talbot, 2017).

Avec les approches didactiques de la validité, il s'agit de faire sortir cette notion du champ de la psychométrie pour l'intégrer à la réflexion didactique (Bodin et Grapin, 2018). Dans de nombreux articles (Blanc et al., 2018 ; Bodin et Grapin, 2018 ; Demonty et al., 2015 ; Grapin et Grugeon-Allys, 2018 ; Grugeon-Allys, 2016 ; Sayac, 2017 ; de Pietro et Roth, 2017 ; Trudel et al., 2008 ; Turcotte et Talbot, 2017), la validité didactique est utilisée pour élaborer, analyser des items, des épreuves ou des tests, ainsi que leurs résultats à partir des réponses et productions des évalués. Des auteurs (Demonty et al., 2015 ; Demonty et Vlassis, 2016 ; Turcotte et Talbot, 2016) mobilisent la validité didactique « en-acte », sans la nommer.

Conceptions et approches de la validité didactique

Dans un premier sens, la « validité didactique » est définie par Bain et Schneuwly dès 1993 « comme la pertinence et l'utilité du contrôle évaluatif pour la régulation de l'enseignement et de l'apprentissage dans le cadre d'une séquence didactique » (p. 70-71). Pour ces auteurs, qui veulent se référer à des modèles spécifiques des apprentissages, il s'agit de promouvoir une évaluation formative qui s'intègre fonctionnellement dans l'enseignement. Cette approche de la validité est adoptée sans relâche par Bain (1988 et 2003). La validité didactique renvoie aux usages des résultats de l'évaluation en classe auprès des élèves (Bain, 2003). Bain (2003) remet en cause la validité conceptuelle ou de construit du test PISA, qui s'inscrit dans une démarche très empirique et qui constitue, de ce fait, un « obstacle majeur pour l'exploitation didactique des résultats » (p. 62). La validité didactique du test PISA sur la compréhension de l'écrit, si elle était attestée, devrait répondre à la visée suivante : « dans quelle mesure les résultats (et notamment les scores) fournissent une image valable des compétences en lecture des élèves, un bilan, voire un diagnostic, permettant d'envisager les interventions ou remédiations nécessaires au niveau du curriculum et des modalités d'enseignement/apprentissage » (p. 61).

À l'instar de Bain, de Pietro et Roth (2017) s'intéressent à l'évaluation de la compréhension de texte et souhaitent développer « une banque d'items opératoires qui soit – en premier lieu – au service des enseignants et des élèves » (p. 48). Ils s'engagent dans un questionnement didactique sur la validité qui porte sur la définition de ce qu'est un item : plus précisément, il s'agit de savoir « quels sont les (types de) tâches à même de rendre visibles les objets [que l'on veut évaluer] ? » (p. 31). Chez ces auteurs, ce questionnement conduit à s'assurer de la validité de contenu au sens classique, « évalue-t-on bien ce qu'on doit/ce que l'on cherche à évaluer ? » (p. 41). Inscrits dans un cadre édumétrique, ils sont confrontés aux contraintes d'indépendance des items, propres aux modèles de réponses à l'item, qui « conduisent à privilégier des informations « locales » qui n'ont que peu d'impact sur le sens général du texte » (p. 38), et donc à un déficit de validité didactique qu'ils veulent pourtant privilégier. Pour cela, ils développent, au lieu d'une conception « cumulative » des items, une conception intégrative, mais celle-ci s'accompagne d'un « problème de validité édumétrique de la mesure » (p. 41). Cet article illustre la question centrale de l'articulation entre validités psychométrique et didactique (voir Articuler approches didactiques et psychométriques, p. 110 dans ce chapitre).

Dans un deuxième sens, l'expression « validité didactique » (Grapin et Grugeon-Allys, 2018) permet d'intégrer validité psycho-didactique – VPD (Blanc et al., 2018 ; Vantourout et Goasdoué, 2014) et validité épistémo-didactique – VED (Grugeon-Allys et Grapin, 2015).

La validité psycho-didactiqueet est une approche qui a pour origine un questionnement « local »[39] sur la validité des tâches, des exercices, des questions, etc. qui sont utilisés en classe par les enseignants pour évaluer leurs élèves (Vantourout et Goasdoué, 2014). La VPD se détache de toute considération psychométrique. Le principe essentiel qui « fonde la validité psycho-didactique est que l'évaluation n'a pas pour but de décrire le niveau d'un individu sur une échelle décrivant à son tour une position sur un trait latent, mais de décrire/qualifier le fonctionnement cognitif à partir de l'activité de réponse qui est pour une part déterminée par le couple sujet-situation » (p. 141). La VPD conjugue les apports des didactiques disciplinaires et de l'ergonomie cognitive : « on complète l'analyse conceptuelle, propre aux didactiques [et impliquant une analyse *a priori*], par une analyse de la tâche, en s'interrogeant sur ce que la tâche et ses spécificités sont susceptibles d'engendrer quant à l'activité de réponse de l'évalué » (Blanc et al., 2018, p.22).

Grugeon-Allys et Grapin (2015) ont développé une méthodologie pour s'assurer de la validité épistémo-didactique de tests ou de dispositifs d'évaluations externes en mathématiques. La VED repose sur une analyse *a priori* de chacune des tâches du test au regard d'une référence définie

---

[39] « Local » au sens où chaque tâche, exercice, question, item est considéré de manière « isolée » lorsque l'on s'assure de sa validité. La VPD n'apporte pas de réponse quant à la couverture « didactique » du domaine, contrairement à la VED.

épistémologiquement sur un domaine mathématique donné (les nombres en fin d'école ou l'algèbre au collège). L'analyse *a priori* définit les procédures de résolution possibles selon les valeurs choisies pour certaines variables didactiques ; elle permet ainsi de s'assurer que la résolution de chaque tâche mobilise les connaissances qui sont censées être évaluées (analyse de la validité à un niveau local). Des preuves de validité relatives à la couverture d'un domaine (pas de redondance ni de manque d'un type de tâche donné) peuvent aussi être apportées à partir de l'ensemble des analyses *a priori* de toutes les tâches d'un test relevant d'un même domaine mathématique (analyse à un niveau global). Une telle démarche permet d'analyser non seulement les tâches qui sont proposées mais aussi les éléments d'appréciation des productions des élèves, c'est à dire les critères qui attestent de la réussite ou non à la tâche et leur lien, s'il existe, avec la procédure qui est employée. Actuellement, Grapin et Grugeon-Allys (2018) ont intégré un regard psycho-didactique[40] afin d'étudier la validité, qu'elles qualifient désormais de « validité didactique » des tests.

Articuler approches didactiques et psychométriques

Les méthodes psychométriques, « souvent opaques pour les non spécialistes, ne prennent que partiellement en compte la question de la validité » (Bodin, 2016, p. 8), si bien que parfois l'on ne sait plus trop ce que le thermomètre mesure, aussi sophistiqué soit-il (*idem*). On peut dire que les approches didactiques de la validité apportent une réponse à certaines insuffisances des approches psychométriques.

Les relations entre ces deux types d'approches, particulièrement leurs divergences et complémentarités, constituent une question centrale tant elle paraît inévitable dès lors que l'on s'intéresse à des évaluations à grande échelle (Bodin et Grapin, 2018 ; Drijvers, 2018 ; Grapin et Grugeon-Allys, 2018 ; Loye, 2018) mais aussi, plus modestement, à des dispositifs d'évaluation externes que l'on aimerait valider selon des critères psychométriques (Demonty et Vlassis, 2016 ; de Pietro et Roth, 2017 ; Turcotte et Talbot, 2017 ; Trudel. et al., 2008).

---

40 Ces auteures vont, par exemple, s'interroger sur l'ordre de présentation des distracteurs dans un QCM et sur son effet sur les stratégies a priori de réponse des évalués.

Loye (2018) propose d'intégrer des considérations qualitatives et didactiques, en d'autres termes de s'assurer de la validité didactique, lors de la démarche de validation psychométrique d'un instrument de mesure. Celles-ci apparaissent alors au niveau des « inférences de notation » du modèle de Kane, afin de « s'assurer que [l'instrument d'évaluation] permet de se faire une bonne idée de ce que les candidats savent et peuvent faire à partir des traces récoltées » (p. 107). Grapin et Grugeon-Allys (2018) insistent sur les spécificités de chacune des approches puis sur leur complémentarité : « ainsi les modèles psychométriques apportent davantage de preuves quant à la structure interne du test, alors que l'approche didactique [...] concerne le contenu du test et les processus de réponse mis en jeu par les élèves » (p. 40). Elles rappellent que l'étude didactique de la validité d'un test est réalisée *a priori*, alors que les psychométriciens s'assurent de la validité *a posteriori*, une fois les résultats aux tests connus. Les analyses des didacticiens peuvent être une contribution à la sélection des items retenus, « des items peuvent se montrer peu discriminants [statistiquement pour le psychométricien], tout en étant didactiquement valides » (p. 50). Les apports de l'analyse *a priori* peuvent également s'avérer complémentaires lors de l'exploitation statistique des résultats. D'une part, lors de la construction des échelles de scores : elle « permet de qualifier les tâches réussies pour chaque groupe d'élèves à partir de ses caractéristiques didactiques » (*idem*). D'autre part, l'analyse *a priori* peut contribuer à la compréhension du dysfonctionnement « local » de certains items. Pour se développer, cette complémentarité requiert que l'on ne se focalise pas uniquement sur la fidélité des épreuves ou des tests, afin d'éviter, comme nous l'avons déjà mentionné, « de se retrouver dans la situation de disposer d'une bonne échelle qui ne mesure plus rien » (Bodin, 1997, p.70).

La sélection des items reste toutefois le principal point d'achoppement. Plusieurs auteurs ne parviennent pas à articuler considérations didactiques et psychométriques, cette sélection se faisant *in fine* selon des critères exclusivement psychométriques, leur difficulté et discrimination. Ces auteurs doivent se résigner à rejeter des items qui apportent très peu d'information sur le plan statistique alors qu'ils s'avèrent pertinents dans une visée de progression des élèves ou de niveau de maîtrise (Turcotte et Talbot, 2017 ; Trudel et al., 2008). Demonty et Vlassis (2016) ont élaboré un questionnaire destiné à de futurs enseignants et centré sur l'algèbre élémentaire pour enseigner en leur présentant des tâches complexes (études de cas). Si celui-ci est valide d'un point de vue didactique, les auteurs ont été amenés à constater que la validation psychométrique de ses différentes dimensions ne peut pas être établie.

III. Discussion – Évaluations et didactiques : quelles synergies ?

Dans ce chapitre, consacré aux relations entre évaluations des apprentissages scolaires et didactiques disciplinaires, la question des synergies n'a été que peu abordée de manière explicite ; nous allons maintenant nous attacher à le faire.

Notons toutefois que cette question est déjà bien présente. En effet, le réseau EVADIDA, qui se donne comme objectif prioritaire la tenue d'un dialogue constructif entre des spécialistes de l'évaluation et des didacticiens, avec comme visée la production de travaux articulant évaluations et didactiques, renferme par essence une dimension synergique. C'est ce que nous avons montré à travers le bilan réalisé à partir d'un corpus d'articles (voir II, p. 92 dans ce chapitre) après avoir cherché à retracer dans les grandes lignes l'origine de ces relations, en nous intéressant aux mathématiques et au français à partir d'un ensemble de publications (voir I, p. 87 dans ce chapitre) Depuis quelques années, on s'accorde pour relever que de plus en plus de didacticiens, rattachés à différents champs disciplinaires, conduisent des travaux sur la thématique de l'évaluation. Pour la didactique des mathématiques, Coppé (2018) a montré les potentialités de ses cadres ou outils théoriques pour aborder les questions liées à l'évaluation des élèves. Des injonctions institutionnelles fortes qui, depuis les années 2000, requièrent d'affiner les diagnostics en vue de régulations, ont contribué à l'activation de ces potentialités à travers l'engagement d'un nombre croissant de didacticiens des mathématiques pour mener des travaux en lien avec l'évaluation (cf. Bilan général et plutôt quantitatif, p. 106 dans ce chapitre).

À l'issue de ce chapitre, trois entrées vont nous permettre d'aborder la question des synergies.

Vers une conception unifiée de la validité ? de la validité didactique ?

La validité didactique, sous ses différentes formes, se situe davantage du côté du développement formatif, tandis que, historiquement dans le cadre de la psychométrie, la notion de validité se situe du côté de la standardisation, du contrôle et qu'elle entretient un rapport étroit avec la norme. Dans ce chapitre (voir Articuler approches didactiques et psychométriques, p. 114), nous avons cherché à savoir si l'on pouvait entrevoir une synergie qui donnerait lieu à une conception « unifiée » de la validité, articulant approches didactiques et psychométriques.

La réponse s'avère plutôt mitigée. S'il existe des tentatives d'articulations entre ces approches de la validité, portées à la fois par des psychométriciens et des didacticiens – les premiers, aidés par des didacticiens (voir par exemple, Bodin et Grapin, 2018 ; Roditi et Salles, 2015), se rendant compte désormais des limites de leurs approches et de la faiblesse de leurs tests pour identifier les connaissances des évalués et, donc, pour être utiles dans une perspective de développement ; les seconds, ne pouvant ignorer la place des évaluations à grande échelle et de leur standardisation, s'engageant pour que leurs préoccupations évaluatives puissent être embarquées par les méthodologies psychométriques –, il est manifeste, qu'actuellement, ce sont les contraintes psychométriques qui le plus souvent emportent à la fin la décision (notamment sur le choix des items) et qu'il n'y a pas de véritable synergie, « la normalisation prenant le pas sur la perspective de développement formatif » (pour reprendre les catégories du colloque).

En revanche, une articulation semble aller de soi et être quasiment incontournable entre les deux conceptions de la validité didactique que nous avons présentées (voir La validité didactique, p. 97 dans ce chapitre) :

- la première (conception 1, la plus récente « historiquement») repose pour une bonne partie sur le processus de réponse de l'évalué ; elle consiste à s'assurer, via notamment une analyse *a priori* de la tâche, que l'évalué mobilise effectivement, quand il répond, la connaissance que l'on souhaite évaluer ;
- la seconde (conception 2) renvoie au fait, en nous référant à Bain (2003), que les résultats aux tests ou épreuves fournissent une

image valable des compétences des élèves, un bilan, voire un diagnostic, permettant d'envisager les interventions ou remédiations nécessaires au niveau du curriculum et des modalités d'enseignement/apprentissage.

La qualité de ce bilan et diagnostic et l'usage en classe des épreuves et de leurs résultats (conception 2) sont, pour nous, indissociables de la validité didactique selon la conception 1. Une épreuve, un test, n'est pas valide en soi, mais dépend de l'usage que l'on en fait. Si cette idée paraît renvoyer à la validité de conséquence, sujet de débats en psychométrie (Laveault et Grégoire, 2014), elle s'en démarque fondamentalement car ce qui serait la « validité didactique d'usage » repose sur la qualité didactique des informations produites par l'évaluation.

Il est donc attendu des ingénieries évaluatives qu'elles renseignent les enseignants afin qu'ils puissent engager auprès de leurs élèves une régulation didactique de leur enseignement, en fonction de l'acquisition diagnostiquée des compétences et des apprentissages visés. Avec les ingénieries évaluatives (voir Vantourout et Maury, 2017 ; voir également note 36), les enseignants disposeraient pour cela de résultats quantitatifs (hiérarchie de réussite des problèmes par les élèves) et qualitatifs (procédures de résolution). Ils peuvent ainsi situer leurs élèves, sachant que les populations testées par les chercheurs ne constituent pas des échantillons représentatifs. On retrouve ainsi une « combinaison » qui repose à la fois sur le rapport à une norme et le rapport au développement formatif.

Évaluation certificative / formative

Les réflexions sur les relations, tensions, contradictoires et possibles synergies entre les fonctions formative et certificative de l'évaluation sont une problématique faisant l'objet de nombreux travaux (voir, par exemple, Mottier Lopez, 2015). De notre point de vue, au regard de ce qui a été abordé dans ce chapitre, nous estimons que les questions liées aux fonctions des évaluations ne sont pas prioritaires, bien qu'il ne faille pas les négliger totalement pour au moins deux raisons : d'abord, parce que ces questions relèvent d'une culture nécessaire dans le domaine de l'évaluation ; ensuite, parce que nous devons prendre en considération les préoccupations légitimes que provoquent chez bon nombre d'enseignants la tension entre évaluations « quotidiennes » et évaluations « pour le livret » afin de « rendre compte », notamment aux familles. Cette tension embarque avec elle la question de l'opposition/synergie entre le formatif et le certificatif (le certificatif étant souvent associé au bilan sommatif), avec le risque que la question et les réponses apportées masquent la tension initiale, et que cette dernière ne reçoive jamais de réponse pragmatique.

Les ingénieries évaluatives se donnent pour objectif d'informer qualitativement les évaluateurs. Elles conviennent pour évaluer des élèves aussi bien avec une visée formative que certificative, et réorientent les questionnements. Ce qui prime est, nous le répétons, la qualité du diagnostic, savoir le plus précisément possible « ce »[41] qu'évalue l'épreuve ou le test auquel « mes » élèves ont répondu. Se focaliser sur des questions liées aux fonctions de l'évaluation, notamment lors de formations d'enseignants, peut empêcher de se poser des questions bien plus essentielles pour nous, celles qui permettent notamment de s'assurer de la validité didactique d'une évaluation donnée.

Tout cela repose sur la qualité de la qualification, notamment lors de l'analyse des réponses des évalués. Pour dépasser les débats « standardisation-normalisation *vs.* développement formatif », nous nous permettrons de faire un pas de côté en nous référant à Desrosières (2008). La distinction entre le quantificatif et le qualitatif en évaluation est présente dans ce chapitre et, plus généralement, elle accompagne fréquemment les réflexions consacrées à la norme et à la certification *vs.* le formatif et le développement. Cardinet (1990c), par exemple, oppose (bien que les méthodes ne soient pas aussi typées dans la réalité, nuance-t-il) évaluation quantificatrice et qualificatrice. La première « *est appelée ainsi parce qu'elle recueille en priorité des données chiffrées [...]. L'accent est mis sur les résultats qui doivent pouvoir se mesurer. [...] l'évaluation qualificatrice recueille au contraire des descriptions plus qualitatives [...]. L'accent est mis sur les processus, sur les évènements qui ont conduit aux résultats* » (p. 123). Les réflexions de Desrosières sur les statistiques, autour des pratiques sociales et cognitives portées par les verbes « quantifier, qualifier, mesurer,

---

[41] Pour nous, ce qu'évaluent les épreuves ou dispositifs d'évaluation ne sont pas des « construits » au sens de la psychométrie. D'où l'importance de définir *a priori* ce que nous cherchons à évaluer (voir Vantourout et Goasdooué, 2019).

convenir » et relativement au statut de réalité des objets[42], nous paraissent d'une grande portée heuristique pour reconsidérer le qualitatif et le quantitatif en évaluation et pour mettre au jour des questions fondamentales, ces questions dépassant les catégorisations et les typologies les plus diffusées, notamment celles qui impliquent le formatif et le certificatif[43]. Cet auteur dénonce la confusion qui existe entre quantifier et mesurer, et préfère recourir au premier de ces termes, ce qui permet de souligner l'importance des conventions puisque « quantifier, c'est convenir puis mesurer » (2008, p. 10).

La qualification, quelles que soient les fonctions de l'évaluation, est première. Toute quantification repose sur une catégorisation ou qualification des réponses et la qualité de la quantification dépendra de la qualité de la qualification. Celle-ci, dans le cadre des évaluations des apprentissages scolaires repose sur l'identification des connaissances effectivement mobilisées par les évalués pour répondre aux épreuves qui leur ont été soumises, autrement dit la qualité de la qualification est étroitement liée à la validité didactique telle que nous la concevons, c'est-à-dire sur la base d'une analyse *a priori* des épreuves et sur l'identification des processus de réponse.

Chercheurs/enseignants

La question de la validité didactique, consubstantielle aux ingénieries évaluatives, est-elle de nature professionnelle au sens où ce sont effectivement les enseignants qui se la posent ? D'après nos expériences multiples en formation initiale et continue, la réponse est massivement, pour ne pas dire exclusivement, négative, en tout cas en France où les enseignants, et même

---

[42] Pour Desrosières (2008), la question du statut de réalité des objets ne peut pas être esquivée. Certaines réalités existent antérieurement à leur observation, comme l'étoile polaire (réalisme direct), d'autres, comme le chômage, relèvent d'une autre épistémologie que celle de l'étoile polaire et impliquent des conventions et des décisions d'affecter tel cas à telle classe (p. 159). Deux formes de réalismes s'opposent, d'un côté, les réalismes, direct des sciences de la nature et indirect des sciences de la vie, de l'autre, le réalisme ou la rhétorique conventionnaliste des sciences juridiques et politiques (p. 160-161).
[43] Pour une présentation, voir Goasdoué et Vantourout, 2019.

leurs formateurs, ne reçoivent que très rarement une formation liée à l'évaluation et où peu de ressources sont mises à leur disposition[44]. Cependant, nous avons remarqué lors de formations qu'une majorité des enseignants et des formateurs qui utilisent des ingénieries évaluatives deviennent très attentifs à la validité didactique des épreuves. Le recours à ces ingénieries, en particulier si elles répondent à des critères ergonomiques et écologiques (voir Vantourout et Maury, 2017), est un levier important pour faire évoluer positivement les pratiques évaluatives, et certainement même plus largement les pratiques d'enseignement. Il nous paraît alors possible, en nous situant dans l'espace des recommandations (Reuter, 2007), de conduire entre chercheurs et enseignants un travail en synergie pour le bénéfice des élèves.

IV. Bibliographie

Les références suivies d'étoiles sont celles des articles qui constituent le corpus de la partie 2, « EVADIDA : 6 ans d'existence » : *** signifie que la dimension didactique est centrale dans l'article, ** qu'elle est affirmée, * qu'elle est présente.

Allal, L. (1979). Stratégies d'évaluation formative : conceptions psycho-pédagogiques et modalités d'application. Dans L. Allal, J. Cardinet et P. Perrenoud (dir.), *L'évaluation formative dans un enseignement différencié* (p. 130-157). Peter Lang.

Allal, L. Bain, D. et Perrenoud, P. (1993). *Évaluation formative et didactique du français*. Delachaux et Niestlé.

Allal, L., Cardinet, J., et Perrenoud, P. (1979). *L'évaluation formative dans un enseignement différencié*. Peter Lang.

Allal, L., Dauvisis, M.-C., et De Ketele, J.-M. (2017). L'ADMEE-Europe, née à Dijon en 1986 : développements et perspectives. *Évaluer. Journal international de recherche en éducation et formation, 3*(3), 107-137.

---

44 On peut nous opposer le fait qu'une multitude de ressources pour évaluer est accessible sur de nombreux sites web. Nous parlons ici de ressources ayant fait l'objet de « précautions didactiques », notamment du point de vue de leur validité.

Bain, D. (2003). PISA et la lecture : un point de vue de didacticien – Analyse critique de la validité didactique d'une enquête internationale sur la compréhension de l'écrit. *Revue suisse des sciences de l'éducation, 25*(1), 59-78.

Bain, D. (1988). L'évaluation formative fait fausse route : de là, la nécessité de changer de cap. *Mesure et évaluation en éducation, 10*(4), 23-32.

Bain, D., et Schneuwly, B. (1993). Pour une évaluation formative intégrée dans la pédagogie du français : de la nécessité et de l'utilité de modèles de référence. Dans L. Allal, D. Bain et P. Perrenoud (dir.), *Évaluation formative et didactique du français* (p. 51-79). Delachaux et Niestlé.

Blanc, C., Vantourout, M., et Maury, S. (2018). Validité d'épreuves d'évaluation mettant enjeu des illustrations au CP : mise en œuvre d'une méthodologie d'analyse de quelques épreuves. *Évaluer. Journal international de recherche en éducation et formation, 4*(1), 21-36. ***

Bodin, A. (2016). Didactique des mathématiques et évaluation : petite histoire de 40 ans de chemins parallèles. Dans A.-C. Mathé et É. Mounier (dir.), *Actes du séminaire national de l'ARDM,* (p. 2-12).

Bodin, A. (1997). L'évaluation du savoir mathématique – Questions et méthodes. *Recherches en didactique des mathématiques, 17*(1), 49-96.

Bodin, A., et Grapin, N. (2018). Un regard didactique sur les évaluations du PISA et de la TIMSS : mieux les comprendre pour mieux les exploiter. *Mesure et évaluation en éducation, 41*(1), 67–96.

Brousseau, G. (1979). L'évaluation et les théories de l'apprentissage en situations scolaires. http://guy-brousseau.com/wp-content/uploads/2011/04/évaluation-et-théorie-de-lapprentissage.pdf

Brun, J. (1979). L'évaluation formative dans un enseignement différencié de mathématiques. Dans L. Allal, J. Cardinet et P. Perrenoud (dir.) *L'évaluation formative dans un enseignement différencié* (p. 170-181). Peter Lang.

Cardinet, J. (1990a). Les contradictions de l'évaluation scolaire. Dans J.-A. Tschoumy et S. Roller (dir.), *Hommage à Jean Cardinet* (p. 195-214). IRDP DELVAL.

Cardinet, J. (1990b). Évaluation externe, interne ou négociée. Dans J.-A. Tschoumy et S. Roller (dir.), *Hommage à Jean Cardinet* (p. 139-156). IRDP DELVAL.

Cardinet, J. (1990c). L'élargissement de l'évaluation scolaire. Dans J.-A. Tschoumy et S. Roller (dir.), *Hommage à Jean Cardinet* (p. 109-137). IRDP DELVAL.

Cardinet, J. (1988). À la recherche d'une évaluation par objectifs. Dans J. Cardinet (dir.) *Évaluation scolaire et pratique* (p. 11-95). De Boeck.

Champagne Queloz, A., Hafen, E., et Köhler K. (2018). Évaluation des conceptions alternatives en biologie par l'utilisation d'inventaires de concepts. *Évaluer. Journal international de recherche en éducation et formation*, 4(1), 3-19. **

Chevallard, Y. (1990). Évaluation, véridiction, objectivation – La relation didactique comme caprice miniature. Dans J. Marsenach et J. Colomb (dir.), *L'évaluateur en révolution* (p. 13-36). INRP.

Chevallard, Y. (1986). Vers une analyse didactique des faits d'évaluation. Dans J.-M. De Ketele (dir.) *L'évaluation : approche descriptive ou prescriptive ?* (p. 31-59). De Boeck.

Coppé, S. (2018). Évaluation et didactique des mathématiques : vers de nouvelles questions, de nouveaux travaux. *Mesure et évaluation en éducation*, 41(1), 7–39. ***

Coppé, S. et Roditi, É. (dir.). (2019). *Nouvelles perspectives en didactique : géométrie, évaluation des apprentissages mathématiques*. La Pensée Sauvage.

Dehon, A., et Derobertmasure, A. (2016). Évaluer les représentations des apprenants en sciences : application d'une méthode d'analyse. *Évaluer. Journal international de recherche en éducation et formation*, 2(2), 27-44. *

De Ketele, J.-M. (dir.). (1986). *L'évaluation : approche descriptive ou prescriptive ?* De Boeck.

Demonty, I., Fagnant, A. et Dupont, V. (2015). Analyse d'un outil d'évaluation en mathématiques : entre une logique de compétences et une logique de contenu. *Mesure et évaluation en éducation, 38* (2), 1–29. ***

Demonty, I. et Vlassis, J. (2016). Evaluer les connaissances pour enseigner l'algèbre élémentaire : élaboration d'un outil diagnostique. *Évaluer. Journal international de recherche en éducation et formation*, 2(2), 45-62. ***

de Pietro, J-F., et Roth, M. (2017). A propos de la validité didactique d'une évaluation. *Évaluer. Journal international de Recherche en Éducation et Formation, 3*(3), 31-50. ***

Desrosières, A. (2008). Pour une sociologie historique de la quantification : l'argument statistique 1. Presses de mines.

Detroz, P., Crahay, M., et Fagnant, A. (dir.). (2017). *L'évaluation à la lumière des contextes et des disciplines*. De Boeck.

Drijvers, P. (2018). Digital assessment of mathematics: Opportunities, issues and criteria. *Mesure et évaluation en éducation, 41(1)*, 41–66. ***

Fagnant, A. (2017). Introduction à l'axe 1. Dans P. Detroz, M. Crahay et A. Fagnant (dir.), *L'évaluation à la lumière des contextes et des disciplines,* (p. 55-62). De Boeck.

Fagnant, A., Etienne, R., Mottier Lopez, L. et Hindryckx, M-N. (2017). L'évaluation comme objet d'apprentissage et comme outil de développement professionnel dans le cadre de la formation des enseignants. *Évaluer. Journal international de recherche en éducation et formation, 3*(1-2), 77-98. *

Goasdoué, R., et Vantourout, M. (2019). L'évaluation telle qu'elle se fait. Dans S. Coppé et É. Roditi (dir.), *Nouvelles perspectives en didactique : géométrie, évaluation des apprentissages mathématiques,* (p. 223-238). La Pensée Sauvage.

Grapin, N., et Grugeon-Allys, B. (2018). Approches psychométrique et didactique de la validité d'une évaluation externe en mathématiques : quelles complémentarités et quelles divergences ? *Mesure et évaluation en éducation, 41*(2), 37–66. ***

Grugeon, B. (1997). Conception et exploitation d'une structure d'analyse multidimensionnelle en algèbre élémentaire. *Recherches en didactique des mathématiques, 17*(2), 167-210.

Grugeon-Allys, B. (2016). Modéliser le profil diagnostique des élèves dans un domaine mathématique et l'exploiter pour gérer l'hétérogénéité des apprentissages en classe : une approche didactique multidimensionnelle. *Évaluer. Journal international de recherche en éducation et formation, 2*(2), 63-88. ***

Grugeon-Allys, B., et Grapin, N. (2015). Validité d'une évaluation externe. Complémentarité des approches didactiques et psychométriques. Dans A.-C. Mathé et É. Mounier (dir.), *Actes du séminaire national de l'ARDM*, (p. 13-25).

Hadji, C. (2012). *Faut-il avoir peur de l'évaluation ?* De Boeck.

Hadji, C. (1992). *L'évaluation des actions éducatives.* PUF.

Hanin, V. et Van Nieuwenhoven, C. (2016). Évaluation d'un dispositif pédagogique visant le développement de stratégies cognitives et métacognitives en résolution de problèmes en première secondaire. *Evaluer. Journal international de recherche en éducation et formation,2*(1), 53-88. **

Johsua, S. et Dupin, J.-J. (1993). *Introduction à la didactique des sciences et des mathématiques.* PUF.

Laveault, D. et Grégoire, J. (2014). *Introduction aux théories des tests en psychologie et en sciences de l'éducation.* De Boeck.

Lenzen, B., Poussin, B., Dénervaud, H., Cordoba, A., et Deriaz, D. (2017). De la délicate question des ressources constitutives des compétences en éducation physique et de leur évaluation. *Évaluer. Journal international de recherche en éducation et formation,2*(1), 47-67. *

Loye, N. (2018). Et si la validation était plus qu'une suite de procédures techniques ? *Mesure et évaluation en éducation, 41*(1), 97-123.

Mottier Lopez, L. (2015). *Évaluations formatives et certificatives des apprentissages.* De Boeck.

Mottier Lopez, L., et Dechamboux, L. (2019). Co-construire le référentiel de l'évaluation formative pour soutenir un processus de co-régulation dans la microculture de classe. *Évaluer. Journal international de recherche en éducation et formation, 5*(2), 87-111. *

Mottier Lopez, L., et Morales Villabona, F. (2018). Quand des enseignants de l'école primaire évaluent des résolutions de problèmes additifs : étude des incidents critiques en cours de jugement. *Mesure et évaluation en éducation, 41*(1), 125–161. **

Perrenoud, P. (1991). Pour une approche pragmatique de l'évaluation formative. *Mesure et évaluation en éducation. 13*(4), 49-81.

Reuter, Y. (2007). Didactiques. Dans Y. Reuter, C. Cohen-Azria, B. Daunay, I. Delcambre-Derville et D. Lahanier-Reuter (dir.), *Dictionnaire des concepts fondamentaux des didactiques,* (p. 43-48). De Boeck.

Reuter, Y. (1994). Évaluation formative et didactique du français, Linda Allal, Daniel Bain et Philippe Perrenoud (dir.), 1993. *La Lettre de la DFLM, 15*(2), 34.

Roditi, É. et Salles, F. (2015). Nouvelles analyses de l'enquête Pisa 2012 en mathématiques : un autre regard sur les résultats. *Éducation et formation, 86-87,* 235-258.

Romian, H. (1983). Des acquis de l'Unité de Recherche, INRP, français 1er degré (1967-1980). *Repères pour la rénovation de l'enseignement du français, 61,* 103-111.

Sayac, N. (2017). Étude des pratiques évaluatives en mathématiques de 25 professeurs des écoles français : une approche didactique à partir de l'analyse des tâches données en évaluation. *Mesure et évaluation en éducation, 40* (2), 1–31. ***

Tourmen, C. (2015). L'évaluation des compétences professionnelles : apports croisés de la littérature en évaluation, en éducation et en psychologie du travail. *Mesure et évaluation en éducation, 38* (2), 111-144.

Trudel, L., Parent, C., et Auger, R. (2008). Développement et validation d'un test mesurant la compréhension des concepts cinématiques en physique au secondaire. *Mesure et évaluation en éducation, 31*(1), 93-120. **

Turcotte, C., et Talbot, N. (2017). Élaboration d'une épreuve de compréhension en lecture en 6e année du primaire favorisant l'articulation enseignement-apprentissage-évaluation. *Mesure et évaluation en éducation, 40*(3), 37-67. **

Vantourout, M. (2007). Étude de l'activité évaluative de professeurs stagiaires confrontés à des productions d'élèves en mathématiques : quel référent pour l'évaluateur ? *Mesure et évaluation en éducation, 30*(3), 29-59. ***

Vantourout M., et Blanc, C. (2017). Une approche psycho-didactique pour évaluer la lecture au cours préparatoire ? *Repères, 56,* 215-231.

Vantourout, M., et Goasdoué, R. (2019). L'évaluation telle qu'elle se pense. Dans S. Coppé et É. Roditi (dir.), *Nouvelles perspectives en didactique : géométrie, évaluation des apprentissages mathématiques,* (p. 195-222). La Pensée Sauvage.

Vantourout, M., et Goasdoué, R. (2014). Approche et validité psycho-didactiques des évaluations. *Revue Éducation et Formation, (e-302),* 139-156.

Vantourout, M., et Maury, S. (2017). Évaluation de la lecture au CP : mise en œuvre d'une approche multiple. *Éducation et didactique, 11*(1), 45-62.

Vergnaud, G., Rouchier, A., Desmoulières, S., Landre, C., Marthe, P., Ricco, G., Samurçay, R., Rogalski, J., et Viala, A. (1983). Une expérience didactique sur le concept de volume en classe de cinquième (12 à 13 ans). *Recherches en didactique des mathématiques, 4*(1), 71-120.

Chapitre 5. Processus de normalisation dans l'évaluation des apprentissages des élèves

Lucie Mottier Lopez

A la suite du colloque de l'ADMEE-Europe de 2019 à l'Université de Lausanne, la thématique de cet ouvrage pose la question des évaluations en éducation comme sources possibles de synergies entre normalisation, contrôle et développement formatif. Les tensions entre les deux grandes logiques de « contrôle » et de « développement formatif » attribuées classiquement à l'évaluation avaient été au cœur également du 20ème colloque de l'ADMEE-Europe à l'Université de Genève en 2008 (Mottier Lopez et Crahay, 2009), notamment pour réfléchir aux articulations (ou ruptures) entre les évaluations qui coexistent entre les différents niveaux des systèmes éducatifs et de formation, du point de vue plus spécialement de la *régulation* (régulation des apprentissages versus pilotage des systèmes éducatifs et de formation). Dans l'introduction de l'ouvrage de 2009 (Mottier Lopez, 2009), nous rappelions à la suite d'Allal (1979/1991) que quelles que soient les modalités d'évaluation adoptées, elles pouvaient toutes être susceptibles de produire des régulations individuelles et/ou collectives. C'est la nature de la régulation qui diffère eu égard à des visées différentes de l'évaluation et, ce, sans y adjoindre une connotation morale *a prioriste*. Nous le formulions dans les termes suivants, en convoquant en arrière-fond la question de la normalisation :

A propos de ces processus de régulation, rappelons les deux mouvements généraux qui se dégagent des différents modèles de l'évaluation (Bonniol et Vial, 1997) :

- Une régulation de conformité aux normes préétablies dans une logique plutôt de contrôle, pour maintenir les valeurs et la culture de référence, pour contrôler l'atteinte des objectifs de certification, pour vérifier la bonne réalisation d'un projet et l'utilisation des ressources, pour s'assurer du principe d'équité, par exemple.
- Une régulation ouverte à des reconfigurations d'action et d'activités intersubjectives, dans une logique de développement et d'apprentissage ; elle est source de nouvelles réponses, interprétations, compréhensions ; elle s'inscrit dans un mouvement proactif de transformation et de créativité. (Mottier Lopez, 2009, p. 16).

Nous ne suivons pas en ce sens Bonniol et Vial (1997) par exemple, car nous ne considérons pas pour notre part que la régulation associée au contrôle est forcément négative par rapport à celle qui vise un développement formatif. A nos yeux, toutes deux sont constitutives de fonctionnements individuels et collectifs des systèmes par rapport à des visées différentes. Prenons un exemple : pour un·e jeune en formation professionnelle qui apprend à utiliser des machines de menuiserie dangereuses, la fonction de contrôle de l'évaluation vise à le préserver d'un accident corporel. Dans ce cas, l'apprentissage des normes préétablies, associées à l'utilisation prescriptive de ces machines (associée plus loin dans ce texte à la normativité), ainsi qu'un contrôle de leur application stricte par l'apprenti·e, est une condition indispensable. Ici, la question n'est pas de savoir si ces normes sont « positives » ou « négatives » ; elles sont vues comme « convenantes » au sens de Waldenfels (2005) cité plus loin. Une vigilance consistera cependant à les ajuster, à les transformer si besoin au regard des évolutions technologiques par exemple. Par ailleurs, c'est en appliquant ces normes préexistantes et instituées que l'apprenti·e pourra peut-être développer une certaine créativité dans son activité professionnelle, ouverte à des reconfigurations d'actions révélatrices de son individuation.

Si le colloque de l'ADMEE-Europe de 2008 problématisait plus spécialement les enjeux de régulations associés aux fonctions évaluatives de contrôle et de développement formatif, le colloque de 2019 a eu l'originalité d'introduire la problématique de la *normalisation*. Dans le texte de cadrage, il est dit : « le présent colloque reprend ces problématiques en interrogeant plus particulièrement ce qui se passe 'entre' normalisation, contrôle et développement formatif, en proposant d'investiguer les multiples relations, glissements, passages, confrontations qu'il est possible, selon les contextes, d'identifier ».[45] Aucune définition de la normalisation n'était proposée par le texte de cadrage, offrant ainsi la possibilité aux contributeurs et contributrices de s'approprier librement la question. Par exemple, est-ce une troisième visée par rapport aux logiques de contrôle et de développement formatif ? Ou est-ce plutôt un processus associé à l'évaluation en général ? Ou est-ce un effet souhaité délibérément par le moyen de l'évaluation (dans un registre de prescriptions, par exemple) ? Est-ce au contraire un effet indésirable produit par l'évaluation (dans un registre de dénonciation des méfaits de celle-ci, par exemple) ? Sur le plan conceptuel, peut-on sortir de cette dichotomie classique positif-négatif, en faveur d'une appréhension de la normalisation comme phénomène complexe situé ? Si oui, que nous apporterait cette conceptualisation (à entreprendre) pour modéliser l'évaluation en éducation (au sens de Mottier Lopez et Figari, 2012) ?

Sans avoir la prétention de répondre de façon exhaustive à ces questions, le texte présenté ci-dessous tendra à montrer que la question de la normalisation peut concerner l'ensemble du processus évaluatif, dont les processus de référentialisation. Selon Figari (1994), la référentialisation implique, une « recherche de références pertinentes (c'est-à-dire à la fois universelles et particulières) » (p. 48) effectuée de manière consciente par l'évaluateur·rice, susceptible de remettre en question des critères préexistants, de définir de nouveaux critères et, toujours, de spécifier les attentes. Poser la question de la normalisation au regard de la référentialisation qui théorise les attentes évaluatives et leur construction nous semble donc particulièrement intéressante. Pour ce faire, nous commençons par rappeler une distinction conceptuelle qui a marqué le domaine de l'évaluation des apprentissages des élèves : l'évaluation à référence normative versus l'évaluation à référence critérielle. Nous rappelons cette distinction afin qu'il n'y ait pas de confusion par rapport au processus de normalisation que nous tenterons de conceptualiser dans la partie suivante. Le texte se poursuit avec la présentation de trois études empiriques qui visent à thématiser différentes dynamiques de

---

45 Voir https://wp.unil.ch/admee2019/theme/

normalisation liées à des enjeux de référentialisation dans des pratiques d'évaluation certificative et formative d'enseignant·es à l'école primaire. La dernière partie revient sur quelques éléments de synthèse en guise de perspective conclusive.

I. Cadre de référence normative, cadre de référence critériée

La littérature spécialisée différencie l'évaluation à référence critériée (ou évaluation dite critériée) et l'évaluation à référence normative (ou évaluation dite normative) (de Landsheere, 1980). Cette distinction visibilise deux *procédures* différentes servant à la construction du jugement évaluatif. Dans une évaluation *normative*, le résultat de chaque élève s'établit par comparaison inter-individuelle avec d'autres élèves afin d'établir un classement. Autrement dit, le résultat individuel est relatif aux résultats des autres individus placés dans une même situation. Quant à l'évaluation *critériée*, les résultats des élèves ne sont pas qualifiés en fonction des résultats d'un groupe de référence, mais par rapport à l'atteinte à titre individuel d'objectifs et de critères d'évaluation définis.

Nombre de recherches empiriques ont dénoncé les effets arbitraires produits par l'évaluation normative, notamment parce qu'un élève à niveau scolaire égal peut réussir dans une classe mais échouer dans une autre, sa réussite étant dépendante des performances des individus du groupe d'appartenance. Rappelant certaines de ces recherches, Crahay, Mottier Lopez et Marcoux (2019) associent l'évaluation normative en classe à une perspective d'excellence et d'élitisme. Une évaluation qui vise à soutenir les progressions d'apprentissage des élèves, tout comme une évaluation sommative[46] qui vise à contrôler l'atteinte des objectifs du programme, se devrait alors d'être critériée pour assurer une évaluation fondée sur des principes de plus grande justice et d'égalité.

---

[46] A noter ici que l'évaluation normative et l'évaluation sommative ne sont pas confondues, comme parfois on peut le lire dans certains écrits. En effet, l'évaluation sommative n'est pas obligatoirement normative ; elle peut se fonder sur un cadre de référence critérié.

De ces premières considérations, on retiendra que le champ lexical associé à la « norme » (l'évaluation normative) fait ici référence à une *procédure de fabrication* du résultat de l'élève. Dans la littérature pédagogique, elle est décriée quand elle conduit à une évaluation arbitraire, source de discrimination à des fins de sélection, de compétition et d'exclusion. Son acception est donc largement négative. Dans la suite du texte, nous changeons de perspective en faveur d'une approche essentiellement anthropologique et situationniste sans connotation négative pour problématiser l'activité évaluative à partir d'un essai de conceptualisation du processus de normalisation.

II. Cadre conceptuel du processus de normalisation, essai

Comme Crinon et Muller (2018) le soulignent, définir la norme est une entreprise délicate en raison de son instabilité sémantique. Pour notre projet, il convient donc de circonscrire précisément nos choix conceptuels. Ceux-ci sont fondés sur trois références principales :

- Le texte du philosophe allemand Waldenfels (2005) « Normalité et normativité. Entre phénoménologie et structuralisme » qui inscrit ses réflexions dans une orientation phénoménologique. Ce premier apport nous permet de définir les concepts de normalisation, de normalité et de normativité, ainsi que la relation que nous envisageons entre eux à la suite des propositions de l'auteur. Les processus d'incarnation et de genèse des normes sont ici soulignés.
- La contribution de Verhoeven (2018) dans un numéro de *Recherche et formation* portant sur la thématique « Savoirs et normes pour enseigner » coordonné par Crinon et Muller. Pour notre projet, l'intérêt de ce texte est de donner à voir quelques définitions de la norme/des normes à travers les évolutions récentes des modèles de professionnalité enseignante. L'autrice dégage ainsi deux modes de production normative, par le haut et par le bas.
- Nos propres travaux sur l'apprentissage situé et les microcultures (Mottier Lopez, 2008). Ceux-ci ont notamment examiné les

processus de co-constitution des normes sociales dans les contextes de classe, donnant à voir plus spécialement la problématique de la genèse et de la transformation des normes sociales au fil des négociations de significations entre enseignant·s et élèves.

Normativité et normalité, deux dimensions constitutives du processus de normalisation

L'auteur définit la normalisation comme un « processus d'incarnation et de genèse des normes, qui thématise de façon centrale la différence entre l'ordinaire et l'extraordinaire » (Waldenfels, 2005, p. 57). Les travaux en philosophie et en sociologie distinguent volontiers la « normalité » (en tant que complexe de règles descriptives portant sur des questions de fait) et la « normativité » (complexe de règles prescriptives portant sur des questions de droit). La normalisation, auquel le comportement humain est soumis, est vue comme constituée des deux dimensions (normalité et normativité) appréhendables du point de vue de leur genèse et de leur incarnation (Waldenfels, 2005). Plutôt que d'opposer ces deux dimensions, l'auteur tente de penser leur interdépendance :

> *Les normes sont incarnées en tant que habitus, coutumes et mœurs. Ce qui en résulte ne se trouve pas qualifié comme strictement juste ou injuste, bon ou mauvais, fonctionnel ou dysfonctionnel, mais comme convenant ou inconvenant (voir prepon, decorum). Les coutumes sont soutenues par des institutions plus ou moins formelles, dont les règles déterminent quel comportement ou procédure vaut comme correct. D'autre part, il n'y a pas de normes sans qu'elles soient apprises et appropriées. Elles se constituent à travers une genèse qui, à la limite, relève d'un événement de Stiftung (fondation) même si celui-ci s'enfonce dans une préhistoire dont ne subsistent que des traces. (p. 60)*

Pour l'auteur, « il n'y a pas d'acquisition culturelle sans effets de normalisation » (p. 62), comme il n'y a pas de normes sans institutions, ni de normes sans appropriation et apprentissage de celles-ci par les actrices et acteurs sociaux. Cette position est cruciale à nos yeux, signifiant que la question se déplace dès lors vers la production de ces normes (considérant leur caractère institué et à la fois subjectif) et vers ce qu'elles sont susceptibles de produire de façon dialectique (pour l'activité évaluative et pour les apprentissages évalués dans le cadre de nos travaux).

La figure 1 présente les premiers éléments que nous retenons à partir de ce premier auteur en choisissant délibérément de penser les processus de normativité et de normalité comme faisant partie d'un processus plus large (celui de la normalisation) qui, sans se confondre, ne s'excluent pas l'un l'autre. Ces processus se pensent ensemble et sont possiblement en tension.

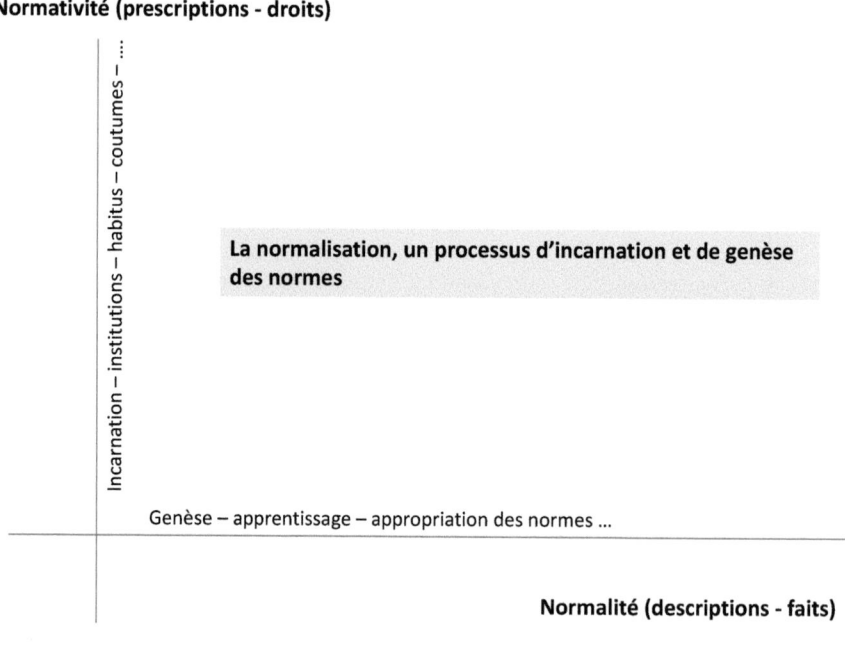

Figure 1 : *Conceptualisation du processus de normalisation – 1 (source : autrice)*

Double mouvement de production de normes par des processus différents de rationalisation

La contribution de Verhoeven (2018) s'inscrit dans la rubrique « Autour des mots de la formation » de la revue *Recherche et formation*. L'autrice a pour projet « d'éclairer les évolutions récentes des modèles de professionnalité enseignante à partir d'une analyse des transformations normatives contemporaines » (p. 105). Ce projet l'amène à définir la notion de norme (en rapport avec les valeurs et les connaissances) et dégage deux mouvements principaux de production rationnelle de normes :

- « Par le haut ». Dans ce cas, les normes sont essentiellement conceptualisées au regard de leur caractère *prescriptif*, c'est-à-dire dans un registre de régulation de l'action, d'imposition de comportements souhaités, de détermination d'usage quand le champ des possibles est ouvert. « Si la connaissance se construit en interaction étroite avec l'expérience empirique et s'enrichit à l'épreuve de la réalité, dont elle 'apprend', la norme est en revanche contrefactuelle : elle décrète et impose des régularités contre les faits, cherchant à orienter le cours des choses » (p. 107). L'autrice associe ce mouvement à la production de normes exogènes aux situations expérimentées qui, dans une rationalité instrumentale, sont plutôt stables et visent des « régulations de contrôle » par la définition d'objectifs et ou de standards externes à atteindre.
- « Par le bas ». Dans ce cas, les normes sont « pensées comme les produits contingents de l'interaction sociale » (p. 108), foncièrement enracinées dans les situations sociales expérimentées et sensibles aux variations et spécificités de celles-ci. Elles peuvent se stabiliser provisoirement mais elles conservent un caractère immanent et itératif ; elles « apprennent des situations » permettant de faire face à des situations complexes et imprévues. « Les régulations de contrôle tendraient à s'affaiblir au profit de la régulation autonome (au sens de Reynaud, 2003), plus à même de répondre à l'imprévisibilité des situations : « le *nomos* scolaire, créateur d'ordre et de sens, s'édifie désormais dans une dynamique d'interactions et de négociations intersubjectives dont la communication est le support » (Périer, 2009, p. 30) » (p. 110).

On notera que la démonstration de Verhoeven (2018) laisse parfois entendre une sorte d'exclusion (un mouvement n'étant pas pensé nécessairement en tension avec l'autre), compte tenu que chaque mouvement répond à sa propre rationalité et épistémologie.[47] Toutefois, dans l'approche analytique et interprétative du « réel » qui est la nôtre, c'est-à-dire n'excluant pas l'existence de mouvements possiblement contradictoires dans une même situation faite de contextes multiples (Mottier Lopez, 2019), la proposition de Verhoeven nous intéresse car elle permet de visibiliser :

- Les éléments normatifs qui sont *préexistants* aux situations sociales et aux négociations intersubjectives de sens entre les acteur·rices, comme par exemple des référentiels de l'évaluation édictés dans des documents institutionnels et prescriptifs. On est ici en présence d'une rationalité instrumentale selon Verhoeven.
- Les éléments normatifs qui *émergent* des situations expérimentées, permettant de faire face à des imprévus, trouvant des compromis par rapport aux règles instituées compte tenu de la complexité des situations rencontrées, par exemple amenant les enseignant·es à aménager un référentiel préexistant de l'évaluation en fonction de la singularité non attendue de productions d'élèves (Mottier Lopez, 2017 ; Mottier Lopez et Dechamboux, 2017 ; Mottier Lopez et Morales Villabona, 2019). On est ici en présence d'une rationalité (que l'on aimerait[48]) réflexive pour Verhoeven.

La figure 2 ajoute ces éléments dans notre essai de conceptualisation du processus de normalisation.

---

47 Des épistémologies qui peuvent être considérées comme incompatibles. Pensons par exemple au postulat que les normes ne pourraient pas apprendre des situations pour le mouvement par le haut, alors que c'est une des hypothèses fortes du mouvement par le bas.
48 Verhoeven (2018) dirait forcément réflexive. Pour notre part, nous sommes plus prudente suite à nos observations empiriques qui montrent que si rationalité il y a, elle n'est pas forcément consciente et réflexive hors de dispositifs qui l'y engagent.

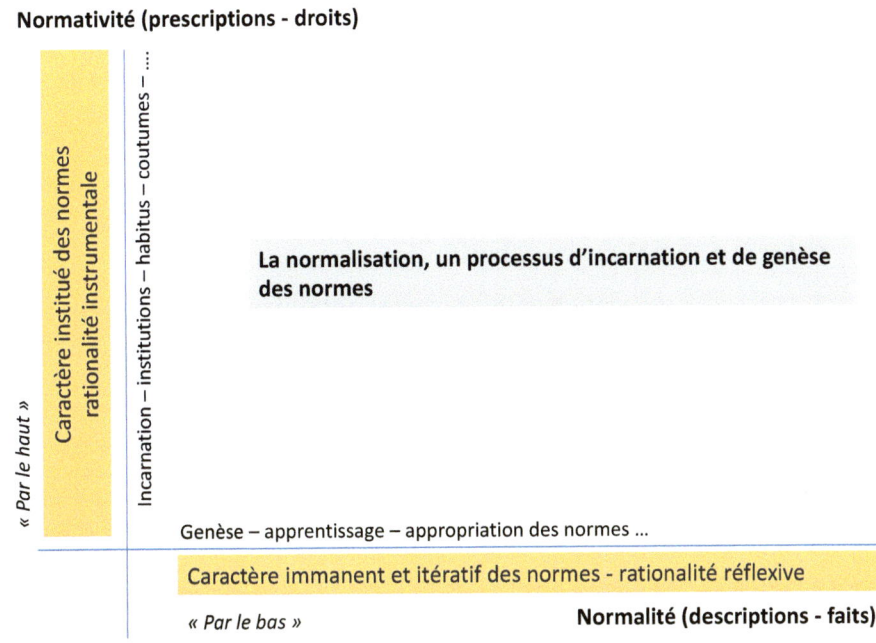

Figure 2 : Conceptualisation des processus de normalisation – 2 (source : autrice)

Pour notre part, contrairement à la proposition de Verhoeven (2018) et d'un ensemble d'autres auteurs et autrices qui s'inscrivent dans une approche radicalement énactive de l'enseignement et de l'apprentissage[49], nous ne plaçons pas l'idée de « normes situées » dans le processus strictement immanent et itératif. Nous ne souscrivons en effet pas au postulat que les normes enracinées dans les situations socialement expérimentées ne puissent pas intégrer également des prescriptions exogènes dans la négociation intersubjective de sens par les acteur·rices en

---

49 Voir par exemple Filliettaz et Schubauer Leoni (2008) qui opposent les approches historico-culturelles et les approches situées. Cette opposition ne se retrouve pas dans chez les auteur·rices situationnistes anglo-saxons qui, au contraire, argumentent une intégration des dimensions culturelles et historiques dans les approches situées telles qu'elles et ils les conceptualisent (e.g., la revue de littérature dans Mottier Lopez, 2008).

activité. Pour nous, la norme est située dès qu'il y a une activité sociale dans laquelle et avec laquelle elle opère, revêtant alors un caractère *également* culturel et historique (Cobb, 2001). Nous poursuivons sur ce dernier argument pour ensuite examiner les apports potentiels de notre essai conceptuel pour penser quelques problématiques de l'évaluation des apprentissages des élèves.

Relation dialectique entre « arena » et « setting » d'un contexte social co-construit

A partir de la conception anthropologique et situationniste à laquelle nous nous référons (notamment Cobb et Bowers, 1999 ; Greeno et al., 1998 ; Lave, 1988 ; Lave et Wenger, 1991), nous postulons que les normes sociales sont à la fois préexistantes et émergentes. Pour fonder cette hypothèse, nous nous appuyons sur les deux concepts définis par Lave (1988) pour désigner le double caractère que revêtirait tout contexte social (c'est-à-dire dans lequel et avec lequel il y a une activité humaine) :

- L'*arena*, qui désigne les dimensions « données » du contexte : elles sont préexistantes et objectives. Dans le contexte qui nous intéresse, ce peut être des directives institutionnelles, des plans d'études, des prescriptions, des moyens d'enseignement à utiliser, autrement dit, des objets culturels et historiques liés au monde de l'école.
- Le *setting*, qui désigne les dimensions qui se construisent par l'activité interprétative et stratégique des personnes. Ces dimensions peuvent être émergentes ; elles dépendent de la façon dont les personnes expérimentent et structurent de façon subjective et intersubjective leurs activités au regard de leurs intentions, de leur participation aux pratiques sociales et du sens qu'elles y construisent. Le setting assume un caractère interprété et créé, susceptible de garder une part de singularité vue comme non seulement légitime mais comme étant irréductible (Mottier Lopez, 2016a). Dans nos travaux, nous conceptualisons en termes de setting par exemple les ajustements subjectifs réalisés par des enseignant·es quand elles et ils corrigent des réponses imprévues d'élèves qui n'entrent pas dans leurs critères prédéfinis d'évaluation (Mottier Lopez, 2017).

Cette perspective théorique tente alors d'appréhender l'activité individuelle et collective dans une relation dialectique entre l'arena et le setting (Lave, 1988). Autrement dit, cette activité n'est pas seulement déterminée par l'arena ; elle n'est ni seulement émergente. Elle résulte d'une relation de structuration et de constitution réciproque entre des dimensions qui sont de nature foncièrement différente. C'est au regard notamment de cette conception épistémologique que nous avons étudié dans nos précédents travaux la constitution interactive des normes sociales dans des microcultures de classe, en les définissant comme des

> « *aspects normatifs qui contraignent et tout à la fois rendent possible l'activité individuelle et collective, en tant que contraintes et ressources potentielles. Autrement dit, elles représentent une forme d'affordances au sens de Greeno et al. (1998), en tant que qualités des systèmes interactifs qui supportent les interactions tout en offrant les cadres qui donnent la possibilité à une personne de participer à ces systèmes. La norme se construit dans la relation dialectique entre l'individu, son activité intentionnelle et le contexte socioculturel de celle-ci.* » *(Mottier Lopez, 2008, p. 107)*

La figure 3 présente cette conception en l'intégrant aux propositions précédentes.

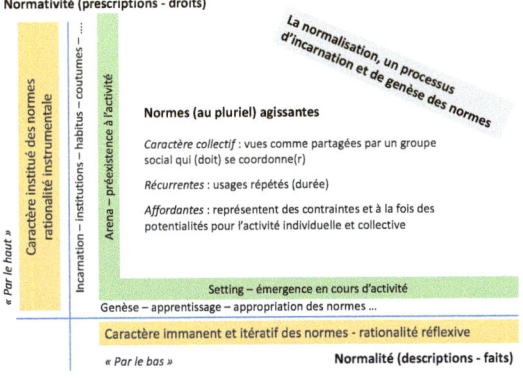

Figure 3 : Conceptualisation des processus de normalisation – 3 (source : autrice)

Dans nos travaux, nous nous intéressons aux normes telles qu'elles se co-construisent par les acteurs et actrices lors de leur participation à des pratiques sociales et à ce qu'elles produisent en termes notamment de jugements évaluatifs et de co-régulation (e.g., Mottier Lopez, 2016b ; Mottier Lopez et Dechamboux, 2019). Ces normes sont vues comme socialement reconnues et partagées par les membres du groupe qui sont amenés à se coordonner (Cobb et al., 1997). Tout en ayant un caractère collectif et récurrent, elles sont toujours susceptibles d'être (re)négociées au fil des interactions et de l'évolution des pratiques collectives et individuelles. Parmi d'autres éléments, elles caractérisent la microculture du groupe social concerné (la classe, un groupe professionnel qui se coordonne, par exemple).

Notre tentative d'intégrer cette conception situationniste dans une conceptualisation plus large des processus de normalisation vise à toujours mieux comprendre la dynamique entre les dimensions stables et immanentes des normes, y compris eu égard à leur caractère global et local, et ce qu'elles produisent du point de vue de l'évaluation et de la régulation des apprentissages des élèves. La partie suivante expose quelques exemples à partir de trois études empiriques.

III. Exemples à partir de trois études empiriques : des dynamiques de (re)normalisation réflexives, collectives, délibératives

Les exemples que nous avons sélectionnés ci-dessous visent à donner à voir des dynamiques de normalisation et renormalisation différentes en jeu dans des pratiques évaluatives. Chaque exemple est organisé comme suit : une présentation succincte (1) du contexte de l'étude dont l'exemple est issu, (2) de la nature du « problème » traité originellement par l'étude, (3) d'un ou deux constats principaux. Pour les lecteurs et lectrices intéressé·es par des informations plus détaillées, nous renvoyons à des références bibliographiques. Puis, chaque exemple fait l'objet d'une schématisation tentant de caractériser le processus de (re)normalisation à partir du cadre conceptuel présenté plus haut, accompagnée d'un commentaire. Notons que les exemples présentés sont tous issus de l'enseignement primaire dans le canton de Genève en Suisse. Les données ont été recueillies entre les années 2012 et 2016 et ont fait l'objet d'analyses thématiques descriptives et d'analyses interprétatives des discours (Paillé et Mucchielli, 2016).

Premier exemple : le jugement en acte de l'enseignant·e quand elle ou il corrige des travaux d'élèves

Présentation succincte de l'étude

Contexte : l'étude s'est réalisée au cycle moyen de l'école primaire (élèves de 8-12 ans) ; deux cohortes d'enseignant·es ont été observées avec la même volée d'élèves pendant deux années consécutives, en français (production écrite) et en mathématiques (résolution de problèmes). En tout, 31 enseignant·es sont concerné·es.

Le « problème » étudié : l'étude problématise les processus de référentialisation opérant dans les jugements évaluatifs en actes. Plus particulièrement, elle porte sur les jugements en acte des enseignant·es afin de mieux comprendre les ajustements effectués en cours de correction, d'identifier les référents[50] qui opèrent effectivement (entre les préexistants et ceux qui émergent) en relation avec les référés sélectionnés par les enseignant·es, et la nature des décisions évaluatives prises.

Quelques constats principaux : nos résultats ont notamment dégagé la nature multiréférentielle des jugements évaluatifs qui combinent des référents de nature différente et qui aident aux prises de décision dans des cas d'hésitations et de doutes (voire de dilemmes). Ils ont également mis en évidence des raisonnements formatifs intégrés dans des pratiques d'évaluation certificative.

---

50 « Le référent est 'ce par rapport à quoi un jugement de valeur est porté … le référent appartient à l'ordre des représentations d'objectifs' (Barbier, 1985, p. 294) … le référé désigne 'ce qui est constaté ou appréhendé de façon immédiate' (Lesne, 1984, p. 132) par l'évaluateur ; il 'désigne la partie de la réalité choisie' par ce dernier (Figari, 1994, p. 44) » (Mottier Lopez et Dechamboux, 2017, pp. 13-14).

Références principales : Mottier Lopez (2017) ; Mottier Lopez et Dechamboux (2017) ; Mottier Lopez et Morales Villabona (2018).

Processus de (re)normalisation plus ou moins réflexif

La figure 4 illustre la façon dont nous pensons qu'il est possible de comprendre le processus de normalisation dans le cadre de ce premier exemple.

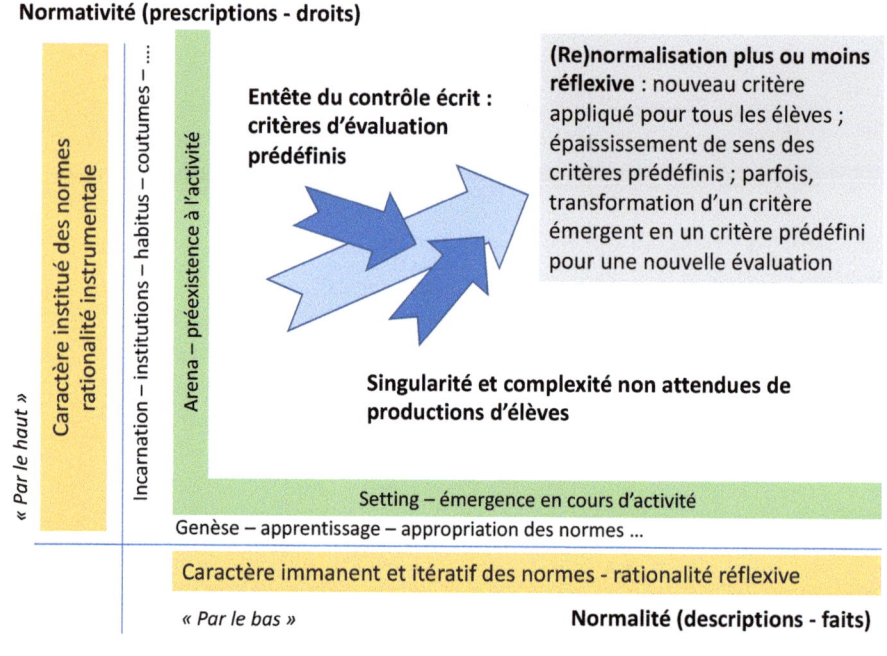

Figure 4 : (Re)normalisation au fur et à mesure des jugements en acte des enseignant·es (source : autrice)

Dans les pratiques évaluatives observées, les enseignant·es utilisaient toutes et tous des critères d'évaluation prédéfinis dans un « entête » à leur épreuve certificative. Ces critères peuvent être vus comme des normes sociales à l'aune desquelles les productions des élèves sont évaluées.

Obligatoire, l'entête incarne une prescription de l'école primaire genevoise. Nos observations montrent que les enseignant·es prennent effectivement appui sur les critères d'évaluation qu'elles et ils ont prédéfinis (soit individuellement, soit en équipe) dans l'entête quand elles et ils corrigent les productions de leurs élèves (en français et en mathématiques). En mathématiques, dans Mottier Lopez et Morales Villabona (2018), nous avons montré que quand « tout va bien », le jugement de l'enseignant·e se fait holistique ; il est rapide. En cas d'erreurs de la part des élèves, mais sans qu'elles ne posent des difficultés à l'enseignant·e pour savoir comment les traiter, le jugement devient analytique fondé sur les critères d'évaluation prédéfinis. Par contre, en cas de réponse(s) perçue(s) comme « problématique(s) » (parce que non attendue(s) ou dont le raisonnement est difficile à inférer, etc.), l'enseignant·e engage alors une spécification de ses critères d'évaluation : avec un épaississement de sens par rapport à un critère prédéfini (se traduisant par exemple par des nouveaux « cas » listés dans le corrigé de l'épreuve), l'ajustement d'un critère établi (ou des points attribués), l'ajout d'un nouveau critère d'évaluation. Une synergie, au sens de Younès, Sylvestre et Gremion (p. 16 dans ce présent ouvrage), s'observe ici entre référents globaux préexistants et référents locaux qui tirent leur origine des productions non conformes des élèves.

A la suite des développements de Lussi Borer et Muller (2014), nous pouvons inférer ici un processus de renormalisation au fil de l'activité évaluative. « Le processus de renormalisation consiste en une réinterprétation des normes émises par le milieu, mais aussi des normes endogènes, en vue de configurer ce milieu comme étant le sien. Les normes sont ainsi transformées 'sous le coup' de la singularité des situations[51]«. Dans notre étude, ce processus s'est montré parfois réflexif (l'enseignant·e donne à voir une réflexion critique en cours de jugement par rapport aux choix et décisions d'ajustement prises). Mais, souvent, il s'est montré opérationnel sans prise de conscience et réflexivité particulières. Dans Mottier Lopez et Dechamboux (2017), nous avons également montré, grâce

---

51 Sur https://journals.openedition.org/activites/967#text, paragraphe 8. Dans ce texte, nous reprenons cette proposition de Lussi Borer et Muller (2014) afin de souligner ce processus de réinterprétation des normes. Notons cependant que la conceptualisation de la normalisation telle que nous l'avons explicitée plus haut, en tant que processus continu qui met en tension normativité et normalité, englobe de fait les phénomènes de renormalisation.

à nos observations répétées, qu'un critère d'évaluation émergent pouvait devenir par la suite préexistant et s'incarner dans des nouveaux entêtes ou dans le discours tenu par l'enseignant·e. Ainsi, la nature du référent en tension entre normalité et normativité est susceptible de se transformer au fil des expériences situées.

Deuxième exemple : co-construire le référentiel de l'évaluation formative entre professionnel·les et avec les élèves

Présentation succincte de l'étude

Contexte : cette étude fait partie d'une recherche collaborative réalisée dans le Réseau Maison des Petits[52] portant sur l'apprentissage de la lecture au premier cycle de l'école primaire (élèves de 4-8 ans). Elle réunit neuf enseignantes et des chercheur·ses en didactique du français et en évaluation-régulation des apprentissages. Elle alterne des réunions collectives et des observations en classe.

Le « problème » étudié : les enseignantes ont manifesté des difficultés à évaluer de façon formative la compréhension par leurs élèves d'histoires lues. De façon collaborative, l'étude problématise les attentes que les enseignantes peuvent avoir pour leurs élèves à partir des objectifs du plan d'études officiel et la façon d'impliquer leurs élèves au fil des activités didactiques à des fins d'autorégulation. Plus spécifiquement, l'étude interroge dans une classe en particulier la co-construction d'un référentiel de l'évaluation formative tout au long d'un semestre quand celui-ci semble ne pas exister explicitement dans les pratiques en classe.

Quelques constats principaux : notre étude a montré la façon dont les référents de l'évaluation formative étaient susceptibles de se co-construire collectivement en interaction avec la négociation des normes sociales de la microculture de classe et les activités didactiques mises en place, mais également en lien avec les négociations collectives de sens menées pendant les réunions de la recherche collaborative entre professionnel·les. Dans la classe, il est apparu que la pratique même d'expliciter et de négocier ces

---

52 Pour plus d'informations sur le réseau, voir par exemple Sales Cordeiro et al. (2016).

critères a représenté une démarche de co-régulation formative sur les plans individuel et collectif de la microculture de classe.

Référence principale : Mottier Lopez et Dechamboux (2019)

Processus de (re)normalisation réflexive collective dans des espaces pluriels

La figure 5 expose les deux espaces de négociation en jeu dans cette étude, en tension avec les prescriptions du plan d'études et les prescriptions didactiques portées par les moyens d'enseignement utilisés et par les chercheur·ses didacticien·nes[53].

---

53 Nous n'indiquons pas ici des prescriptions portées par les chercheur·ses en évaluation car nous avons volontairement adopté une posture compréhensive et d'interprétations conjointes.

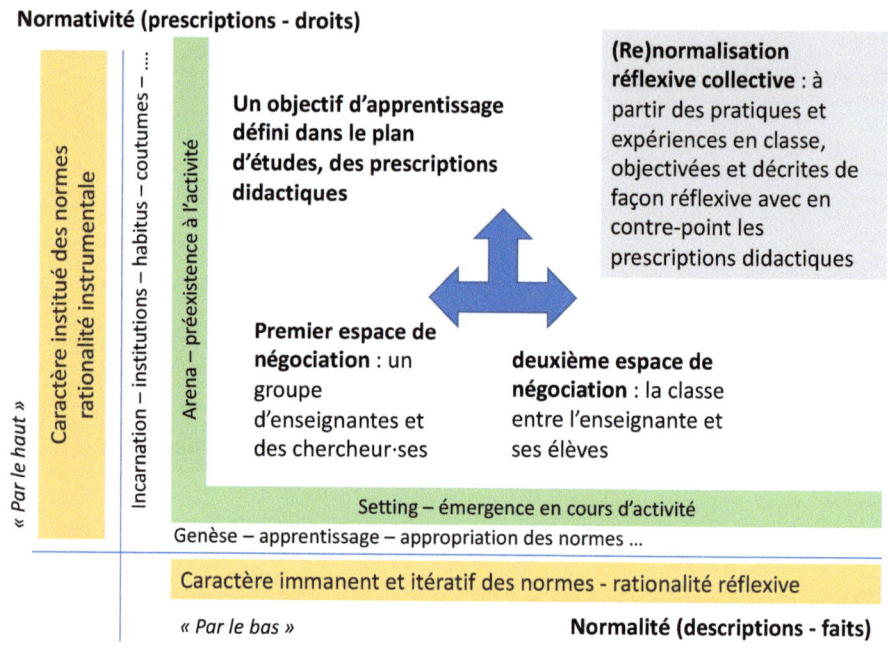

Figure 5 : (Re)normalisation réflexive collective entre professionnelles et avec les élèves (source : autrice)

Dans cette étude, il appert que l'objectif d'apprentissage prescrit (par le haut) dans le plan d'études romand lié à la compréhension en lecture (pour de très jeunes élèves) est perçu par les enseignantes comme flou et difficile à évaluer à des fins de régulation des apprentissages et de régulation de l'enseignement. Les premières objectivations de leurs pratiques en classe montrent que les critères d'évaluation restent implicites, voire n'existent pas. Par le moyen des rencontres collectives de la recherche collaborative et de l'objectivation critique des expériences réalisées dans les classes, un processus de normalisation (et potentiellement de renormalisation) s'enclenche non seulement par le moyen de la réflexivité partagée entre professionnel·les (enseignantes et chercheur·ses) mais également parce que cette réflexivité est mise en acte avec les élèves dans la classe observée.

Celle-ci se réalise à partir des propositions des élèves (et non pas au regard de prescriptions évaluatives imposées par l'enseignante à ses élèves) mises en débat dans des temps collectifs. Les élèves sont alors impliqués dans des épisodes d'évaluation interactive dans lesquels il est attendu qu'ils expriment des points de vue argumentés sur les propositions des pairs. Ce faisant, les arguments énoncés par les élèves contribuent à la négociation des significations partagées dans la classe à propos de « ce qui fait référence » (normes sociales, au sens de Cobb et al., 1997) pour évaluer la compréhension d'une histoire. Elles sont progressivement institutionnalisées dans la microculture de classe et, tout à la fois, reconnues et débattues dans le collectif de la recherche. On retiendra que cette étude donne à voir une double genèse traversant le processus de normalisation touchant à la fois les référents faisant sens pour évaluer la compréhension de récits par des jeunes élèves non-lecteurs et les normes sociales qui contraignent et tout à la fois rendent possible leur implication dans cette évaluation formative. Cette double genèse s'incarne dans un ensemble d'artefacts élaborés au sein de la classe et dans le collectif de la recherche. Une synergie s'observe ici entre différents espaces de négociation interactive et de collaboration, entre un niveau micro-contextuel (la classe) et un niveau méso-contextuel (les rencontres entre chercheur·ses et enseignantes de plusieurs établissements scolaires genevois) eu égard à un plan d'études intercantonal qui fait office de prescription (niveau macro-contextuel).

Troisième exemple : des pratiques de modération sociale à des fins de controverses professionnelles

Présentation succincte de l'étude

Contexte : cet exemple porte sur des pratiques de modération sociale expérimentées avec les deux cohortes d'enseignant·es concernées par le premier exemple présenté plus haut. Pour chaque cohorte, ces modérations sociales se sont déroulées sur deux jours et demi à des fins de développement professionnel. Elles ont porté sur les évaluations certificatives réalisées par les enseignant·es en français et en mathématiques.

Le « problème » étudié : les modérations désignent des pratiques collectives de confrontation de « jugements humains » (Linn, 1993) sur des travaux réels d'élèves dans le but de construire collectivement une représentation commune des attentes officielles traduites dans les référents externes (plan d'études, directives institutionnelles, épreuves externes, notamment) et de déboucher sur des consensus à propos des pratiques d'évaluation interne des apprentissages des élèves (Wyatt-Smith et al., 2010). L'étude vise à observer la nature des consensus construits entre les enseignant·es (avec l'accompagnement des chercheur·ses) à propos des prescriptions officielles et des choix qu'elles et ils opèrent dans leurs pratiques internes. Plus généralement, le but est de contribuer à construire une culture partagée de l'évaluation.

<u>Quelques constats principaux</u> : les modérations sociales expérimentées ont semblé avoir été propices à des *controverses professionnelles* (Mottier Lopez et Pasquini, 2017). Lessard définit la controverse comme « toute discussion argumentée et suivie, tout débat structuré et continu sur une question d'intérêt pour un groupe donné » (p. 128). L'auteur postule que les controverses ont pour effet de déstabiliser les enseignant·es et de fonctionner comme levier d'une plus grande réflexivité individuelle et collective. Notre objectivation des modérations sociales a conduit à formaliser les dispositifs et outils de confrontation et de développement professionnel collectif que nous avons élaborés et ajustés au fil des expériences, ainsi qu'à analyser les dynamiques de collaboration et de délibération à visées épistémique et pragmatique.

<u>Références principales</u> : Morales Villabona et Mottier Lopez, (2016) ; Mottier Lopez et Pasquini (2017) ; Mottier Lopez et al., (2012) ; Tessaro et al., (2016).

Processus de normalisation réflexive et délibérative dans des pratiques de modération sociale

La figure 6 illustre la mise en tension dans un espace organisé de confrontation délibérative à propos des normes prescrites par l'institution scolaire et à propos des choix faits par les enseignant·es pour leurs propres évaluations certificatives internes. Deux plans ont été distingués : la conception des épreuves, la correction des « réponses » des élèves à ces épreuves, y compris les ajustements parfois réalisés (constats issus de la première étude).

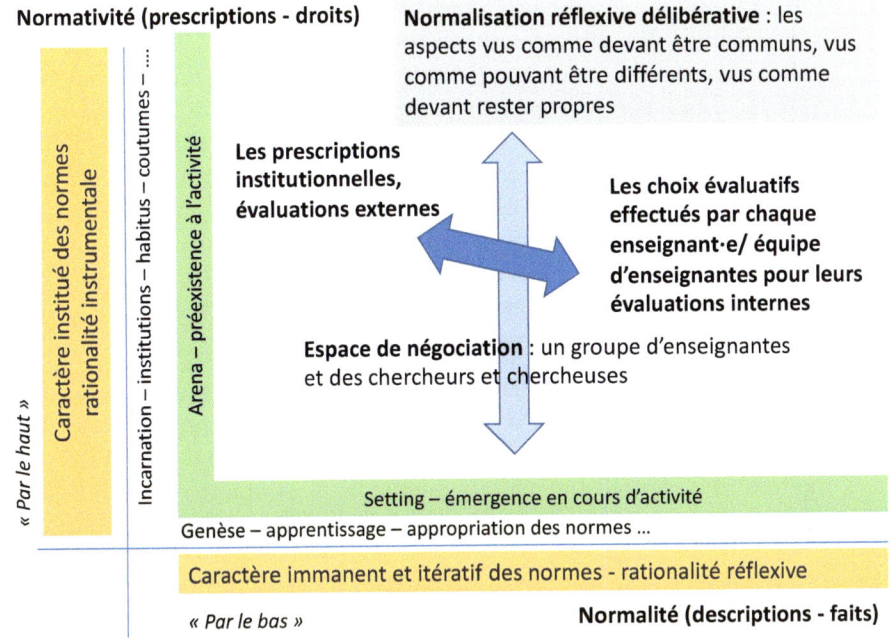

Figure 6 : Normalisation réflexive et délibérative dans des pratiques de modération sociale (source : autrice)

Notre analyse des discussions à composante délibérative ont notamment permis de dégager différents *consensus* produits par les enseignant·es en faveur d'une évaluation vue comme plus « juste », c'est-à-dire visant à créer à leurs yeux un certain cadre de « comparabilité » entre leurs évaluations internes (et leurs variations) eu égard aux référents et aux prescriptions externes. A partir des propositions de Morrissette (2011), transformées au fil des expériences de modération sociale (Tessaro et al., 2016), trois types de consensus sont apparus : (1) les aspects normatifs des pratiques évaluatives considérés comme devant nécessairement être communs et partagés entre les enseignant·es (d'un même cycle) quels que soient la classe et l'établissement scolaire ; (2) les aspects admis comme susceptibles d'être différents (ou non) sans que cela ne pose des problèmes de validité et de justice dans l'évaluation ; (3) les aspects qui devraient obligatoirement rester différents afin de prendre nécessairement en considération des dimensions contextuelles propres à chaque classe ou établissement scolaire. Ainsi, la comparabilité normative recherchée ici combine différents principes d'égalité qui, souvent dans la littérature, sont vus comme distincts voire opposés (e.g., Crahay, 2012) : une égalité de traitement sur certains aspects normatifs des évaluations et un droit à la différence pour d'autres. Les synergies (au sens de Younès, Sylvestre et Gremion, dans cet ouvrage), apparaissent à nouveau entre différents contextes comme dans l'exemple précédent, mais tout en mettant en évidence ici les tensions entre systèmes de valeurs associés à des principes de justice en éducation et en évaluation.

Pour ce qui est des processus de normalisation, cette étude donne à voir des échanges intersubjectifs qui sont susceptibles non seulement de participer à la réflexivité critique sur ceux-ci (par le moyen des modérations sociales), mais également à soutenir des discussions délibératives dans le but de construire des consensus à visée de renormalisation (potentielles). Ces discussions portent, entre autres, sur des normes exogènes (prescrites par l'institution) et endogènes (appartenant aux enseignant·es ou équipes d'enseignant·es d'un même établissement scolaire). Elles mettent en tension les systèmes de règles susceptibles de concerner l'ensemble d'un corps enseignant donné avec celles qui apparaissent légitimes dans un contexte particulier mais pouvant ne pas être communes et partagées par toutes et tous. Par exemple, une normalisation dans un contexte restreint (une classe, par exemple) peut être considérée sur un plan institutionnel plus large comme relevant d'une normalité légitime mais qui ne demande pas nécessairement une normativité incarnée (avec ses artefacts) adressée à toutes les pratiques. Dans l'exemple qui nous intéresse, une particularité est d'avoir impliqué les enseignant·es dans cette prise de conscience réflexive et, jusqu'à un certain point, des choix qui en découlent à des fins de professionnalisation.

IV. Perspectives conclusives

Dans nos exemples, les processus de normalisation sont non seulement pluriels mais ils portent également sur des objets différents. Ils concernent l'activité évaluative même de l'enseignant·e, les référents qui servent à évaluer les démarches et productions des élèves (à ne pas confondre avec l'évaluation normative rappelée au début de ce texte) et, indirectement, les activités des élèves à des fins de régulation formative et/ou de contrôle. Dans les espaces collectifs, ces processus de normalisation, même si nous ne les avons pas examinés en tant que tels, concernent également la façon dont les participant·es coordonnent leurs activités conjointes (par exemple, dans une classe, dans des modérations sociales, dans les espaces d'une recherche collaborative). Nos exemples ont montré (en partie) différents contextes de normalisation, en interaction les uns les autres mais pouvant garder aussi leurs propres logiques et rationalités.

Nos choix conceptuels nous ont amené à penser en termes de relation dialectique trois ensembles de dimensions vues comme constitutives des processus de normalisation qui opèrent dans l'activité individuelle et collective : (1) la normativité – la normalité ; (2) le caractère institué/arena – le caractère immanent/setting ; (3) l'incarnation – la genèse. Nous avons considéré ces dimensions comme susceptibles de faire système dès qu'on examine l'activité située, comme c'est le cas dans les trois études présentées. Ces dimensions donnent à voir des tensions dynamiques et organisatrices de l'activité humaine. Elles aident à saisir quelques phénomènes propres à l'activité évaluative notamment, propre à un·e enseignant·e (qui corrige les travaux de ses élèves), dans la classe au contact des élèves quand elle ou il co-construit avec eux les attentes évaluatives à des fins de régulation formative, ou encore dans des espaces de confrontation et de négociation intersubjective de sens (dans un réseau professionnel, dans des modérations sociales, dans une recherche collaborative). Ce faisant, nous avons été en mesure de dégager des dynamiques de normalisation en lien avec des enjeux essentiellement de référentialisation située au cœur de l'évaluation (au sens de Mottier Lopez et Dechamboux, 2017) :

- Ce processus apparait sous-tendu par des enjeux de stabilisation et de transformation (renormalisation). Un référent de l'évaluation qui est émergent par exemple peut devenir préexistant et à nouveau être soumis à une renormalisation dans un processus continu.
- Ce processus est susceptible de faire l'objet de réflexivités individuelle, collective (y compris avec les élèves), parfois même délibérative débouchant potentiellement sur des dialogues et des controverses entre professionnel·les (ou « disputes professionnelles » au sens de Clot, 2014).

Penser, comme l'a proposé le colloque de l'ADMEE-Europe 2019, les synergies entre évaluation et normalisation nous semble ainsi une voie prometteuse pour poursuivre sans relâche la réflexion sur la validité des évaluations des apprentissages avec l'ensemble des acteurs et actrices concerné·es, visant à dépasser pour notre part les oppositions classiques en faveur d'une approche plus intégrative et systémique.

V. Bibliographie

Allal, L. (1979/1991). Stratégies d'évaluation formative : conceptions psycho-pédagogiques et modalités d'application. Dans L. Allal, J. Cardinet et P. Perrenoud (dir.), *L'évaluation formative dans un enseignement différencié* (p. 153-183). Peter Lang.

Bonniol, J.-J., et Vial, M. (1997). *Les modèles de l'évaluation*. De Boeck.

Clot, Y. (2014). Réhabiliter la dispute professionnelle. *Le journal de l'école de Paris du management*, 105(1), 9-16. https://www.cairn.info/revue-le-journal-de-l-ecole-de-paris-du-management-2014-1-page-9.htm

Cobb, P. (2001b). Situated cognition: Origins. Dans N. J. Smelser et P. B. Baltes (dir.), *International encyclopedia of the social and behavioral sciences* (vol. 21, p. 14126-14129). Elsevier Science.

Cobb, P., et Bowers, J. (1999). Cognitive and situated learning perspectives in theory and practice. *Educational Researcher*, (3), 4-15.

Cobb, P., Gravemeijer, K., Yackel, E., McClain, K., et Whitenack, J. (1997). Mathematizing and symbolizing: The emergence of chains of signification in one first-grade classroom. Dans D. Kirshner et J. A. Whitson (dir.), *Situated cognition, social, semiotic, and psychological perspectives* (p. 151-233). Lawrence Erlbaum.

Crahay, M. (2012). *L'école peut-elle être juste et efficace ? De l'égalité des chances à l'égalité des acquis*. De Boeck.

Crahay, M., Mottier Lopez, L. et Marcoux, G. (2019). L'évaluation des élèves : Docteur Jekyll and Mister Hyde de l'enseignement. Dans M. Crahay (dir.), *Peut-on lutter contre l'échec scolaire ?* (p. 358-425). De Boeck.

Crinon, J., et Muller, A. (2018). Savoirs et normes pour enseigner. *Recherche et formation*, *88*(2), 9-16. https://www.cairn.info/revue-recherche-et-formation-2018-2-page-9.htm

de Landsheere, G. (1980). *Examens et évaluation continue. Précis de docimologie*. Labor, Nathan.

Figari, G. (1994). *Evaluer : quel référentiel ?* De Boeck.

Filliettaz, L., et Schubauer-Leoni, M.-L. (2008). Les processus interactionnels dans leurs dimensions interpersonnelles, socio-historiques et sémiotiques. Dans L. Filliettaz et M.-L. Schubauer-Leoni (dir.), *Processus interactionnels et situations éducatives* (p. 7-39). De Boeck.

Greeno, J. G. and the Middle School Mathematics through Applications Project Group. (1998). The situativity of knowing, learning, and research. *American Psychologists*, (53), 5-26.

Lave, J. (1988). *Cognition in practice: Mind, mathematics and culture in everyday life*. Cambridge University Press.

Lave, J., et Wenger, E. (1991). *Situated learning: Legitimate peripheral participation*. Cambridge University Press.

Lessard, C. (2012). Controverses éducatives et réflexivité : quant-à-soi personnel ou professionnalisation. Dans M. Tardif, C. Borges, et A. Malo (dir.), *Le virage réflexif en éducation. Où en sommes-nous 30 ans après Schön ?* (p. 123–142). De Boeck.

Linn, R. L. (1993). Linking results of distinct assessments. *Applied Measurement in Education, 6*(1), 83-102.

Lussi Borer, V., et Muller, A. (2014). Exploiter le potentiel des processus de renormalisation en formation à l'enseignement. *Activités, 11*(2), 129-142. https://journals.openedition.org/activites/967

Morales Villabona, F., et Mottier Lopez, L. (2016). Quelle évaluation collaborative dans la modération sociale entre enseignants ? Dans L. Mottier Lopez et W. Tessaro (dir.), *Le jugement professionnel, au cœur de l'évaluation et de la régulation des apprentissages* (p. 289-312). Peter Lang (collection Exploration).

Morrissette, J. (2011). Vers un cadre d'analyse interactionniste des pratiques professionnelles. *Recherches qualitatives, 30*(1), 38-59.

Mottier Lopez, L. (2008). *Apprentissage situé : la microculture de classe en mathématiques*. Peter Lang (collection Exploration).

Mottier Lopez, L. (2009). L'évaluation en éducation : des tensions aux controverses. Dans L. Mottier Lopez et M. Crahay (dir.), *Évaluations en tension : entre la régulation des apprentissages et le pilotage des systèmes* (p. 7-25). De Boeck.

Mottier Lopez, L. (2016a). La compétence à l'école pensée à partir de la perspective située de l'apprentissage. *Education et Francophonie, 44*(2), 152-171.

Mottier Lopez, L. (2016b). La microculture de classe : un cadre d'analyse et d'interprétation de la régulation située des apprentissages des élèves. Dans B. Noël et S.C. Cartier (dir.), *De la métacognition à l'apprentissage autorégulé* (p. 67-78). De Boeck.

Mottier Lopez, L. (2017). Une modélisation pour appréhender la référentialisation dans l'évaluation des apprentissages des élèves. Dans P. Detroz, M. Crahay et A. Fagnant (dir.), *L'évaluation à la lumière des contextes et des disciplines* (p. 169-192). De Boeck.

Mottier Lopez, L. (2019). Penser l'évaluation des apprentissages comme une activité polysituée. *Education permanente,* (220-221), 195-202.

Mottier Lopez, L., et Crahay, M. (dir.). (2009). *Évaluations en tension : entre la régulation des apprentissages et le pilotage des systèmes*. Pédagogies en développement. De Boeck.

Mottier Lopez, L., et Dechamboux, L. (2017). D'un référentiel d'évaluation fixe à une co-constitution référentielle dynamique, ce que nous apprend le jugement situé de l'enseignant. *Contextes et didactiques*, (9), 12-29.

Mottier Lopez, L., et Dechamboux, L. (2019). Co-construire le référentiel de l'évaluation formative pour soutenir un processus de co-régulation dans la microculture de classe. *Evaluer. Journal international de recherche en éducation et formation*, 5(2), 87-111.

Mottier Lopez, L., et Figari, G. (2012). Modèles et modélisations face à une crise du sens de l'évaluation en éducation. Dans L. Mottier Lopez et G. Figari (dir.), *Modélisations de l'évaluation en éducation* (p. 7-23). De Boeck (Raisons Éducatives).

Mottier Lopez, L., et Morales Villabona, F. (2018). Quand des enseignants de l'école primaire évaluent des résolutions de problèmes additifs : études des incidents critiques en cours de jugement. *Mesure et évaluation en éducation*, 41(1), 125-161.

Mottier Lopez, L., et Pasquini, R. (2017). Professional Controversies between Teachers about their Summative Assessment Practices: A Tool for Building Assessment Capacity. *Assessment in education*, 24(2), 228-249.

Mottier Lopez, L., Tessaro, W., Dechamboux, L., et Morales Villabona, F. (2012). La modération sociale : un dispositif soutenant l'émergence de savoirs négociés sur l'évaluation certificative des apprentissages des élèves. *Questions Vives*, 6 (18), 159-175.

Paillé, P., et Mucchielli, A. (2016). *L'analyse qualitative en sciences humaines et sociales* (6ème éd.). Armand Colin.

Sales Cordeiro, G., Mottier Lopez, L., et Leutenegger, F. (2016). Un dispositif remarquable : le Réseau Maison des Petits. Dans V. Lussi Borer et L. Ria (dir.), *Apprendre à enseigner* (p. 200-201). Presses Universitaires de France.

Tessaro, W., Dechamboux, L., Morales Villabona, F., et Mottier Lopez, L. (2016). La modération sociale pour se former à l'évaluation des apprentissages. *Education permanente, (208)*, 65-76.

Verhoeven, M. (2018). Normes et professionnalité enseignante : entre performance et réflexivité, *Recherche et formation, 88*(2), 105-117. http://journals.openedition.org/rechercheformation/4079

Waldenfels, B. (2005). Normalité et normativité. Entre phénoménologie et structuralisme. *Revue de métaphysique et de morale, 45*(1), 57-67. https://www.cairn.info/revue-de-metaphysique-et-de-morale-2005-1-page-57.htm

Wyatt-Smith, C., Klenowski, V., et Gunn, S. (2010). The centrality of teachers' judgement practice in assessment: A study of standards in moderation. *Assessment in Education: Principles, Policy & Practice,* (17), 59–75.

Chapitre 6. L'agir évaluatif entre ses deux pôles

Yves Schwartz

Le paradoxe de l'évaluation : une pratique autant nécessaire qu'éminemment problématique.

Nécessaire : d'où vient qu'il apparaît nécessaire d'évaluer des agirs humains, dans toutes sortes de circonstances sociales ? Si l'agir était déterminé par les principes ou protocoles qui l'anticipent et l'encadrent — techniques, règles, prescriptions — il n'y aurait rien à évaluer, pas d'écart entre la « promesse » de résultats et ces résultats. Entre l'entrée et la sortie d'une machine, il y a à évaluer le travail réellement fourni, en raison des pertes par frottements divers, par l'entropie produite, qu'on peut assez bien prévoir et calculer. Mais entre l'entrée anticipée et le produit à la sortie, il n'y a pas une énigmatique métabolisation, propre au contraire à l'agir humain : cet agir humain dans un espace, visible ou invisible, entre programme et résultats, évalue : il évalue ce qu'on attend de lui, rapporté à une situation dont il évalue aussi les possibles et les contraintes. Ce faisant, il s'évalue lui-même. Par là, même dans l'infinitésimal, il réusine ces principes anticipatifs de son agir, y compris la légitimité de ceux qui les énoncent. Les « frottements » ne sont pas de même nature que pour la machine, il y aura donc toujours écart. Cet usinage est donc largement inanticipable.

Paradoxe donc : parce qu'il y aura toujours écart, c'est la sagesse même de chercher à l'apprécier. L'évaluation est donc absolument nécessaire dans tous les aspects de la vie sociale, pour conduire une politique, pour ne pas (se) gouverner à l'aveugle. Mais ce qui rend l'évaluation des activités humaines nécessaire (la métabolisation n'est pas un « frottement ») est justement ce qui en limite les ambitions : quelles conclusions peut-elle en tirer si cette métabolisation reste toujours largement inanticipable ?

Néanmoins, si l'on admet que toute gouvernance des activités humaines ne peut que se mouvoir dans l'incertitude et l'inconfort, le problématique ne doit pas contrarier le nécessaire, mais, dans des circonstances à réfléchir, incessamment le réinterroger : alors l'inconfortable évaluation, avec ses risques, peut chercher à promouvoir des « synergies » entre ces deux pôles, celui du nécessaire et celui qui la rend inconfortable. Ceci par la médiation d'un troisième terme, celui d'un « monde commun à construire ».

I. Le « tournis » de l'évaluation

Après ces considérations introductives assez abstraites, remettons le problème en histoire. Bref rappel : comment dans toutes sortes de circonstances sommes-nous conviés, voire convoqués, à ces pratiques évaluatives ? Rappelons que De Ketele (2010), distingue trois différents objectifs ou pratiques d'évaluation : la certification (la plus courante, mais pas la plus professionnelle), l'évaluation pour améliorer une action en cours, régulation ou évaluation formative, et évaluation pour orienter une nouvelle action à entreprendre, évaluation d'orientation.

Dans quels champs est convoqué l'agir évaluatif ? Massivement bien sûr dans le champ de l'éducation, la formation, la recherche, comme en atteste l'ADMEE. Beaucoup de débats s'interrogent sur quels sont, de ces trois objectifs évoqués, ceux qui sont visés.

Certes, la question n'y est pas nouvelle : voir la longue histoire des tests (à standardiser ou contextualiser ?). Qu'évaluent les tests PISA ? Mes collègues ici en savent beaucoup plus que moi sur ces questions. Mais en France, l'actualité y insiste : notre ministre veut développer une « culture de l'évaluation », il ouvre un Conseil de l'évaluation de l'école (CEE) qui doit se substituer, si j'ai bien compris, au Conseil national d'évaluation du système scolaire (CNESCO), ce qui entraine contestations et débats sur les principes et objectifs de ladite évaluation. On « croule sous les évaluations ». Et il s'agit d'évaluer quoi ? Les élèves ? Dans ce cas, s'agit-il de certifier des résultats acquis, à partir d'objectifs standards, ou d'évaluer les méthodes pour les acquérir, avec appel, très débattu dans les milieux des sciences de l'éducation, aux sciences cognitives ? Ou évaluer les enseignants, à partir de ces résultats ? Ou évaluer de là les établissements, le cas échéant mis en concurrence ?

L'Enseignement Supérieur n'est pas du tout en reste. Mentionnons le classement de Shanghaï : qu'évalue-t-il ? Et le Haut Conseil de l'évaluation de la recherche et de l'enseignement supérieur (HCÉRES) : la question des objectifs, des méthodes, des personnalités du HCÉRES se pose avec d'autant plus de virulence que, dans ce cas, les pairs évaluent les pairs : avec quels critères ? Qui est légitime pour décider des contenus et méthodes de recherche pertinents ? Les scientifiques sont-ils seuls juges des programmes de recherche à financer avec l'argent public ? La question se pose avec tout autant de tensions pour les évaluations des publications de recherche. Et aussi pour l'évaluation des carrières, des dossiers de candidature. Au Canada, dans l'Université Ryerson, il vient d'être confirmé que les évaluations de l'enseignement par les étudiants ne sont pas un baromètre qui permet de mesurer l'efficacité de l'enseignement d'un professeur (« La fin des questionnaires d'évaluation par les étudiants ? », 2018).

À l'articulation de la vie professionnelle et de la formation, la pratique de validation des acquis professionnels (VAP) puis de validation des acquis d'expérience (VAE), bien connue ici, à mon avis conduit à poser des problèmes de fond parce qu'elle rencontre directement l'énigme de l'*activité* humaine, cette « métabolisation », qui est au cœur de notre problème. Voir les stimulants travaux et textes de Rywalski[54], de l'IFFP de Lausanne. Mêmes remarques pour toutes les formes d'évaluation et de bilan des compétences.

Mais le scolaire et la formation ne sont pas seuls en cause, loin de là. Dans le champ de l'économie, de la gestion : qu'est-ce qui est évalué pour bâtir des stratégies (d'embauche, de licenciement, de délocalisation, de réorganisation…) ? Quelles philosophies sont à l'œuvre dans les indicateurs, les ratios qui servent à décider ? Qu'évaluent les sociétés

---

[54] Rywalski (2004; 2012), Cortessis, Salini et Rywalski (2013).

d'audit, les agences de notation des politiques économiques : qu'est-ce qui est pris en compte et au nom de quoi ?

La politique n'est pas en reste, *L'évaluation, la nouvelle mode des députés LRM* (2018). Comment savoir si l'argent public n'est pas gaspillé ? Comment savoir si les lois sont bien mises en œuvre et ont les effets escomptés ? Deux cas d'espèce français illustrent ce si problématique et pourtant nécessaire examen d'une mesure politique, le Crédit d'impôt pour la compétitivité et l'emploi et l'effet de l'ISF : comment identifier des effets mesurables ? Et pendant ce temps-là, se crée un axe « Évaluation de la démocratie » au Laboratoire interdisciplinaire d'évaluation des politiques publiques (LIEPP). Mais comment se définit la démocratie, que l'on se propose d'évaluer ?

Bref, on a un peu le tournis devant cette multiplication des circonstances d'évaluation : pas tant pour le projet lui-même, toujours légitime, que par la fragilité des objectifs, des méthodes, des critères, et en définitive, des protagonistes, souvent autolégitimés, de l'évaluation.

II. La double polarité, une thèse anthropologique

Revenons au paradoxe initial du nécessaire et de ce qui le rend inconfortable. Il renvoie au titre même de notre colloque : entre normalisation et contrôle d'un côté (le nécessaire) et développement formatif de l'autre (qui déplace et fragilise le point de vue du précédent). On l'a dit : ce premier pôle est nécessaire, mais le second, celui de la métabolisation, en limite radicalement les ambitions. Notre seule ambition à nous, ici, serait de situer ce paradoxe au sein d'une certaine anthropologie philosophique que nous nommons depuis vingt ans déjà *ergologie*, en tant qu'approche de l'activité humaine. À lire le thème du colloque de l'ADMEE, j'ai été frappé de constater qu'il exprime dans le champ de l'éducation cette implication anthropologique, que je retrouve d'ailleurs dans les trois approches de l'évaluation évoquées dans sa conférence inaugurale par Gérard Figari. Cette anthropologie fait paraître qu'on ne peut échapper à cette polarisation, à ce « tournis » ; mais elle montre en même temps que la vie elle-même doit négocier en permanence, plus ou moins bien, des synergies entre les deux pôles ; et qu'elle sera toujours en recherche du tiers qui pourrait instruire ces synergies...

III. L'évaluation est donc prise ou doit voguer entre deux pôles

On appellera le premier celui de la désadhérence. Propre à l'espèce humaine, il renvoie à la capacité à produire et manipuler des représentations *in absentia*, des schèmes de pensée qui, à des degrés divers, neutralisent le fait que vivre nous immerge dans un *hic* et *nunc* qui n'est jamais la fidèle reproduction du général. À ce premier pôle, on désadhère du réel hérissé de singularités. Cette prodigieuse et féconde capacité à se déconnecter va bifurquer en *deux faisceaux*.

Premier faisceau : comme le dit si bien l'anthropologue Maurice Godelier (1984), « contrairement aux autres animaux sociaux, les hommes ne se contentent pas de vivre en société ; ils produisent de la société pour vivre » (p. 9). Ils doivent produire de la société dès lors que le contenu du vivre (comment se nourrir, se vêtir, se reproduire... ?) ne dépend plus directement d'un patrimoine génétique, mais est, à la limite, inventé, socialisé, et en tant que tel, *valorisé*, population par population. Sans normes, qui, selon divers degrés de contraintes, prévoient comment organiser la vie collective et notamment quoi et comment chasser, cueillir, quelles méthodes pour fabriquer les outils de la survie, aucune vie humaine n'est plus possible. L'exigence de ce que nous appelons des « normes antécédentes », situées au pôle de la désadhérence, ne s'adressant à aucun individu particulier et anticipant les divers registres de son agir, n'a cessé de se déployer dans l'histoire humaine, avec la multiplicité, l'hétérogénéité, les divers niveaux de contraintes de ces normes.

Le *second faisceau* renvoie à l'émergence du langage articulé, qui peut évoquer *in absentia* des objets, des situations ; dans un souci continu de généralité et de désadhérence, le langage produit des *concepts,* jusqu'à son pôle extrême le concept scientifique. Point asymptotique de la neutralisation du *hic* et *nunc,* le concept scientifique ambitionne d'être instrument d'énonciation de lois et modèles, indépendamment du moment et du lieu de leur énonciation. Ce qu'expriment bien les physico-chimistes quand, sous réserve de *conditions standards* de température et de pression ambiantes, c'est-à-dire d'un milieu « sorti du temps et de l'espace », ou du moins d'un temps et d'un espace particularisés, les énoncés ont l'ambition d'être universellement valables[55].

On comprend bien comment ces deux niveaux différents de déconnexion vont progressivement s'étayer l'un sur l'autre, pour lester de tout son poids le pôle de la désadhérence : les normes de la vie collective vont user du langage, des concepts, pour organiser, régler, prescrire des lois, des manières de faire et d'agir, dans des registres de plus en plus larges, pour stabiliser de façon plus ou moins contraignante la vie en commun. En même temps, via cette ascèse de la désadhérence, les concepts vont rendre possibles l'astronomie, les mathématiques, la philosophie, le droit… Et dès lors que la science moderne va s'efforcer de « rationaliser » l'immémorial faire technique, dès lors que nos ambitions de vie n'auront désormais de sens que dans un monde traversé de part en part par la conceptualité technique, l'apprentissage à divers niveaux de ces concepts va devenir une condition de possibilité de la vie en société.

Ceci pour dire que le pôle de la désadhérence, qui inclut donc les exercices du contrôle, de la certification, de la normalisation, comme évaluations du degré d'appropriation de ces normes antécédentes, de ces concepts omniprésents dans tout projet de vie sociale, ce pôle est constitutif de notre humanité. Cette évaluation va donc renvoyer aux degrés d'apprentissage de ces normes, considérées comme dépositaires implicitement ou explicitement, à tort ou à raison, de *l'axiologie du vivre ensemble*. Ces pratiques du contrôle apparaissent dans toute leur nécessité pour qui veut socialiser un·e petit·e d'homme et de femme.

Mais ce pôle ne renvoie qu'à une partie de notre être anthropologique. Après des années de fréquentation des milieux de travail et d'échanges, dans le cadre de formations universitaires dédiées à la connaissance du travail, avec des interlocuteurs professionnels venant de tous horizons,

---

[55] Voir Schwartz et Durrive (2009, p. 61 et suivantes).

nous avons dû nous rendre à l'évidence : vivre, c'est être sinon en constante polémique, au moins en débats avec ce pôle de la désadhérence.

Au pôle opposé, celui de l'adhérence, nous avons cru pouvoir avancer que toute activité (de travail), est toujours ici et maintenant *usage de soi*, à entendre énigmatiquement comme usage de soi par les autres et usage de soi par soi. C'est ce que nous ont enseigné notamment les études ergonomiques faites sur des situations de travail (celles prétendument réglées par une organisation « scientifique » du travail) où pourtant ces normes antécédentes ne paraissaient plus laisser le moindre espace à un retravail, à un réajustement créatif de ces normes, retravail que nous avons appelé « renormalisations ». Par un raisonnement a fortiori, nous avons étendu cette affirmation à toute forme d'activité humaine. Et nous avons avancé ce postulat — que nous ne pouvons davantage justifier ici — qu'il est pour un soi humain, *impossible et invivable* d'être un strict exécutant des normes antécédentes. Comme le synthétisait si bien Canguilhem (2012) dans la présentation en 1988 de notre thèse, « Faire à quelque distance de ce qu'il est prescrit de faire, c'est, à la lettre, faire usage de soi, se prendre comme sujet microparticipant inévacuable des opérations productives » (p. 21). Avec l'usage de soi, on passe des frottements mécaniques à la métabolisation humaine. Et c'est là où va fortement se corser la question de l'évaluation.

En effet, toute renormalisation d'une séquence opératoire prescrite dans une chaine de montage ou d'un mode de notation de devoir scolaire, suite à cette métabolisation qu'est l'usage de soi, ces renormalisations *font histoire*. Cela veut dire que, même dans l'infinitésimal, le contenu du modéliser, de l'anticiper en désadhérence, en extériorité aux séquences d'activité humaine, seront toujours partiellement pris en défaut, toujours à repenser parce que du neuf aura été créé : bon ou mauvais, c'est une autre histoire. Au pôle de l'adhérence, l'usage de soi affaiblit inévitablement la puissance prescriptive et anticipative de celui de la désadhérence, qui est aussi celui du contrôle, de la normalisation.

Surtout, s'il y a débat de normes — il est humainement impossible et invivable qu'il n'en soit pas ainsi — pour agir, pour vivre, il faut trancher (c'est la renormalisation). Il faut donc *préférer* : prêter main-forte à son voisin ou ne pas quitter du regard l'écran de son ordinateur, mieux renseigner un client ou tenir les temps alloués à chaque échange ? Cela veut dire que chaque microgeste, chaque réajustement des normes antécédentes est un choix, donc une prise de valeurs en nous, c'est ce qui le rend possible. Qu'en est-il de ces valeurs ? Quel est le degré de présence dans notre conscience ? Comment ce monde de valeurs se retravaille-t-il au feu de l'expérience ? Énormes problèmes que nous ne saurions développer ici. Mais le fait nous paraît incontestable : les séquences d'activité humaine sont une succession, mais aussi un enchevêtrement au sein d'un soi qui sera mieux appelé un *corps-soi*, de jugements, d'évaluations, de débats de normes d'où sont issues, le plus souvent dans l'instantané et l'inapparent, les renormalisations. L'évaluation au pôle de la désadhérence et du contrôle ne doit donc pas oublier cet enseignement spécifique de l'ergologie : tout agir humain sera toujours un débat, voire un conflit d'évaluation, entre normes et savoirs valorisés au pôle de la désadhérence et savoirs et valeurs nouées aux corps-soi agissants.

Les évaluations renvoient donc à deux mondes de valeurs, deux sources de valorisation différentes. Celles qui fondent en amont les normes antécédentes, relativement stabilisées au pôle de la désadhérence comme les procédures de travail, normes de politesse, niveau exigé en calcul à la fin du primaire… indépendantes de tout point de vue singulier. Celles au contraire qui renvoient à l'histoire des corps-soi singuliers, en débat avec les précédentes. À leur manière, celles-ci visent aussi un monde commun à vivre, tout obscur et flou que soit le halo axiologique qui les baigne. Vrai du plus minuscule exemple : derrière *prêter attention aux difficultés du voisin* ou *se concentrer sur son écran*, il y a de vrais linéaments de choix de vie sociale. Ajoutons qu'il n'y a pas forcément d'écart, et heureusement, entre ces deux sources de valeurs : je peux sans même y penser traverser dans les passages piétonniers parce que j'adhère aux valeurs fondant les normes civiles de sécurité.

Peut-être nous ferons-nous mieux comprendre si nous évoquons une distinction que nous avons été amenés à faire quand il s'agit d'évaluer les risques d'atteinte à la santé dans une entreprise : distinction entre risques professionnels et risques du travail. Au pôle de la désadhérence, les *premiers* découlent des conditions d'environnement objectivables (produits dangereux, poussières nuisibles…), qui exposent à des risques anticipables. *Les risques du travail*, eux, renvoient à la dimension énigmatique de l'activité humaine, l'usage de soi, qui reconfigure en partie les conditions préalablement objectivées de l'engagement industrieux : renormalisations sous l'emprise d'un horizon flou de valeurs se combinant dans l'adhérence. Quand les techniciens radio d'un hôpital brésilien choisissent de laisser ouverte la porte plombée qui les protège des radiations ionisantes pour mieux coopérer entre eux et conserver un contact apaisant avec une file de patients angoissés et irrités, ils renormalisent les règles de sécurité, ils courent un risque qu'on appelle ici un « risque du travail ». Mais c'est un choix collectif, renvoyant à cette seconde source de valorisation, sédimentée dans les corps-soi des protagonistes, commandant leurs renormalisations, dans ce halo de valeurs, d'une autre conception de la santé, liée à un désir de mieux vivre ensemble leur vie professionnelle (Schwartz, 2015).

On voit immédiatement comment un va-et-vient synergique doit — ou devrait — nouer ces deux formes de risques pour une meilleure évaluation des risques pour la santé : faire remonter ces renormalisations pour les trier et permettre aux producteurs de normes de les retravailler au pôle de la désadhérence.

IV. Bref retour au champ éducatif

Revenons brièvement au champ de l'éducation, que vous analysez beaucoup mieux que moi, pour y vérifier la pertinence possible de cette posture anthropologique.

Au pôle de la désadhérence, la posture normative y a toute légitimité : il n'est donné à personne de réinventer l'espèce humaine comme un vivre collectif ; aucune population humaine ne peut vivre sans produire des normes organisant a minima la vie sociale. L'agir formatif

> *repose sur la recherche d'une alliance entre humains... Sans alliance entre humains, il n'y a pas d'humanité et cette reliance se construit, s'organise... Donc l'Éducateur est quelqu'un qui se met*

> *au service non pas de l'éduqué comme individu, mais de l'éduqué comme partie de l'humanité (Vial, 2010, p. 15-16)*[56].

Dans un milieu humain saturé de concepts encapsulés dans les institutions, les techniques, les rythmes sociaux, cette « alliance » exige que soient appris selon des formes infiniment variables les divers savoirs stockés en désadhérence. Évaluation, contrôle, certification vont de pair avec l'exercice futur de responsabilités sociales.

Mais, comme le disait aussi si bien le regretté Michel Vial (2010), en rester au pôle que nous appelons celui de la désadhérence, c'est dénier la nécessaire synergie :

> *Quand l'éducateur se veut externe, neutre, alors c'est qu'il prend la posture du pilote, du guide, du Conseil (...) L'éducateur prend l'autre en main, il le guide, il l'instruit. Il risque alors de mettre en place une relation orthopédique pour que l'autre se développe de façon canonique et de l'appareiller pour qu'il aille droit (p.15).*

Pour dire les choses brièvement : l'apprentissage est une activité humaine, et comme toutes les activités, il déroule une série de débats de normes qu'aucune relation « orthopédique » ne pourra araser. Et ces débats nous traversent corps et âme, un corps-soi façonné par le patrimoine de nos dramatiques d'usage de soi antérieures. Ici même à l'IFFP Lausanne (juin 2016), nous avons eu l'honneur de présenter une intervention sur « L'énigme du corps au travail » (Schwartz, 2018)[57] : c'est cette entité énigmatique qui est décisionnaire dans toutes les renormalisations, les microchoix de l'activité industrieuse. C'est en fonction de multiples paramètres perceptifs, sensitifs, réactivant des fragments mémoriels stockés dans notre système neuronal et hiérarchisés par nos rapports axiologiques au monde que sont sélectionnés nos gestes professionnels. Prendre la bonne décision au bon moment, cet « art du kairos », c'est notre

---

56 Je m'appuie sur ce beau livre Le travail des limites dans la Relation Educative : Aide ? Guidage ? Accompagnement ?
57 Voir la vidéo http://corsionline.iuffp-svizzera1.ch/fr/video/79 ou lire la version écrite dans le numéro 19 de la revue Ergologia.

corps-soi qui est le creuset, l'opérateur de cette *évaluation immanente*. Or, cet art n'est-il pas en jeu pour réussir cette délicate métabolisation entre de nouveaux savoirs à enseigner et le patrimoine de savoirs sédimentés dans le corps-soi de l'élève ? N'y a-t-il pas un vrai art du kairos que cultivent — sans le théoriser — la plupart des enseignants pour saisir à la fois vis-à-vis d'une classe et vis-à-vis d'un élève particulier le bon moment pour que s'opère cette métabolisation ? Cette thèse est fréquemment développée par notre collègue Caparros-Mencacci (2010), voir notamment dans Vial (2010, p. 31-57).

Ceci permet d'avancer dans le délicat problème des synergies, bien au-delà du seul champ éducatif : ce sont deux nœuds de savoirs et de valeurs différents qui nous traversent en tant qu'êtres d'activité. Que ce soit dans le cas des techniciens de l'hôpital brésilien, ou au cœur de l'art du kairos, les séquences de réévaluations immanentes à toutes les activités humaines sont, pour renormaliser, outillées par des savoirs, plus ou moins en pénombre, générés dans les adhérences de l'agir. Instant après instant, la vie en nous doit réévaluer à quelles conditions elle peut vivre, et ces réévaluations s'appuient sur des savoirs, ignorés par principe au pôle de la désadhérence. Il y a donc en toute circonstance, opposition inévitable entre une « valeur des savoirs », patrimoine provisoirement stocké en désadhérence, déconnecté de toute évaluation d'agir subjectifs ; et des « savoirs-valeurs », qui se construisent en cercles concentriques autour de l'agir en adhérence. Cette dichotomie de liens entre savoirs et valeurs pose des problèmes critiques, épistémologiques, éthiques, politiques, sociaux : comment construire ce troisième pôle, ce pôle tiers où valeur des savoirs et savoirs-valeurs puissent s'instruire mutuellement dans une synergie qui ne soit pas grippée, sous-dimensionnée dans l'urgence et le conflit, mais maitrisée (Vial, 2010, p. 22-23) ? Comme le dit remarquablement Durrive (2006) :

> *À l'école, c'est comme si le concept se détachait de la vie, or ils ne cessent de dialoguer, c'est l'activité même. Si les élèves parviennent à accéder à des savoirs, à se les approprier c'est qu'ils les réinscrivent dans leur singularité ; bien sûr grâce aux pédagogues, mais malgré le fait que l'Instruction publique ne convoque pas officiellement les vies singulières, chargées de débats de valeur (p. III).*

Dans la première partie de sa thèse, Durrive essaie de percer l'énigme de l'apprentissage de la lecture chez des harkis autodidactes : quelle « clé » (2006, p. 21) ? Qu'est-ce qui dans leur vie a pu donner du sens, du relief à la chose écrite, à la *valoriser*, à vivre dans l'adhérence un rapport personnel à la norme stockée au pôle de la désadhérence (p. 27-29) ?

Visant l'apprentissage scolaire à ce pôle de l'adhérence, ce que l'appel à communication appelle le « développement formatif », de très belles études ont été faites qu'on se contentera d'évoquer : la « vision émancipatrice de la formation » (Pineau et Le Grand, 2019), la dimension « clinique » de l'évaluation conduisant Ardoino et Berger (1986) à distinguer l'évaluation contrôle, vérifiant la conformité à des objectifs fixés en désadhérence, et l'évaluation qui se réfère à des critères construits processuellement en cours d'action. D'où à ce pôle, l'évaluation comme *interprétation* de la valeur de ce qui est fait, et en fin de compte, face à une démarche certifiante d'expertise VAE, la préférence à « une *herméneutique* (souligné par nous) des situations où peut émerger la singularité d'une personne à la fois compétente et incarnée » (Rywalski, sous presse).

V. Les synergies en pénombre

Vial, encore, parle d'un « continuum » dans la relation éducative, entre « une attitude surplombante de guidage vers l'acquisition du savoir », « priorité donnée à l'instruction » et « une attitude dite clinique », où se rencontrent, dans la maturation, « des subjectivités et leurs histoires » (2010, p. 285). Parce qu'*humaine*, l'activité se meut dans un monde rendu social par des normes antécédentes qui doivent tendanciellement faire référence. La seule attention à la clinique des réévaluations propres à chaque élève ne saurait construire du social. Mais parce que nous *sommes des êtres d'activité*, notre agir réévalue sans cesse la valeur de ces normes antécédentes au regard de notre effort de vivre en santé, « notre » renvoyant selon les cas à des individus ou à des entités collectives variablement cristallisées dans l'histoire.

Continuum ? Certes, mais cette dialectique « synergique » entre les deux pôles, nous l'avons dit, est certes une nécessité, mais la plupart du temps non maitrisée, grippée, sous-dimensionnée, en pénombre.

On ne peut ici que mentionner de telles synergies en pénombre. Par exemple, dans le champ de la sociologie du travail, Vatin (2009), dans *Évaluer et valoriser*, récuse l'idée que l'économie soit propriétaire de la valeur. Il existe une normativité chez tous les intervenants, donc des critères implicites liés à des valeurs plus ou moins cachées. « Le pouvoir normatif dans l'activité n'est pas l'apanage exclusif des organisateurs et des gestionnaires »[58] (p. 25) ; il traverse tous les professionnels, y compris les exécutants, la « normativité indigène » contribue aux conditions économiques (p. 30). On peut également penser au souci de quantifier les qualités dans le champ économique : faut-il y voir, demandent Bidet et Jany Catrice, présentant un numéro de la *Revue de Socio-Economie* (2017) « le signe d'une attente de plus en plus forte et prégnante du contrôle » (p. 19-26), ou au contraire, rendre plus visibles les évaluations diverses qui traversent, obscurcies par le chiffre, tout le champ économique, sortir les synergies de leur pénombre ?

En ce qui concerne plus particulièrement le champ éducatif : la synergie a la chance de s'opérer correctement entre les deux pôles si peuvent interagir les deux formes de rapports au savoir en jeu. Rien de moins évident : au pôle de la désadhérence, les énoncés type niveau de connaissance requis, référentiels d'activité, sont parfaitement explicites ; au contraire les savoirs-valeurs qui nourrissent les renormalisations, qui sont autant de réévaluations processuelles, sont noués dans les denses pénombres des agirs enracinés dans des histoires singulières. Il y a beaucoup à prendre, bien sûr, du côté de la relation chez Vygotski (1997) entre développement des concepts quotidiens et des concepts scientifiques : « délimitation (…) empiriquement justifiée » (p. 281). Mais c'est sur la base des premiers que peut apparaître le « vrai » concept (p. 270), moyennant quoi il n'y a pas d'antagonisme. Mais pour nous, tout le problème social est de sortir cette « interaction » (p. 290) de la pénombre.

Dans la *Présentation* de notre thèse[59] (Schwartz, 2012), Canguilhem, à propos de la relation spécifique au travail entre les savoirs et les expériences, disait : « Il s'agit de saisir les concepts latents et torpides qui

---

[58] Nous avons toujours dit que la gestion n'était pas le seul fait des gestionnaires officiels, on ne travaille pas « dans un désert de gestion » ; dès 1988, nous avions intitulé une contribution « Travailler, Gérer » ; elle est reprise dans Schwartz (1992, p. 39-42).
[59] Texte de 1988, réimpression de la première édition et augmentée en 2012.

font des actes du travailleur une expérience capable de se dire elle-même, à sa manière, propre, mais susceptible d'élucidation critique » (p. 20). Projet d'élucidation essentiel pour une synergie des savoirs à l'Université, de nature à transformer tous nos regards sur l'évaluation : on nous permettra de dire que sa mise en œuvre n'a jamais été pour nous une mince affaire !

Pour en terminer sur ce point ; dans la lignée de Vygotski que l'on vient d'évoquer, Prot (2007) apporte une opportune contribution à la visée synergique, à propos de l'usage des référentiels dans le cadre de la VAP. Nous pensons à cette discordance de ressources « créatrice » entre les connaissances développées au travail *pôle de l'adhérence, concepts quotidiens* et les connaissances des référentiels *pôle de la désadhérence, concepts abstraits* : discordance qui a vocation, dans la conscience du candidat, à provoquer une « migration » vers de « nouveaux contenus d'activité », moment décisif d'une « relance du développement de la pensée verbale comme de l'action pratique ». On est au cœur d'une synergie « possible ». Mais si cette activité relance « l'activité d'évaluation, par le sujet lui-même » (Prot, 2007, p. 115), ce doit être aussi pour le jury une relance de sa posture d'évaluateur. La synergie suppose les deux sens.

VI. Quelques points d'achoppement qui rendent les synergies si problématiques

Pourquoi cette synergie est-elle si problématique ? Trois points, pour mémoire.

La temporalité des évaluations. La temporalité des apprentissages et des appropriations de savoirs n'est pas celle des moments de contrôle (voir le n° 217 de la Revue Éducation permanente consacré aux "Rythmes et temporalités en formation"). Les intérêts de la vie donnent de la valeur aux savoirs selon des circonstances qui ne sont pas celles de la désadhérence. Voir le cas des autodidactes de la lecture évoqué plus haut chez Durrive.

Peut-on n'évaluer que des individus ? Nos renormalisations, nos savoirs-valeurs, sont toujours variablement socialisés. Sur cette dimension et dans un premier temps l'évaluation contrôle est aveugle. Problème par exemple des « entretiens d'évaluation ».

Il n'est aucune évaluation qui ne se réfère, en pénombre ou en clair, à des « valeurs », à des mondes possibles valorisés. Et là, difficulté majeure : qui a légitimité pour définir et prioriser ces mondes ? Quel est l'empan spatial et temporel de ce monde commun que visent nos valorisations ? Quelle déclinaison, quelle définition de la « valeur démocratie » aujourd'hui ? En tant qu'en proie à des valorisations, pour agir et vivre, nous sommes tous égaux. Toutes les valorisations ne se valent certainement pas, mais aucune ne peut s'autolégitimer. Il n'y a pas de science des valeurs. Dans une entreprise, un lanceur d'alerte doit-il être évalué positivement ou négativement pour juger de ses compétences et par qui ? Les mathématiques sont-elles un bon marqueur de l'intelligence des élèves, qui peut en juger[60] ? Comme l'explique très bien Dromard (2018), suite à une mission d'évaluation justificative du travail social à la Caisse d'allocations familiales (CAF) des Bouches-du-Rhône :

> *Que faut-il évaluer alors ? L'efficacité de l'action sociale du point de vue de ceux qui l'organisent et la gèrent, du point de vue de ceux qui en bénéficient ou du point de vue des travailleurs qui œuvrent dans ce champ (p. 77) ?*

On touche là le point nodal de notre statut d'êtres d'activité : vivre suppose, pour chacun, selon la formule de Canguilhem (2012), de recentrer, de « polariser en valeur » autour de ses normes singulières de santé un milieu social, saturé de normes antécédentes, valorisées elles, en désadhérence, ignorant donc ces polarisations. Ces polarisations actualisent donc des valorisations de ces normes antécédentes toujours plus ou moins polémiques selon les groupes et individus humains. D'où l'inévitable grippage des synergies, des dialectiques entre les deux pôles.

---

60 Le titre d'une des contributions en atelier de l'Axe 1 était : « Décris-moi ta conception de l'intelligence et je te dirai quelle(s) pratique(s) évaluative(s) tu as tendance à préconiser ».

VII. Pour conclure

Les synergies ne sont pas à inventer, elles commencent avec l'espèce humaine. L'activité humaine produit des normes antécédentes pour vivre en société, mais la vie ne continue qu'en faisant histoire, « toujours à quelque distance » de ces normes qu'elle remodèle à leur su ou à leur insu.

Ces normes antécédentes n'échappent donc pas à l'histoire : plus ou moins universelles, ou au contraire, plus ou moins liées à des rapports de pouvoir, d'asymétrie sociale. À ce pôle de la désadhérence règnent certes les concepts scientifiques, mais avec eux voisinent aussi des règles, des lois, des normes qui peuvent être socialement beaucoup plus ambiguës. Pour assurer néanmoins leur autorité, on comprend qu'elles peuvent usurper le statut provisoirement indiscutable de ces concepts scientifiques. Et de là, de bonne ou de mauvaise foi, elles auront tendance à ignorer ou occulter le faire histoire des individus ou groupes évaluant, dans l'adhérence, leurs rapports à ces normes. Principe du grippage des synergies dans la vie sociale[61].

Donc un principe majeur : oui, il faut certifier, contrôler, faire des examens ; si on veut par exemple civiliser la relation d'emploi, il faut des normes juridiques concernant le contrat de travail, la sécurité. Mais à condition que ce soit toujours dans l'inconfort, j'y insiste : les renormalisations prendront toujours en défaut quelque part les principes de ces évaluations, et c'est inévitable (voir plus haut la question de l'évaluation des risques professionnels).

S'échiner à sortir les synergies de leur pénombre, usiner des processus, des moments où la valeur des savoirs en désadhérence puisse s'instruire des savoirs-valeurs immanents à tout agir. Et réciproquement, bien que cette réciproque apparaisse un peu trop comme naturelle et exclusive. Bref, en toute responsabilité, penser le retravail des normes antécédentes à partir des réserves d'alternatives viables portées par les activités humaines. Ainsi, dans le champ juridique, la jurisprudence, le retravail des notions de parenté, de filiation ; dans le champ des activités économiques, nous

---

61 Grippage notamment de ce que nous appelons la double anticipation dans le champ de la formation voir Schwartz (2013).

proposons un « ergomanagement » : sans rien retirer des responsabilités d'encadrement, réévaluer les normes de l'organisation productive (biens et services) en mettant en lumière les valorisations des agents qui rendent tout agir industrieux possible et efficace. Nous avons expérimenté un dispositif, les Groupes de rencontre du travail (GRT), qui cherchent à mettre en visibilité ces « expériences des normes » (Durrive, 2015) au travail pour les sortir de leur pénombre, les évaluer collectivement, pour ainsi « dégripper » les synergies en souffrance. Chercher à réusiner partiellement les normes antécédentes, sous ce présupposé énigmatique et problématique d'un troisième pôle visé, celui d'un « monde commun à construire ».

Bien sûr les moments, les circonstances, les partenaires de ces réusinages dialectiques entre les deux pôles sont à adapter aux pratiques différenciées de la vie sociale. Repenser les normes du contrôle des connaissances à l'école avec notamment la diversification des publics scolaires requiert d'autres dispositions que la mise en place d'un GRT dans l'entreprise. Mais entre les deux pôles de l'adhérence et de la désadhérence, pour le traitement de la norme dans nos sociétés humaines, il y a encore beaucoup à faire pour construire politiquement, socialement, éducativement un troisième pôle tiers, un pôle « a-topique », apte à traiter en temps réel la synergie entre les deux premiers.

Synergie au singulier, celle issue de la polarité matricielle entre adhérence et désadhérence, mais qui, on le voit, est ou serait à décliner dans quelques grands registres qui auraient à enregistrer dans leurs pratiques les exigences qu'elle promeut.

Ainsi, si les savoirs en désadhérence se construisent à partir des compétences et des méthodes disciplinairement éprouvés, la prise en compte de ce que nous avons appelé les « savoirs valeurs » conduit ou devrait conduire à des synergies interdisciplinaires, pour repenser les attendus et les pratiques de la certification. Par exemple les enseignants, spécialistes d'une discipline ont intérêt à coopérer avec des historiens, des sociologues de l'éducation et de la ville, des psychologues, pour mieux mesurer dans quels réseaux d'acquis et de blocages sont pris les élèves dans la diversité croissante de leurs parcours et milieux de vie pour « inscrire les savoirs dans leur singularité » (Durrive, 2015). Qu'est-ce qui peut valoriser dans leur adhérence un rapport personnel emmagasiné au pôle de la désadhérence ? Veut-on pouvoir évaluer le travail des soignants ? Face à la rencontre de populations d'origines très diverses, n'y a-t-il pas intérêt à articuler aux savoirs infirmiers dans les IFSI des spécialistes des diverses cultures, des anthropologues, pour les aider à mieux gérer « dans l'adhérence » du travail, la rencontre des familles et de la mort à l'hôpital ? Les spécialistes des risques professionnels, chimistes, pharmacologues…, compétents pour penser ces risques dans la désadhérence, face à la rencontre des « risques du travail » (selon cette distinction que nous avons évoquée plus haut), si du moins ils en prennent la mesure, sont conviés à repenser leur enseignement des risques industriels en synergie avec les ergonomes, les divers spécialistes et consultants en analyse du travail.

Pour autant, ces synergies interdisciplinaires sont portées, exigées par ce qui résulte ou pourrait résulter de synergies entre parties prenantes des activités sociales, parties prenantes différemment situées dans les échelons hiérarchiques et culturels de nos sociétés. Et de ce fait, elles supposent l'établissement de relations dialogiques rien moins qu'évidentes, évoquées plus haut avec les Groupes de Rencontre du Travail (GRT). Pour reprendre quelques exemples, entre gestionnaires et organisateurs du travail et professionnels dits « exécutants » (notre « ergomanagement ») ; entre professeurs, universitaires, spécialistes des concepts en désadhérence, et protagonistes des activités industrieuses, aux concepts « torpides » (Canguilhem) parce que générés dans l'évaluation de leur agir en adhérence, et pour cette raison, non reconnus comme partenaires dans l'élaboration de savoirs à certifier. On pense aussi à la présence instructive de responsables d'installations techniques, de professionnels de la relation de service confrontés aux usagers, dans les formations professionnelles au sein de l'Education Nationale. Dialogie féconde mais pour autant que chaque partenaire sache identifier les ressources et les limites de son mode propre d'évaluation des compétences.

Derrière ces synergies, ces rapports dialogiques à construire, la condition est en arrière-fond une synergie « écologique ». Plus haut, nous évoquions Vial : l'agir formatif « repose sur la recherche d'une alliance entre humains ». Les diverses synergies dessinées ci-dessus se trouveraient à l'étroit si ne sont pas en même temps projetés devant nous *des* milieux, *un* milieu où l'écoute mutuelle des ressources de chaque pôle soit crédible.

L'interpellation écologique, pour l'humanité qui fabrique largement son milieu, est celle des valeurs partagées pour y vivre. En fonction de quel monde à construire organiser la dialectique entre normes antécédentes et renormalisations ? Pour quel milieu voulons-nous vivre ? En fonction de quelles valeurs ? Qu'est-ce qui fait milieu à vivre pour qui ?[62]

Autant donc de convocations à penser ces synergies problématiques, autant de circonstances pour essayer de construire ce troisième pôle tiers. Visée d'une asymptotique *atopie*, en cela que s'y déplacer suppose un regard sur le vivre ensemble, qui ne serait plus le regard d'une place, seulement la sienne, mais celui du sujet à venir de ce vivre ensemble. A-topie, jusque dans quelle mesure u-topie ?

VIII. Bibliographie

Ardoino, J., et Berger, G. (1986). L'évaluation comme interprétation. *Pour*, (*107*), 120-127.

Bidet, A., et Jany-Catrice, F. (2017). Introduction au dossier. Quantifier les qualités. *Revue française de socio-économie*, 2(19), 19-26.

Canguilhem, G. (2012). Présentation. Dans Y. Schwartz, *Expérience et connaissance du travail* (p. 19-22). Les éditions sociales.

Caparros-Mencacci, N. (2010). Le cas de Camille : la limite qui donne corps. Dans M. Vial (dir.), *Le travail des limites dans la relation éducative : Aide ? Guidage ? Accompagnement ? Analyses de pratiques* (p. 31-57). L'Harmattan.

Cortessis, S., Salini, D., et Rywalski, P. (dir.). (2013). Se former au conseil et à l'accompagnement en RVAE. Entre incertitudes et projets. *Éducation permanente, mars* (Hors-série EHB IFFP IUFFP).

De Ketele, J.-M. (2010). Ne pas se tromper d'évaluation. *Revue française de linguistique appliquée*, XV(1), 25-37. https://www.cairn.info/revue-francaise-de-linguistique-appliquee-2010-1-page-25.htm

---

62 Voir là-dessus Schwartz, Y. (2020)

Dromard, I. (2018). Les groupes de Rencontre du Travail pour une évaluation ergologique du travail social. Dans S. Malhaoui et J.-P. Cadet (dir.), *La démarche ergologique, une contribution originale à la compréhension des relations entre la formation et l'emploi : séminaire d'analyse du travail (SEMAT) du Céreq* (vol. 7, p. 76-91). Marseille : Centre d'études et de recherches sur les qualifications.

Durrive, L. (2006). *L'expérience des normes : formation, éducation et activité humaine* (Thèse de doctorat, Université Louis Pasteur, Strasbourg). https://www.theses.fr/2006STR1PS01

Durrive, L. (2015). *L'expérience des normes : comprendre l'activité humaine avec la démarche ergologique* (Préface de F. Daniellou). Octarès Éditions.

Godelier, M. (1984). *L'idéel et le matériel. Pensée, économies, sociétés.* Fayard.

La fin des questionnaires d'évaluation par les étudiants ? (2018). *La vie de la recherche scientifique, hiver* (415), 8.

L'évaluation, la nouvelle mode des députés LRM. (2018, 12 juillet). https://www.lemonde.fr/politique/article/2018/07/12/l-evaluation-la-nouvelle-mode-des-deputes-lrm_5330283_823448.html

Pineau, G., et Le Grand, J. L. (2019). *Les histoires de vie* (6e éd. rev. et augm.). Presses Universitaires de France.

Prot, B. (2007). Pour sortir des idées fixes sur l'évaluation. *La Revue de l'Ires, 55*(3), 101-122.

doi:10.3917/rdli.055.0101

Rythmes et temporalités en formation. (2018). *Éducation permanente,* 4(217).

Rywalski, P. (sous presse). Formation des adultes et démarche ergologique. *Ergologia.*

Rywalski, P. (2004). Les tâches de l'expert dans la VAE. *Éducation permanente,* 2(159), 91-102.

Rywalski, P. (2012). La validation des acquis d'expérience comme processus de formation. *Tempus Actas de Saúde Coletiva, 6*(2), 85-100.

http://www.tempusactas.unb.br/index.php/tempus/article/view/1116/0

Schwartz, Y. (1992). *Travail et philosophie. Convocations mutuelles*. Octarès Éditions.

Schwartz, Y. (2012). *Expérience et connaissance du travail* (Présentation de G. Canguilhem, Réimp. 1re éd. de 1988 augm.). Les éditions sociales.

Schwartz, Y. (2013). Conceptions de la formation professionnelle et double anticipation. *Éducation permanente*, 4(197), 11-27.

Schwartz, Y. (2015). L'énigme du travail : risques professionnels et risques du travail. Dans A. Thébaud-Mony, P. Davezies, L. Vogel et S. Volkoff (dir.), *Les risques du travail : pour ne pas perdre sa vie à la gagner* (p. 373-380). La Découverte.

Schwartz, Y. (2018). L'énigme du corps au travail. *Ergologia, mai*(19), 151-174.

Schwartz, Y. (2020). Activité(s) et usages de soi : quel(s)"milieu(x)" pour l'humain. *Les Etudes Philosophiques*, 2020-1, 93-123.

Schwartz, Y., et Durrive, L. (dir.). (2009). *L'activité en dialogues : suivi de, Manifeste pour un ergo-engagement*. Octarès Éditions.

Vatin, F. (2013). *Évaluer et valoriser une sociologie économique de la mesure* (Rev. et augm.). Presses Universitaires du Mirail.

Vial, M. (dir.). (2010). *Le travail des limites dans la relation éducative : Aide ? Guidage ? Accompagnement ? Analyses de pratiques*. L'Harmattan.

Vygotski, L. (1997). *Pensée et langage* (3e éd.). Dispute.

Chapitre 7. Évaluation sommative versus évaluation formative dans les pratiques d'évaluation des acquis de l'expérience

Pascal Lafont, Patrick Rywalski et Carmen Cavaco

I. Introduction

Cette contribution, issue des travaux d'un symposium[63], s'inscrit dans le cadre des activités du Réseau thématique [64] à partir duquel sont analysées les problématiques relatives aux politiques et aux pratiques d'évaluation dans le champ de la reconnaissance, validation et valorisation des acquis de l'expérience (RVAE). Depuis 2002, ce réseau travaille les expérimentations de dispositifs, la conceptualisation et la modélisation d'analyses, les approches méthodologiques en s'appuyant sur l'étude des usages qu'en font les personnes investies en fonction de leurs stratégies et de leurs attentes. La diversité de mises en œuvre dans les pays et régions, selon les contextes, montre à la fois des invariants et des particularismes, sources d'ambivalence et de contradictions, éléments constitutifs de la complexité des processus de RVAE.

---

63 « Évaluation sommative versus évaluation formative dans les pratiques d'éducation et de formation des jeunes et des adultes » organisé par Carmen Cavaco et Pascal Lafont. Les thèmes identifiés reprennent les interventions de chacune des personnes.
64 Reconnaissance, valorisation et validation des acquis de l'expérience (RVVAE) de l´ADMÉE-Europe

Si la reconnaissance des apprentissages par la voie expérientielle est largement affiliée à une tradition relevant de l'éducation permanente, il n'en demeure pas moins que ce consensus paraît reposer « sur le modèle individualiste et économique de la formation, de l'orientation et, désormais, de la certification » (Lafont, 2019, p. 285). Ainsi, des tensions pourraient émerger dans une société contemporaine marquée par une augmentation de la valorisation sociale de l'évaluation dans l'agir humain qui correspond à des buts de normalisation et de régulation. Cette tendance semble se manifester également dans les pratiques d'éducation et de formation des jeunes et des adultes. Une surreprésentation de l'évaluation dans l'agir humain (Jorro, 2015) constitue un objet de débats critiques au niveau des pratiques éducatives et formatives qui sont traditionnellement associées à leur dimension certificative, d'autant plus quand sa finalité se limite aux contrôles des apprentissages et au classement des apprenant·es. Si l'hégémonie de l'évaluation sommative a contribué à l'invisibilité du potentiel de l'évaluation formative, il convient néanmoins de considérer que les pratiques d'évaluation formative s'inscrivent dans une large tradition des pratiques d'éducation et de formation. Et, ce, grâce à l'émergence de la formation professionnelle et de la reconnaissance des acquis de l'expérience par leur évaluation (Figari et Remaud, 2014), à la valorisation des parcours différenciés d'apprentissage.

Notre réflexion a pour finalité d'interroger la complémentarité ou l'opposition entre les modalités, les processus, les postures, les dispositifs et les modèles d'évaluation ainsi que leur mise en œuvre dans les pratiques d'éducation et de formation professionnelle des jeunes et des adultes à partir de plusieurs lieux. L'analyse de diverses formes d'évaluation présentes dans le processus de reconnaissance et de validation des acquis de l'expérience (RVAE) au Portugal a mis en exergue des résultats de recherche démontrant encore que l'hégémonie de l'évaluation sommative entraine une difficulté, pour l'évaluation formative, d'assurer un rôle central en faveur de la reconnaissance des acquis des adultes. Le contexte suisse souligne une perception fort variée des différents protagonistes des dispositifs de RVAE, allant d'une perspective d'évaluation sommative forte comme si la RVAE était une forme d'examen, à une perspective où l'évaluation formative fait partie intégrante du dispositif de RVAE. En France, l'évaluation des acquis non formels et informels dépend très étroitement de l'usage des outils de mesure (référentiels) et du poids de la preuve (ou évidences) d'autant plus que « l'intérêt des outils est celui de l'unification des modalités d'évaluation, dans le principe majeur qu'est l'égalité de traitement des candidats sur le territoire national » (Lainé, 2018, p.72). Des obstacles culturels œuvrent encore contre la reconnaissance des savoirs d'action et conduisent à légitimer le recours à l'évaluation sommative au détriment de l'évaluation formative. Quels sont alors les défis relatifs au développement de l'évaluation formative dans les pratiques d'éducation et de formation des jeunes et des adultes ? Quels outils portent l'évaluation formative en faveur de la reconnaissance des acquis d'apprentissage ? L'évaluation associée aux fonctions de normalisation et de régulation constitue-t-elle un frein à l'usage de l'évaluation formative (Thélot, 2008) ? Ces questions et leurs réponses peuvent-elles être orientées par des évolutions contextuelles ?

II. Évolution des questionnements et des pratiques en matière de RVAE

Évolution des questionnements et des pratiques au Portugal

Selon Carmen Cavaco, les pratiques de reconnaissance et de validation des acquis de l'expérience au Portugal ont émergé en 2000, à partir des orientations de politiques publiques nationales d'éducation des adultes, prioritairement en faveur des adultes les moins scolarisés et/ou les moins qualifiés au niveau professionnel. Entre 2000 et 2012, une logique de continuité et d'investissement dans ce domaine d'intervention s'est manifestée, avec la mobilisation de ressources financières considérables, en prenant appui sur l'ouverture de centres spécifiquement orientés vers la mise en œuvre de ce processus, et en développant la formation des professionnels en charge de la mise en œuvre du processus de reconnaissance et de validation des acquis de l'expérience. Entre 2013 et 2015, les pouvoirs publics opèrent des changements qui conduisent à un désinvestissement massif. À partir de 2016, au gré d'un changement politique, il semble qu'un réinvestissement s'opère en réaffirmant un principe de continuité des actions au service du processus de reconnaissance des acquis. Dans ce contexte, entre 2000 et 2019, les avancées de la recherche scientifique ont eu comme objets d'étude : la complexité inhérente aux pratiques de reconnaissance et de validation des acquis de l'expérience ; l'existence de processus d'évaluation dans la reconnaissance et surtout dans la validation ; l'émergence de nouvelles pratiques d'évaluation ; la spécificité de ce type d'évaluation découlant de la nature différenciée des acquis de l'expérience et des compétences clés des référentiels qui structurent ce processus ; l'investissement dans la formation des professionnel·les responsables de la mise en œuvre pour l'acquisition des méthodologies et des outils spécifiques ; la complexité de la dimension éthique dans ce processus d'évaluation ; la dimension (trans) formative et inhérente du processus de reconnaissance et de validation quand l'approche est orientée à partir des méthodologies et outils qui respectent leur spécificité et quand les professionnel·les impliqué·es ont une formation adéquate et suffisante ; les risques de dérive quand certaines de ces dimensions ne sont pas respectées, ce qui peut impliquer des effets négatifs pour les adultes mobilisé·es. Ces dimensions ont posé des questionnements sur la nature complexe et spécifique du processus de reconnaissance et de validation des acquis de l'expérience, et en même temps sur la complexité et spécificité de l'évaluation qui lui est inhérente.

La recherche faite dans le domaine des sciences de l'éducation, sur ce sujet, a permis de comprendre les éléments sous-jacents à ces complexités et spécificités, notamment, au niveau de l'évaluation – les défis et enjeux posés par les acquis de l'expérience, les compétences, les référentiels, la qualification scolaire ou professionnelle à partir de la reconnaissance et validation des acquis de l'expérience, l'instrumentalisation des buts de ce type de processus au service seul du marché du travail et de la compétitivité de l'économie, etc. Toutefois, la nature récente, complexe et spécifique du processus de reconnaissance et de validation des acquis de l'expérience exige une vigilance attentive à ce type de pratiques (méthodologies, outils, mais aussi sur leurs buts) et aux professionnel·les responsables pour leur mise en œuvre.

Métaphores de l'évaluation et dépassement de la dichotomie entre évaluation formative et sommative

Cathal de Paor[65] interroge les métaphores employées pour exprimer *évaluation sommative* et *formative* dans l'établissement d'une dichotomie renvoyant à deux extrêmes d'un continuum. L'une des conséquences postule la limitation du potentiel de l'évaluation au cours du processus d'apprentissage. Le couple évaluation sommative et formative ne fait pas exception, à titre d'exemples, l'auteur s'appuie sur les deux arbres (Black et Wiliam, 1998), le postérieur de l'éléphant (Biggs, 1998), le glaçage et le gâteau (Taras, 2007). Mais plutôt que simplement faire une distinction entre deux concepts, certaines métaphores servent à établir une dichotomie à travers laquelle l'évaluation sommative est conçue comme la mauvaise évaluation en opposition à l'évaluation formative. Il y a également des connotations sous-jacentes aux termes « évaluation des apprentissages et évaluation pour les apprentissages », employés pour désigner deux sortes d'évaluation, sous l'influence respectivement des termes « assessment of learning » et « assessment for learning » (Black et Wiliam, 1998). Cette dichotomie sommative formative limite le potentiel de l'évaluation dans la poursuite de l'apprentissage. En révélant les conceptions et croyances cachées dans la langue, l'auteur fait l'hypothèse selon laquelle, l'opposition du bien et du mal aurait conduit à une impasse relative aux questions de l'évaluation du fait de cette dichotomie manichéenne sans rapport avec les intentions ayant présidé à leur élaboration.

Une distinction – pas une dichotomie

Scriven (1967) introduit dans le cadre d'une démarche d'amélioration des curriculums et des méthodes d'enseignement pour la première fois, le concept d'« évaluation formative » et, établit la distinction avec l'« évaluation sommative ». Le processus d'évaluation sommative est le mécanisme qui permet de construire un jugement initial en fonction de critères et de normes (implicites ou explicites). L'évaluation formative repose sur l'identification d'indices portant sur les processus d'apprentissage d'apprenant·es afin de prendre des décisions à propos des

---

[65] Mary Immaculate College, Limerick University (Irlande)

étapes à venir, que cela soit pour l'enseignement ou pour les apprentissages. Selon Cathal de Paor, l'emploi de la notion d'évaluation formative s'est diffusé dans le contexte pédagogique grâce à la mise en place des taxonomies d'objectifs (Bloom et al., 1971). L'évaluation formative est alors vue comme une des composantes essentielles de la *pédagogie de la maitrise*. Selon cette conception, les objectifs d'apprentissage sont découpés en petites unités entrecoupées par des évaluations ponctuelles qui se situent à des moments particuliers dans une séquence d'enseignement, soit au début, pendant ou à la fin de la séquence.

L'emploi des métaphores

La métaphore suggère la présence simultanée de deux couches signifiantes, au sens littéral et au sens dérivé (Kerbrat-Orecchioni 1982). Une autre approche dite *moderne* du langage symbolique considère la métaphore non pas comme une figure de style, mais plutôt comme un procédé discursif. Il s'agit d'un phénomène qui crée d'autres pôles de sens et nourrit la langue d'une somme de contingences sémantiques dépendant du contexte, de la situation et des connaissances du locuteur (Lakoff et Johnson, 1985). La métaphore comme figure de style repose donc sur un ordre de ressemblance plus ou moins objectif, alors que la métaphore comme figure discursive repose sur un ordre de ressemblance subjectif et contextuel, en particulier des intentions du locuteur.

Métaphore dans le discours sur l'évaluation

Le discours de l'évaluation tel qu'il se déploie s'appuie sur des métaphores discursives présentant la différence entre évaluation sommative et formative comme une dichotomie. La diffusion des deux concepts s'est très vite accompagnée d'une opposition en termes de valeurs entre ces deux formes d'évaluation, ce qui n'était pas initialement dans les intentions de ceux qui ont avancé ces notions. Si pour Wiliam et Black « les termes ne désignaient pas les évaluations elles-mêmes, mais les fonctions qu'ils ont servies » (1996, p. 538), Scriven (1967), a mis en garde sur le risque de se concentrer sur les fonctions plutôt que sur le processus. L'évaluation sommative associée au bilan s'est imposée en raison de son association aux fins de l'institution, qui dans l'idée la plus répandue renvoie à la sélection. Ainsi, l'évaluation sommative a-t-elle été perçue avec une connotation négative. L'évaluation formative, au contraire, avait toutes les faveurs du public, car elle était associée aux idées progressistes mettant au centre des apprentissages l'apprenant·e. L'essentiel est la distinction entre les processus des deux démarches, et en particulier au niveau de la rétroaction pour l'enseignement et l'apprentissage dans l'évaluation formative. D'ailleurs, Allal et Mottier Lopez (2005) opèrent une distinction entre trois types de réponses formatives aux informations provenant des évaluations : la régulation interactive, rétroactive et proactive. Au cœur de ces différences figure en bonne place la conception de l'apprentissage et la mesure dans laquelle l'apprentissage est centré sur les jeunes, les adultes ou sur l'enseignant·e. La dichotomie sert à atténuer le potentiel de l'évaluation sommative pour l'apprentissage et la capacité de l'apprenant·e, lui ou elle-même, de se servir de tout évènement d'évaluation pour apprendre (sans nécessairement attendre le feedback de l'enseignant·e, ou de s'y fier indûment). Cela sert à exploiter le potentiel de l'acte même de l'évaluation comme source d'apprentissage d'un autre ordre au niveau métacognitif, c'est-à-dire, mieux connaitre son identité comme apprenant·e, apprendre à apprendre, profiter de l'échec même, gagner en autonomie comme apprenant·e. Dès lors, l'évaluation, qu'elle soit sommative ou formative, peut devenir un levier pour mieux faire apprendre, favoriser l'autonomie des apprenant·es et une posture d'autoévaluation. Au bout du compte, il serait plus pertinent de prendre en compte dès le départ qu'enseignement, apprentissage et évaluation forment un continuum dans les pratiques d'éducation et de formation des jeunes et des adultes.

Dans le cadre de la RVAE, cela constituerait-il une contradiction avec la dissociation formation-certification, une formule couramment utilisée pour traiter la certification de façon indépendante et non plus comme l'aboutissement « naturel » de la formation ? Tout en constatant une distinction évaluation-validation, à travers le rôle des jurys de validation par exemple, Cathal de Paor arrive à la conclusion qu'en dépassant la dualité sommative formative, et en rapprochant les deux concepts, le potentiel de tout acte d'évaluation pourrait se révéler être un levier pour l'apprentissage.

Évaluation formative et approche par compétences, source de synergies en faveur des primo-entrants dans l'enseignement supérieur français

Lafont et Pariat[66] proposent l'analyse d'un projet de transformation des pratiques pédagogiques visant à réduire l'échec et l'abandon des étudiant·es primo-entrant dans l'enseignement supérieur français. Cela répond au questionnement de l'usage des outils portant sur l'évaluation formative au regard des synergies qu'offrent l'évaluation formative et l'évaluation par compétences comme base d'une démarche pédagogique pour la valorisation des acquis des expériences d'apprentissage.

Dans le cadre de cette réflexion, l'évaluation mise en œuvre au sein d'un dispositif de recherche-action repose sur la dimension continue et formative et vise la mesure du développement des compétences des étudiant·es. Néanmoins, les exigences académiques ne peuvent être dissociées de celles attendues hors expérimentation, en raison notamment de la comparaison suscitée par tout dispositif innovant. Évaluation formative et approche par compétences s'opposent à une conception pédagogique traditionnelle dans la mesure où les examens portent, dans ce contexte, la suprématie de l'évaluation sommative ; à contrario la généralisation d'un dispositif expérimental tend d'autant plus à être acceptée lorsqu'une plus grande réussite des étudiant·es est avérée. Les premiers résultats sont issus de la mise en œuvre d'un projet de transformation des pratiques pédagogiques visant à réduire l'échec et l'abandon des étudiant·es primo-entrant dans l'enseignement supérieur français, plus particulièrement au niveau d'un cursus de licence en sciences de l'éducation d'une faculté des Sciences de l'Éducation d'une université française de l'Est parisien.

Dans un contexte politico-éducatif où des ajustements pédagogiques viennent prolonger des dispositifs peu efficaces, il s'agit d'interroger le positionnement des différentes catégories d'acteurs et actrices : étudiant·es, n= 31 ; enseignant·es, n = 10 ; responsables institutionnels, n = 3 ; au regard des synergies qu'offrent évaluation formative et évaluation par compétences. La démarche méthodologique, essentiellement d'ordre

---

[66] Université Paris Est Créteil – Val de Marne

qualitatif, s'inscrit dans le champ de la recherche-action et mobilise l'analyse de discours fondée sur des entretiens recueillis avant le début de la formation, tout au long de la formation et à l'issue de la formation, ainsi que sur une trentaine de journaux pédagogiques individuels. Les réunions pédagogiques de synthèse et de suivi entre enseignant·es, à raison d'une toutes les six semaines, constituent également un matériel d'observation et d'analyse. Enfin, les modalités de constitution de référentiels d'évaluation des compétences formelles, informelles et non formelles, facilitant la reconnaissance des acquis d'apprentissages ainsi que leur mise en œuvre et l'exploitation de leurs résultats ont fait l'objet d'analyses. Cependant, l'analyse de la compréhension des ressorts de l'action ne saurait suffire à elle seule ; aussi convient-il d'intégrer au processus réflexif une visée praxéologique nourrie par l'évaluation (Jorro, 2007).

Sachant que ce dispositif expérimental est sous-tendu par une démarche pédagogique par projets, la corrélation entre des perspectives méthodologiques et pédagogiques apparait déterminante pour produire de la transformation des pratiques pédagogiques, en même temps que du rapport aux savoirs entretenu par les acteurs et actrices de la communauté universitaire. La nouveauté irriguée par ce projet expérimental est caractérisée par la suppression des cours magistraux conjuguée d'une part, à un accompagnement par les pair·es, complément de celui assuré par l'équipe pédagogique, d'autre part, à l'évaluation des compétences, fondant ainsi une innovation de changement autorisant à apprendre autrement. En outre, l'offre modulaire proposée repose sur des mises en relation de contenus disciplinaires à travers une démarche pédagogique permettant la valorisation des apprentissages informels, voire non formels[67], se situant en opposition à une perspective de standardisation de l'évaluation et facilitant la valorisation des acquis des expériences d'apprentissage. Toutefois, les conditions de délivrance de certification (licence) induisent la traduction des résultats de l'évaluation par compétences en notes avalisées par les logiciels permettant de délivrer les relevés de fin d'année ou de semestre.

La démonstration s'est attachée à analyser comment innovation pédagogique et réussite universitaire sont portées par un changement de

---

67 Voir la note n° 10

paradigme d'accompagnement et d'évaluation dans lequel l'équipe pédagogique tient compte de l'évolution des apprentissages tout autant que de la réalisation des travaux attestant de l'ensemble des savoirs mobilisés et produits tant par un mode d'écriture collective que de manière individuelle. Partant du principe selon lequel une compétence est un savoir agir complexe, le nombre de compétences dans une formation donnée est généralement peu élevé, et tout au long d'une formation, la même compétence est objet d'apprentissage à de multiples reprises (Tardif et Dubois, 2013). Par ailleurs, l'étalement du développement de chaque compétence nécessite une explication opérationnelle afin que les enseignant·es, formateur·rices soient en mesure de planifier les évaluations permettant d'apporter la preuve des acquis réalisés (Boyer, 2013).

Si, *in fine*, l'évaluation des compétences donne lieu à l'identification de notes pour répondre aux exigences institutionnelles, afin de rompre avec une représentation qui vise à associer la notion de compétences à la promotion d'une vision individualisante du travail universitaire, l'équipe pédagogique tient compte de l'évolution des apprentissages tout autant que de la réalisation des travaux attestant de l'ensemble des savoirs mobilisés et produits tant par un mode d'écriture collective au moyen de comptes-rendus de séances que de manière individuelle par rapport à des recherches effectuées en dehors des cours. Consciente du nécessaire croisement des regards, l'équipe se donne pour objectif d'affiner sa démarche d'évaluation des compétences, sachant « combien toute instrumentalisation de gestion de cette démarche ne peut trouver les conditions de sa pérennité qu'en enclenchant des dynamiques d'apprentissage collectif permettant une transformation continue des règles et des acteurs » (Brochier, 2009, p. 1034). Enfin, une esquisse des premiers résultats tend à démontrer l'interaction entre plusieurs niveaux d'implication : individuel, car chaque étudiant·e entretient de nouveaux rapports aux savoirs ; collectif, car les enseignant·es partagent au sein de l'équipe pédagogique la responsabilité, autant de la réussite des étudiant·es que du projet ; institutionnel, car l'engouement pour s'inscrire dans ce dispositif interroge autant l'institution confrontée à de nouvelles sources de tension que les orientations politiques auxquelles elles sont soumises dans la mesure où les modalités d'évaluation sont aussi fonction des capacités d'accueil.

Le cadre associatif pour les jeunes : un lieu où mesurer sa valeur

Cortessis et Weber Guisan[68] montrent que dans le cadre d'activités proposées aux jeunes bénévoles par des associations, si l'on peut apprendre par l'action, on peut également apprendre par l'analyse à postériori de son action. Toutefois le curriculum bénévole peine parfois à être reconnu, non seulement par les institutions, mais également par les principales personnes intéressées, peu conscientes de la richesse de leurs acquis en termes de ressources, savoirs, compétences et connaissances développés.

Dans le cadre d'une recherche réalisée à l'Institut fédéral des hautes études en formation professionnelle (IFFP) avec le soutien de la Société suisse d'utilité publique (SSUP) auprès d'une quarantaine de bénévoles âgés de 16 à 25 ans (Cortessis et al., 2019), les autrices se sont notamment intéressées à la manière dont les associations de jeunesse permettent à leurs membres de tester leur valeur en dehors de la sphère familiale, scolaire ou professionnelle. Les activités proposées aux jeunes bénévoles ont l'avantage d'être préservées des enjeux de performance auxquels les jeunes sont confronté·es durant leur parcours scolaire ou professionnel. En effet, si le cadre associatif n'hésite pas à mettre à l'épreuve les jeunes très tôt en leur confiant des responsabilités, il leur offre également l'opportunité d'évoluer dans un espace protégé. Comme en témoignent les jeunes interviewé·es, l'expérience bénévole leur donne une idée de la manière dont ils ou elles peuvent être perçu·es dans un groupe ou dans un univers professionnel, mais avec l'avantage d'évoluer avec un filet de sécurité. Dans les associations, l'éducation passe ainsi par toute une série d'épreuves favorisant aussi bien l'exploration de nouvelles activités que l'exploration de ses propres potentialités. Une des formes de ces épreuves est celle des rituels de passage dont les plus connus sont ceux pratiqués chez les scouts. Comme l'ont montré les travaux en didactique professionnelle (Pastré et al., 2006), si l'on peut apprendre par l'action, on peut également apprendre par l'analyse à postériori de son action. Dans cette optique, les associations à mission d'encadrement de jeunes mettent en place des séances de débriefing après les activités. Chez les sapeurs-

---

[68] Institut fédéral des hautes études en formation professionnelle (IFFP)

pompiers par exemple, ce retour systématique et collectif sur l'activité est appelé le licenciement[69]. Alors que les jeunes sont en ligne, on leur demande ce qu'ils ont apprécié, ce qui ne leur a pas convenu, ce qu'ils changeraient et ce qu'ils ont retenu de leur journée. Lorsqu'ils analysent rétrospectivement leurs actions pour en comprendre les causes et les effets, les jeunes bénévoles ont l'avantage de ne plus être soumis aux contraintes de l'action.

Si les jeunes apprécient de pouvoir évoluer de manière libre dans un monde à l'abri des pressions et des exigences, cela n'empêche pas que les défis constants trouvés dans l'activité bénévole sont source de très importantes satisfactions. Barrère (2011, p. 87) établit une distinction entre la « mauvaise pression et la bonne intensité », la première générant du retrait et la seconde de l'implication. Il nous semble que c'est précisément cette opportunité de pouvoir jouer entre implication et retrait qui fait de l'expérience bénévole un lieu à la fois stimulant et protégé, tout en étant un espace de liberté bienvenu à cet âge où les possibles doivent rester ouverts et stimulants.

Les résultats de cette étude montrent que l'engagement volontaire permet aux jeunes de se faire un bagage expérientiel, de se construire un réseau, de se former, d'acquérir de nouvelles compétences et de faire leurs armes dans différents domaines. Il semble que les associations soient des lieux d'acquisition de compétences, mais que cette fonction éducative et formatrice est sous-estimée dans la société. Il y a une tendance à déconsidérer l'apprentissage informel qui ne débouche pas sur des diplômes ; on fait en effet d'abord confiance aux diplômes, l'expérience est un plus. Or, pour que le monde associatif soit reconnu comme un lieu d'éducation et de développement de savoirs au même titre que l'école ou l'entreprise, il faut que les personnes bénévoles elles-mêmes prennent conscience de leurs atouts et fassent le choix de les valoriser activement. Il s'agit dès lors de faire reconnaître les apprentissages non formels et informels développés dans le secteur associatif. En Suisse, les organismes nationaux et régionaux de coordination et de promotion des activités de jeunesse interviennent de manière très active afin de sensibiliser les acteurs associatifs à l'importance de faire reconnaitre les savoirs non formels et

---

[69] Le nom de ce rite peut être interpelant dans ce contexte où la RVAE permet la valorisation de soi pour être en emploi !

informels développés dans le contexte bénévole. Si l'expérience bénévole permet aux jeunes de développer des compétences nouvelles, de comprendre le monde autrement et de se percevoir différemment, c'est à elles et eux que revient la responsabilité de définir le rôle joué par le monde associatif en regard de leur parcours scolaire et professionnel. Les autrices ont observé au travers de leurs interviews que la possibilité de faire jouer son expérience bénévole, au service d'un parcours scolaire ou professionnel, est grandement facilitée lorsque les jeunes sont accompagnés dans cette démarche par des acteurs et actrices ou des dispositifs favorisant la réflexion. L'expérience bénévole peut alors permettre d'interroger ou de renforcer le sens que les jeunes confèrent à leur formation ou à leur travail. La reconnaissance mutuelle entre les différentes sphères et leurs différents acteurs éducatifs semble dès lors être une dimension importante pour favoriser l'apprentissage tout au long de la vie.

Évaluation formative en RVAE

Patrick Rywalski aborde des questions diverses en lien avec la place accordée à l'évaluation des compétences réflexives et professionnelles (Dierendonck et al., 2014) ou encore en relation avec les aspects éthiques de l'évaluation conduisant à reconsidérer l'illusion de la mesure objective (Rey, 2008). L'analyse d'une démarche RVAE proposant à des enseignant·es, des formateur·rices de la formation professionnelle d'obtenir leur diplôme d'enseignement s'attache à cet objectif. Le travail de mise en mots de l'expérience porte à la fois une dimension d'autoévaluation et de coévaluation en lien avec les dimensions collectives du travail.

Les apports des démarches de RVAE valorisent la mise en mots de l'expérience et sa relation aux aspects conceptuels. Ainsi les dispositifs de formation formelle[70] apprivoisent petit à petit les logiques de l'évaluation

---

[70] Un rapport de l'Office fédéral de la statistique en précise les contours.
La formation formelle comprend toutes les filières de formation de l'école obligatoire, du degré secondaire II (formation professionnelle initiale ou école de culture générale) et du degré tertiaire (hautes écoles, formations professionnelles supérieures, etc.). […]
La formation non formelle comprend les formations institutionnalisées, organisées par un établissement de formation, mais ne faisant pas partie du système d'éducation officiel. Il peut s'agir de cours, de conférences, de séminaires, de leçons privées ou de formations sur lieu de travail (on

en jeu dans les dispositifs de RVAE pour insuffler un esprit de reconnaissance des acquis dans les modalités d'évaluation des acquis formels souvent concentrées sur la vérification de connaissances par des tests. Nous postulons dès lors que les dispositifs de formation formelle intègreront des modalités d'évaluation empruntées au domaine de la formation des adultes qui sont la plupart des dispositifs de formation non formelle. Le paradoxe provient du fait que les adultes apprennent davantage en situation d'apprentissage informel et que les diplômes sont d'abord la reconnaissance dans l'espace social de la réussite dans les parcours de formation règlementés par l'État.

Le travail de renormalisation qu'implique l'observation des acquis et ressources développés par l'expérience apporte aux expert·es investi·es dans ces démarches de RVAE une sensibilité aux processus d'apprentissage et de développement des personnes en formation. Ces éléments sont posés à partir des observations et témoignages des pratiques mises en œuvre dans un dispositif de RVAE depuis une quinzaine d'années en Suisse romande. Des enseignant·es intervenant dans le domaine de la formation professionnelle peuvent obtenir leur diplôme par une démarche de validation des acquis ; plusieurs travaux y font référence (Albornoz et Dupuis, 2008 ; Cortessis, 2013 ; Rywalski, 2012, 2018). La présentation des différentes modalités d'évaluation proposées pour l'observation des acquis et ressources mobilisées par les candidat·es à un diplôme offre une lecture de ce que l'évaluation formative peut apporter à ces personnes tout au long de la formation. Le rôle primordial amené par les accompagnateurs ou accompagnatrices dans le développement des compétences des personnes, par exemple en train de rédiger leur dossier ciblé de compétences, met en évidence la force de l'interrogation comme mode opératoire. Le questionnement, cet outil privilégié dans la posture d'accompagnement (Paul, 2004), renvoie aux candidat·es un regard

---

the job training). En font partie également les cours de préparation aux examens professionnels et aux examens professionnels supérieurs de la Confédération ainsi que les formations continues des hautes écoles (MAS, DAS, CAS). Dans les pages qui suivent, la formation non formelle sera appelée aussi formation continue.
L'apprentissage informel comprend les activités d'apprentissage concertées, ciblées, mais non institutionnalisées. L'apprentissage informel est moins organisé et moins structuré que les formations formelles et non formelles. Ce sont des activités qui visent expressément un but d'apprentissage, mais sans relation élève/enseignant. Cela va de la lecture d'ouvrages spécialisés à l'apprentissage avec des amis ou des collègues (Von Erlach et Bernier, 2018).

formatif sur leur propre expérience et sur leur manière de la nommer, la décrire, la dire. Les candidat·es s'appuient sur les commentaires reçus dans les rencontres d'accompagnement en groupes ou en individuel pour poursuivre leur apprentissage et développement de compétences. Le fait que plusieurs modalités d'évaluation sont posées dans ce dispositif renforce la nécessité de penser l'ensemble des prestations des candidat·es avant de définir un résultat d'évaluation certificative. Les propositions de distinction proposées par De Ketele (2010) quant aux fonctions de l'évaluation et aux démarches d'évaluation aident à nommer la fonction certificative et la démarche interprétative mises en évidence dans ce dispositif de RVAE. Cette réflexion a proposé aussi un éclairage issu des travaux de Schwartz (2011, 2012) et Durrive (2014) en ergologie. L'observation des situations de travail des expert·es dans leur fonction d'évaluation montre le processus de renormalisation de leur action, la convocation de leurs savoirs antécédents pour prendre position dans un processus de prise de décision. Celle-ci se construit, au fil des observations, pour déboucher sur la rédaction d'un rapport commentant leur délibération. Rédigés en vue d'une prise de décision, ces rapports ont une seconde vie ; ils sont utilisés par les expert·es dans leur rencontre avec les candidat·es pour la transmission des résultats de la démarche de RVAE. Voir écrit des commentaires sur la manière dont les acquis et ressources sont démontrés apporte aux candidat·es des possibilités d'interprétation et de reconnaissance importantes.

Ce qui est en jeu auprès des expert·es dans ces processus de renormalisation se retrouve pour toutes les autres personnes actrices de ce dispositif. Cela fait notamment apparaitre ce qui à priori est non manifeste et invisible dans l'activité humaine (Leplat, 2001). Or les méthodes d'accès indirects, comme les démarches d'écriture de ses expériences dans un dossier ciblé de compétence ou lors d'un entretien, donnent aux candidat·es l'opportunité de les rendre visibles. Des preuves de réflexivité, de mobilisation d'habiletés sont autant de lieux où les candidat·es peuvent valoriser le processus de mise en sens de ce qu'ils ont fait. La convocation des états antécédents et la variabilité dans le temps de ce qu'elles ou ils convoquent dans l'action mettent en vitrine les dynamiques de développement, professionnel et personnel. Ils rendent ainsi visibles ce qui apparemment ne l'aurait pas été d'une position d'observation essentiellement contrôlante quant à la présence de telle ou telle connaissance ou concept. En ce sens, les modalités d'évaluation formative mises en œuvre tout au long du dispositif de reconnaissance et de validation des acquis apportent des arguments aux personnes pour rendre visibles le mouvement de développement de leurs ressources. Elles auront ainsi pu démontrer ce qu'elles peuvent mobiliser dans l'action, ce pour quoi elles agissent avec compétence.

III. Prolongement

Au terme de cette contribution, les réflexions ont montré que, dans les évaluations prenant appui sur l'expérience, les cadres de référence n'étaient pas ceux en usage dans un cadre formalisé. Autrement dit, il y aurait une redistribution des rôles à travers lesquels les jeunes et adultes détiennent les éléments qui serviront de base à l'évaluation, qu'elle soit sommative ou formative. Dès lors, n'existe-t-il pas des risques, des tensions et des paradoxes inhérents aux pratiques éducatives et formatives lorsqu'il y a une hybridation des formes d'évaluation ? Et, qu'en est-il réellement lors des moments de certification ? Jusqu'où l'usage du pari (Astier, 2004) des membres du jury de VAE peut-il inviter les enseignant·es et formateur·rices à s'inscrire dans une démarche de recherche de consensus au moment de la prise de décision ? D'autres observations pourraient d'ailleurs interroger spécifiquement les effets de l'évaluation formative sur l'apprentissage et le développement des candidat·es investi·es dans une démarche de RVAE. Ainsi, les pratiques d'évaluation dans les systèmes de formation formelle et celles issues des systèmes de formation non formelle (formation continue) pourraient faire l'objet de comparaisons et souligner des avantages et des discussions. Ce serait dans une perspective interprétative pour se référer à Schwartz (2019) qui évoquait dans sa conférence, reprise dans *Éducation permanente* : « (...) ce qui rend l'évaluation des activités humaines *nécessaire* (la métabolisation n'est pas un *frottement*) est justement ce qui en *limite* les ambitions : quelles conclusions peut-elle en tirer si cette métabolisation reste toujours largement inanticipable ? » (p. 315).

Par ailleurs, différentes formes de synergies semblent attester de la complexité des dispositifs de RVAE et de leur mise en œuvre. D'ailleurs, le travail de construction des méthodologies d'accompagnement révèle que des ajustements sont rendus possibles par les apprenant·es, et qu'en même temps il vise l'augmentation de l'obtention de certifications correspondant à la fois aux objectifs fixés par les politiques publiques et aux besoins de qualification inhérents au marché du travail. La complémentarité entre approche humaniste et développement personnel paraît ainsi servir tout autant les intérêts individuels que collectifs, dans la mesure où la restauration de l'estime de soi contribue par essence au bien vivre ensemble, voire à une forme de résilience, et au développement de la citoyenneté ainsi que de la démocratie participative. L'hybridation des méthodologies et des approches conceptuelles faisant appel aux démarches biographiques, mais aussi aux référents relevant de la didactique professionnelle, croisée avec l'analyse de l'activité, paraît être de nature à affiner les mesures des acquis de l'expérience. Or, cela conduit à mobiliser des savoirs dont les ancrages disciplinaires et interdisciplinaires offrent l'opportunité d'enrichir les synergies entre parties prenantes. Toutefois, des tensions peuvent apparaître entre les personnes tenantes d'une éducation tout au long de la vie pour lesquelles l'intention vise à réduire les inégalités d'accès à la formation tout en renforçant l'émancipation personnelle et sociale, et celles dont les pratiques contribuent, de manière consciente ou non, à reproduire des déterminismes scolaires et sociaux. Cependant, la personne adulte peut au cours de sa vie, pour combattre les déterminismes sociaux, vouloir se (ré)approprier un pouvoir d'agir sur sa mobilité sociale et professionnelle par le truchement de la RVAE. En ce sens, la confrontation des savoirs d'expérience et des savoirs scientifiques produit des dilemmes auxquels sont confrontés différent·es acteur·rices ; cela est d'autant plus prégnant que l'environnement éducatif est marqué par l'hégémonie de la forme scolaire qui tend à survaloriser les savoirs abstraits, incitant peu à la recherche sur les savoirs issus d'apprentissages non formels et informels. Enfin, en prenant appui sur la référentialisation et les cadres juridiques dont se dotent la plupart des pays européens, les pratiques évaluatives et formatives semblent pouvoir se penser à travers des situations d'enseignement/apprentissage plus intelligibles pour élaborer des modèles cognitifs qui introduisent désormais une prise en compte de l'expérience dans la formation initiale. Les dispositifs de RVAE paraîtraient donc finalement apporter des propositions d'action en faveur de synergies dialogiques susceptibles de favoriser l'harmonisation du rapport entre les savoirs.

IV. Bibliographie

Albornoz, A., et Dupuis, P. (2008). *Comment évaluer les acquis de l'expérience ? Une analyse du travail des experts en VAE*. Genève : Université de Genève, Faculté de psychologie et des sciences de l'éducation.

Allal, L., et Mottier Lopez, L. (2005). Formative assessment of learning: A review of publications in French. *Formative Assessment: Improving Learning in Secondary Classrooms*, 241-264. Organisation for Economic Co-operation and Development.

Astier, P. (dir.). (2004). Les acquis de l'expérience – première partie. *Éducation permanente, 1* (158), 1-168.

Barrère, A. (2011). *L'école buissonnière : quand les adolescents se forment par eux-mêmes*. Armand Colin.

Biggs, J. (1998). Assessment and classroom learning: a role for summative assessment? *Assessment in Education: Principles, Policy & Practice, 5(1)*, 103-110.

Black, P., et Wiliam, D. (1998). Assessment and classroom learning. *Assessment in Education: Principles, Policy & Practice, 5(1)*, 7-74.

Bloom, B., Hastings, J. T., et Madaus, G. F. (dir.). (1971). *Handbook on the formative and summative evaluation of student learning*. McGraw-Hill.

Boyer, L. (2013). *Co-construction d'un modèle cognitif de l'apprentissage d'une compétence en vue d'assurer la validité et l'équité de son évaluation : Le cas de la compétence « Exercer un jugement clinique infirmier »* (Thèse de doctorat, Université de Sherbrooke). Québec, Canada.

Brochier, D. (2009). La compétence, mode ou modèle ? Genèse, usage et sens de la notion de compétence en gestion des ressources humaines et en formation. Dans J.-M. Barbier, É. Bourgeois, G. Chapelle et J.-C. Ruano-Borbalan (dir.), *Encyclopédie de la formation* (p. 1013-1036). Presses Universitaires de France.

Cortessis, S. (2013). *Exercer un jugement professionnel sur les acquis de l'expérience : le parcours initiatique d'un jury de validation.* Seismo.

Cortessis, S., Weber Guisan, S., et Tsandev, E. (2019). *Le bénévolat des jeunes, comme une forme alternative de formation.* Seismo.

De Ketele, J.-M. (2010). Ne pas se tromper d'évaluation. *Revue française de linguistique appliquée, XV*(1), 25-37. https://www.cairn.info/revue-francaise-de-linguistique-appliquee-2010-1-page-25.htm

Dierendonck, C., Loarer, E., et Rey, B. (2014). *L'évaluation des compétences en milieu scolaire et en milieu professionnel.* De Boeck Supérieur.

Durrive, L. (2014). La démarche ergologique : pour un dialogue entre normes et renormalisations. *Ergologia, Mai* (11), 171-198.

Figari, G., et Remaud, D. (2014). *Méthodologie d'évaluation en éducation et formation ou l'enquête évaluative* (Préface de P. Mayen). De Boeck Supérieur.

Jorro, A. (2007). *Évaluation et développement professionnel.* L'Harmattan.

Jorro, A. (2015). De l'évaluation à la reconnaissance professionnelle en formation. *Revue française de pédagogie, janvier-février-mars (190)*, 41-50.

Kerbrat-Orecchioni, C. (1982). Le Texte littéraire : non-référence, auto-référence, ou référence fictionnelle ? Dans *L'autoreprésentation : le texte et ses miroirs* (p. 27-49). Trinity College.

Lafont, P. (2019). *Validation des Acquis de l'Expérience et Education Tout au Long de la Vie. Paroles d'acteurs politiques et sociaux.* Pétra.

Lainé, A. (2018). *Evaluer l'expérience en VAE – Le dialogue des gens de métier.* Editions Eres.

Lakoff, G., et Johnson, M. (1985). *Les métaphores dans la vie quotidienne.* Éd. de Minuit.

Leplat, J. (2001). Compétence et ergonomie. Dans J. Leplat et M. de Montmollin (dir.), *Les compétences en ergonomie* (p. 41-53). Octarès Éditions.

Pastré, P., Mayen, P., et Vergnaud, G. (2006). Note de synthèse : la didactique professionnelle. *Revue française de pédagogie, janvier-mars*(154), 145-198.

Paul, M. (2004). *L'accompagnement : une posture professionnelle spécifique.* L'Harmattan.

Rey, B. (2008). Chapitre 4. Quelques aspects éthiques de l'évaluation. Dans G. Baillat, J.-M. De Ketele, L. Paquay et C. Thélot (dir.), *Évaluer pour former* (p. 57-67). De Boeck Supérieur.

Rywalski, P. (2012). La validation des acquis d'expérience comme processus de formation. *Tempus Actas de Saúde Coletiva, 6*(2), 85-100. http://www.tempusactas.unb.br/index.php/tempus/article/view/1116/0

Rywalski, P. (2014). Les acquis d'expérience : de la reconnaissance à la prise en compte en Suisse. Dans P. Lafont (dir.), *Institutionnalisation et internationalisation des dispositifs de reconnaissance et de validation des acquis de l'expérience, vecteur de renouvellement des relations entre univers de formation et de travail ? Tome II : Politiques publiques et privées pour la mise en œuvre des dispositifs de validation des acquis de l'expérience et leur intertionalisation* (vol. 1-2, vol. 2, p. 251-260). Éditions Publibook.

Rywalski, P. (2018). Des défis pour l'expertise en reconnaissance et validation des acquis d'expérience (RVAE). Dans M. Demeuse, M. Milmeister et C. Weiss (dir.), *L'évaluation en éducation et en formation face aux transformations des sociétés contemporaines : 30e colloque de l'ADMEE-Europe. Actes du colloque* (p. 551-558). Université du Luxembourg.

Schwartz, Y. (2011). Pourquoi le concept de corps-soi ? Corps-soi, activité, expérience. *Travail et apprentissage, juin*(7), 148-177.

Schwartz, Y. (2012). Le travail comme rencontres : entre le visible et l'invisible, le défi d'évaluer le travail. *Tempus Actas de Saúde Coletiva,*

6(2), 27-44. http://www.tempusactas.unb.br/index.php/tempus/article/view/1112/1025

Schwartz, Y. (2019). L'agir évaluatif entre ses deux pôles. *Éducation permanente, septembre-décembre* (220-221), 315-328.

Scriven, M. (1967). The methodology of evaluation. Dans R. Tyler, R. M. Gagné et M. Scriven (dir.), *Perspectives of curriculum evaluation* (p. 39-83). Rand McNally & Co.

Taras, M. (2007). Machinations of assessment: Metaphors, myths and realities. *Pedagogy, Culture & Society, 15*(1), 55-69.

Tardif, J., et Dubois, B. (2013). De la nature des compétences transversales jusqu'à leur évaluation : une course à obstacles, souvent infranchissables. *Revue française de linguistique appliquée, XVIII*(1), 29-45. https://doi.org/10.3917/rfla.181.0029

Thélot, C. (2008). Chapitre 1 : L'évaluation dans le système éducatif : pour quoi faire ? À quelles conditions l'évaluation est-elle utile ? Dans G. Baillat, J.-M. De Ketele, L. Paquay et C. Thélot (dir.), *Évaluer pour former* (p. 17-27). De Boeck Supérieur.

Von Erlach, E., et Bernier, G. (2018). *La formation tout au long de la vie en Suisse. Résultats du Microrecensement formation de base et formation continue 2016* (publication n° 1326-1600). Office fédéral de la statistique (OFS). https://www.bfs.admin.ch/bfsstatic/dam/assets/5766408/master

Chapitre 8. Les pratiques évaluatives en contexte de formation par alternance : entre reliance et accompagnement

Philippe Maubant

I. Introduction

En cherchant à mettre à jour les faits saillants de résultats de recherches ayant étudié différentes ingénieries de formation par alternance, dans trois contextes internationaux (Catalogne, Québec et France), nous avons identifié différents invariants constitutifs de ces ingénieries de l'alternance. Nous avons constaté que ces invariants fonctionnaient comme des préalables voire comme des postulats impactant tout à la fois les représentations des professionnels de l'alternance et les conceptions des chercheurs étudiant cet objet de recherche si singulier. La centration des chercheurs sur certains objets de recherche notamment exprime et révèle avec force les questions actuelles, scientifiques mais aussi sociales et sociétales posées par l'alternance en formation.

L'analyse des recherches sur les ingénieries de l'alternance permet d'identifier l'expression, par les professionnels de l'alternance, de leurs pratiques formatives. Les différents acteurs des formations par alternance ajustent leurs postures et adaptent leurs pratiques d'intervention en fonction de la lecture qu'ils réalisent de cette ingénierie de l'alternance les conduisant à prendre appui sur l'analyse des situations de travail vécues par les formés. Le formateur de terrain, en contexte d'alternance, devient davantage un accompagnateur. Si l'expression de transformations constatées semble relever essentiellement de postures de l'intervention, les transformations exprimées concernent aussi les pratiques formatives, incluant les pratiques évaluatives. Une conception nouvelle de l'intervention, induite, voire imposée par le contexte de l'alternance, semble donc agir sur les pratiques formatives et évaluatives.

En prenant appui sur une méta-analyse de publications de recherches sur les formations par alternance, en Catalogne, au Québec et en France, ce chapitre propose donc de mettre à jour les principales lignes-forces issues des résultats de ces recherches. À partir de ce bref état des lieux, nous proposons d'identifier les changements paradigmatiques constitutifs des différentes ingénieries de l'alternance. Ce diagnostic nous conduit à mesurer l'impact de ces changements sur la transformation des pratiques formatives et évaluatives chez les différents acteurs des formations par alternance. Considérant qu'il s'agit avant tout de transformations de représentations de l'alternance en formation et de modifications de postures de l'intervention formative et évaluative, le texte cherche à établir des liens voire des reliances (Lemoigne, 2008) entre le paradigme de l'alternance, l'émergence d'une ingénierie renouvelée de l'alternance, une nouvelle conception de l'intervention formative et évaluative en contexte d'alternance fondée sur l'idée d'accompagnement. Nous proposons de comprendre pourquoi des transformations de postures et de désirs de changement de pratiques, chez ces acteurs de l'alternance, contribuent à reconsidérer le sens attribué à l'évaluation et la fonction d'accompagnement.

Nous avons fondé notre argumentaire sur la base d'une méta-analyse d'un corpus de 126 textes scientifiques faisant état de recherches portant sur les formations par alternance, provenant de trois régions du monde : Catalogne, France et Québec. Cette approche méthodologique permet de sélectionner et compiler différents textes scientifiques sur un objet donné. Elle vise aussi à établir une synthèse des résultats de recherche sur cet objet à partir d'une base de données fournies par les différentes publications consultées.

Le texte s'organise en deux sections. La première section a pour objectif de mettre en évidence les transformations de représentations chez les différents acteurs de l'alternance touchant à l'ingénierie de formation et à l'ingénierie pédagogique. Ces transformations de représentations s'incarnent dans des changements de postures et dans des désirs de transformations de pratiques exprimés par les différents intervenants des formations par alternance. Cette première section est précédée d'une courte synthèse des résultats issus de la méta-analyse de textes scientifiques réalisée. La seconde section propose d'identifier et d'analyser les liens entre, d'une part, de nouvelles conceptions/représentations de l'intervention formative, exprimant l'émergence d'une nouvelle posture, celle de l'accompagnement, induite voire imposée par une ingénierie renouvelée de l'alternance et, d'autre part, la transformation progressive des représentations de l'évaluation conduisant à l'expression d'une posture de compagnonnage évaluatif permettant de renouveler *in fine* les pratiques professionnelles des différents acteurs de l'alternance.

II. Méthodologie

La recherche dont nous faisons état a été financée par le Ministère québécois des relations internationales dans le cadre d'un programme dédié à la collaboration scientifique entre la Catalogne et le Québec. L'Université de Lleida et celle de Sherbrooke étaient les deux institutions impliquées dans la réalisation de cette action de recherche[71] qui a associé l'Association internationale des maisons familiales rurales. Nous avons procédé à la recension d'écrits scientifiques publiés au Québec, en Catalogne et en France.

Il ressort qu'un nombre non négligeable de textes publiés par les équipes québécoises et catalanes prend appui sur des recherches réalisées en France. Les textes ont été sélectionnés en fonction de deux principaux critères : l'étude d'ingénieries de formation en contexte d'alternance et

---

71 La formation des acteurs de l'alternance. Programme de recherche Catalogne-Québec 2017-2019 financé par le Ministère des relations internationales du Gouvernement du Québec. Chercheur principal : Philippe Maubant (Université de Sherbrooke, Canada). Co-chercheurs : Marc Boutet (Université de Sherbrooke, Canada), André Campeau (MFR du Granit, Canada), Jordi Coiduras (Université de Lleida, Espagne), Enrique Correa Molina (Université de Sherbrooke, Canada), Claudia Gagnon (Université de Sherbrooke, Canada), Jordi Gonzalez (Université de Vic, Espagne), Pedro Puig Calvo (Université de Barcelone, Espagne et Association internationale des maisons familiales rurales).

l'étude de dispositifs de formation d'acteurs de l'alternance : formateurs, tuteurs, mentors, conseillers pédagogiques, superviseurs de stage... Au regard des domaines de recherche des membres de l'équipe scientifique, nous avons centré notre sélection des textes sur les formations par alternance initiées et développées en contexte post-secondaire dédiées à la professionnalisation dans les professions adressées à autrui : formation à l'enseignement et formation dans le domaine sanitaire et social. À partir d'une grille d'analyse catégorielle de contenus (Bardin, 2013), nous avons retenu les catégories suivantes : l'ingénierie des dispositifs de formation par alternance, l'ingénierie didactique et pédagogique des formations par alternance, les dispositifs de formation des acteurs de l'alternance, les formateurs-accompagnateurs des formations par alternance.

Les objectifs du projet étaient les suivants : 1. Identifier, caractériser et modéliser les différentes ingénieries de formation et ingénieries didactico-pédagogiques en contexte d'alternance ; 2. Identifier et caractériser les dispositifs de formation des acteurs de l'alternance ; 3. Repérer et analyser l'expression de leurs pratiques formatives. Nous cherchions en effet à révéler les différentes pratiques formatives voire pédagogiques déployées par des intervenants à l'interface des situations de formation et des situations de travail. Une fois cette recension et cette méta-analyse d'écrits scientifiques réalisées, nous avons dégagé différentes données permettant d'atteindre les trois objectifs présentés précédemment.

Nous exposons dans la première section du texte, sous la forme d'une entrée en matière, quelques faits saillants issus de cette méta-analyse.

III. Section 1 : Synthèse de la méta-analyse des publications scientifiques consacrées à la formation par alternance

De l'analyse des publications scientifiques sélectionnées, nous pouvons extraire les éléments suivants :

L'alternance en formation : une valeur ajoutée indéniable, mais laquelle ?

Les chercheurs, comme les terrains de recherche explorés, semblent tous partager une conviction : celle que l'alternance, comme configuration formative et pédagogique, constitue une valeur ajoutée pour la bonification des parcours de formation, voire celle des parcours de professionnalisation (lorsque ce label est revendiqué) notamment dans l'enseignement supérieur. Dans cette perspective, l'analyse des publications scientifiques consultées souligne que l'alternance constitue dans un certain nombre de cas un marqueur de l'objectif de professionnalisation des parcours de formation. Dès lors, le concept de professionnalisation se précise au fur et à mesure de son attelage au concept d'alternance. La valeur ajoutée de la professionnalisation des parcours de formation épouse celle de l'alternance : meilleure articulation entre travail et formation, meilleure employabilité des sortants, meilleure collaboration entre les différents intervenants, ceux des milieux de la pratique et ceux de la formation, plus grande adéquation-articulation entre théorie et pratique.

L'alternance en formation ou la tentation de l'ingénierie

Les recherches consultées constatent la prédominance de l'ingénierie des politiques de formation sur l'ingénierie de formation et sur l'ingénierie pédagogique. Autrement dit, l'alternance est d'abord un discours, une intention, voire une idéologie. Elle est plus rarement posée comme configuration favorable à l'émergence de nouvelles pratiques formatives. Elle s'exprime de manière parfois incantatoire comme un slogan, une *doxa*, une ardente obligation, plus rarement comme une invitation à transformation ou à changement. À l'instar de la professionnalisation érigée depuis plusieurs années en discours injonctifs, l'alternance constitue à la fois une politique de management des ressources humaines exprimées en slogan mais aussi une modalité voire une traduction organisationnelle des relations et des interactions souhaitées et souhaitables, peut-être, entre la formation et l'emploi. Lorsque l'alternance, comme concept et comme idée, demeure uniquement dans le discursif, elle s'étiole à l'image des discours sur la professionnalisation ou ceux récurrents sur les compétences.

L'alternance : un concept flou et élastique

L'analyse des publications scientifiques a montré combien les acteurs de terrain peinent à définir l'alternance. Pour y parvenir, ils expriment davantage leurs attentes que leurs pratiques. Ils restent, pour la plupart, dans le registre des hypothèses : l'alternance contribuerait à l'apprentissage et au développement professionnel (Maubant, 2013), l'alternance favoriserait l'analyse réflexive de la pratique ou celle de l'activité du travail, l'alternance renforcerait la motivation des alternants, l'alternance inviterait les formateurs à transformer leurs pratiques... L'alternance, cette bonne fée penchée sur le berceau des parcours de professionnalisation, serait ainsi interpellée dans sa capacité à exaucer tous les vœux des décideurs, des ingénieurs de formation et des formateurs, qui depuis tant d'années, peinent à redorer le blason bien pâle de la formation professionnelle, du moins dans les pays concernés par cette méta-analyse.

Lorsque l'alternance se résume aux périodes de stage

Un nombre significatif de recherches étudie des expériences d'alternance centrées principalement sur les stages. Rappelons que notre analyse a porté sur les deux domaines suivants : formation à l'enseignement et formation des professionnels du secteur sanitaire et social. Pour ce second domaine, il convient de rappeler la production importante et ancienne de publications en pédagogie médicale. Néanmoins, nous n'avons pas trouvé dans les publications sélectionnées des références explicites à la problématique des apprentissages professionnels ni à celle de l'accompagnement.

L'alternance : un prétexte à la transformation des pratiques formatives et évaluatives

Concernant la formation des acteurs de l'alternance aux pratiques d'accompagnement, très peu de recherches scientifiques portent sur cet objet. Quelques textes suggèrent que le développement de telles pratiques pourrait constituer une condition de l'amélioration des formations par alternance. Les travaux portant notamment sur la formation à l'enseignement mettent en évidence l'importance d'améliorer les pratiques formatives des différents acteurs de l'alternance : formateurs, tuteurs, superviseurs, mentors.... Ces publications insistent sur la nécessité d'accompagner tous les intervenants des formations par alternance, en particulier ceux affectés *stricto sensu* dans les établissements de formation et encouragés à adopter une posture d'accompagnateur et à développer des pratiques d'accompagnement. Ces pratiques nouvelles, même si les recherches peinent à les modéliser, doivent traverser les différents niveaux de l'ingénierie des formations par alternance : stratégique, organisationnel et pédagogique (Boudjaoui et Gagnon, 2014).

La mise en place de nouvelles pratiques formatives dont l'accompagnement deviendrait progressivement l'*alpha* et l'*omega* impacte les curricula de formation (Knight et Yorke, 2004) et les parcours de professionnalisation. Il se confirme qu'en agissant ainsi sur les pratiques formatives des acteurs de l'alternance, les ingénieurs de formation modifient les parcours et les curricula incluant une modification des lieux et des temporalités (Perrinel et Maubant, 2018), une modification des contenus et une transformation des pratiques évaluatives.

Apprendre en alternance, oui mais comment ?

L'analyse des recherches sur les formations en alternance révèle un impensé, celui de l'apprentissage professionnel. En effet, l'alternance en formation ne peut sans doute pas se réduire à n'être qu'un outil pédagogique ou un artefact d'une ingénierie de formation en quête de renouvellement. L'alternance comme configuration formative est aussi attendue dans sa capacité à accompagner les processus d'apprentissage et de développement professionnel. Nous pourrions ainsi poser la question suivante : comment apprendre dans et par l'alternance ?

En posant cette question, nous interpellons *de facto* les différents intervenants œuvrant à des titres et à des degrés divers dans la mise en œuvre de différentes formes d'alternance dans les parcours post-secondaires de professionnalisation. Ils sont nombreux et leurs pratiques professionnelles hétérogènes expriment leur dynamisme et une certaine foi dans l'alternance. Mais notre analyse des recherches consultées ne révèle pas un fort intérêt des chercheurs pour l'apprentissage professionnel en contexte d'alternance. Comme toute foi, l'alternance s'exprime en hypothèses et en espérances. L'alternance devient alors spiritualité et liturgie. Elle perd en substances pratiques ce qu'elle conserve en idéal de vie. Néanmoins, la question des stages (Gervais et Leroux, 2011), celle de ses formes et de ses finalités, oblige les zélateurs de l'alternance à une mise en pratique, ou plus exactement à des interrogations sur ses différentes déclinaisons pratiques. En s'intéressant aux différents acteurs responsables de la conduite, de la supervision, voire de l'encadrement des stages (Boutet et Rousseau, 2002), les chercheurs posent *de facto* trois questions centrales : Quelles sont les finalités des stages ? Peut-on disposer, dans les curricula, de période de stages sans que soit présente nécessairement une forme d'alternance ? Quelles conditions sont nécessaires pour faire des périodes de stage des situations d'apprentissages professionnels ?

L'accompagnement, entre nouveau paradigme et pratiques ancestrales

De récents travaux soulignent la nécessité de changer de paradigme pour penser les pratiques professionnelles et pédagogiques déployées par les différents acteurs de l'alternance : abandonner progressivement le paradigme de la formation pour préférer celui d'accompagnement.

Les stages seraient ainsi des révélateurs de nouvelles pratiques pédagogiques qu'il conviendrait d'introduire dans les pratiques professionnelles des différents acteurs de l'alternance. Ces pratiques d'accompagnement ont fait l'objet depuis peu de travaux conséquents, tant dans le champ scolaire que dans le champ de la formation d'adultes. On évoque même la fonction d'accompagnement et un statut à part entière de formateur-accompagnateur.

Si les différents professionnels intervenant à des titres divers dans les formations par alternance (tuteurs, maîtres associés, mentors, formateurs…) ont été dans un passé récent l'objet d'actions de formation continue, autrement dit d'actions de formations de formateurs, il n'existe pas pour le moment de formations à l'accompagnement qui pourraient impliquer conjointement les différents acteurs des formations par alternance. Ces formations sont sans doute à initier et à inventer. Mais elles doivent aussi être fondées scientifiquement et pragmatiquement, selon nous, par les apports de théories ou de modèles comme celles notamment de l'analyse de l'activité du travail.

Ces théories principalement développées par l'ergonomie du travail, par la psychologie du travail et plus récemment par la didactique professionnelle insistent sur l'importance d'accompagner un futur professionnel à analyser son travail. Car cette analyse est, nous disent les recherches scientifiques, l'une des conditions de la formation mais plus précisément une condition de l'apprentissage et du développement professionnel (Pastré, 2011). Mais encore convient-il de s'assurer de la maîtrise par de possibles accompagnateurs et du cadre théorique issu de ces travaux sur l'analyse de l'activité du travail et des outils méthodologiques permettant de conduire cette analyse.

Une autre théorie, celle du praticien réflexif, s'est introduite depuis plusieurs années dans les différentes ingénieries des formations professionnalisantes. Ainsi, la plupart des facultés en charge de la professionnalisation des parcours de formation convoquent aujourd'hui quasi systématiquement le paradigme de la réflexivité pour structurer des cours dont la visée principale est l'exploitation des situations de travail, et en particulier celles des périodes de stage. Mais la réflexivité n'est pas une fin en soi. Elle constitue à la fois une posture mais aussi une pratique au cœur de l'analyse de l'activité du travail ou de l'analyse de pratiques. C'est donc bien en direction des théories d'analyse de l'activité et de leurs méthodologies que devraient se tourner les futurs concepteurs de formations à l'accompagnement. Former les formateurs de terrain à l'accompagnement de l'analyse du travail par l'alternant, voilà tout l'enjeu des formations des acteurs de l'alternance. Les recherches consultées semblent unanimes sur ce point.

Après avoir présenté les résultats de notre méta-analyse de publications scientifiques centrées sur les formations par alternance, nous allons, dans le cadre d'une seconde section de ce texte discuter de quelques constats parmi ceux évoqués précédemment. Cette seconde section s'inscrit donc résolument dans la discussion, le débat et la contradiction.

De quelques données sur les pratiques formatives des acteurs des formations par alternance : vers une intervention formative et accompagnante

Les recherches soulignent combien le terme d'accompagnement semble aujourd'hui convoqué pour nommer voire pour décrire les pratiques professionnelles des différents acteurs des formations par alternance. Nous avons pu constater l'augmentation significative de textes visant à théoriser les pratiques d'accompagnement. Il convient de souligner que ces textes sont principalement issus de recherches portant sur la formation à l'enseignement.

Roure et Boudjaoui (2016) affirment que le développement des formations universitaires en alternance, ces dernières années, s'accompagne du développement de nouvelles compétences attendues chez les intervenants universitaires qui se voient de facto attribuer de nouveaux rôles, et parfois de nouvelles fonctions. Selon les textes scientifiques consultés, la mise en œuvre de formations en alternance à l'université, via des parcours de professionnalisation, requiert de mobiliser différentes théories ou modèles formatifs. À cet égard, les théories d'analyse de l'activité, celles sur l'intégration de situations professionnelles dans la formation, celles sur l'analyse de pratiques sont étudiées dans leurs capacités à favoriser la réussite des alternants. Il est important, soulignent Roure et Boudjaoui, d'impliquer plus systématiquement les tuteurs académiques ou les formateurs universitaires dans le développement professionnel de l'étudiant, et pas seulement les intervenants des milieux professionnels. Pour favoriser l'efficacité et la qualité de ces dispositifs de formation par alternance, il conviendrait, selon les auteurs, de mieux articuler les différents savoirs et mieux soutenir les échanges entre les différents lieux de formation en privilégiant la connaissance réciproque des différentes cultures organisationnelles : culture universitaire et culture de l'entreprise. Pour Crasborn et al. (2008) et pour Valencic et Vogrinc (2005), les tuteurs intervenant dans ces dispositifs, invités à mobiliser les stratégies les plus adaptées à l'alternance, ont reçu une formation spécifique. Dans les études de Molina et al. (2004) et de Roure et Boudjaoui (2016), nous pouvons remarquer que les formateurs, intervenant en contexte de formation par alternance, sont convaincus que la transformation de leurs pratiques pédagogiques, notamment s'ils reçoivent une formation spécifique, peut contribuer à l'amélioration des dispositifs d'alternance. Selon Molina (2004), les étudiants semblent partager cette perception. Ainsi, les expériences de stages en milieu de travail peuvent être particulièrement bénéfiques si les formateurs de terrain ont été en mesure de développer des pratiques pédagogiques adaptées à cette ingénierie de l'alternance.

En Catalogne, les travaux scientifiques soulignent la nécessité d'encourager le développement de la formation des acteurs de l'alternance en considérant qu'il s'agit d'une préoccupation majeure à inscrire dans les futures politiques de promotion de la professionnalisation des parcours de formation. Certains chercheurs estiment qu'elle est même une condition de l'amélioration de toute formation universitaire professionnalisante. Quelques auteurs considèrent que les pratiques de certains formateurs se rapprochant de pratiques d'accompagnement ne sont pas suffisamment mobilisées ni exploitées en raison de l'absence d'expériences dans l'ingénierie pédagogique des formations par alternance. Gonzalez Sanmamed et Fuentes Abeledo (2011), s'appuyant sur Guyton et McIntyre (1990), constatent même une baisse des actions de formation dédiées aux acteurs des formations par alternance, en particulier sur la question des liens entre connaissances théoriques et connaissances pratiques.

Au Québec, il convient de souligner le travail considérable des équipes chargées du pilotage des stages dans les différents programmes de formation. Des changements importants ont été introduits progressivement dans l'ingénierie des stages (Boutet et al., 2016). Des transformations sont identifiables dans les différents documents mis à disposition des différents acteurs des formations par alternance : guide de stage, livrets d'accompagnement, documents d'évaluation. Outre les outils de gestion des situations de stage, autrement dit ces outils de l'alternance (Correa Molina et Gervais, 2008), les recherches consultées soulignent que les pratiques professionnelles des différents intervenants qui œuvrent à différents niveaux dans la gestion des stages, se transforment peu à peu (Lapointe et Guillemette, 2015). On semble moins décrire ces pratiques comme des pratiques formatives ou comme des pratiques tutorales, de supervision ou d'encadrement mais davantage comme des pratiques d'accompagnement (Spallanzani et al., 2017). Selon les travaux scientifiques consultés, le fondement de ces transformations tiendrait principalement à l'affirmation, dans les curricula, que tout professionnel doit s'inscrire dans une démarche continue d'apprentissage et de développement professionnel (Jorro et Pana-Martin, 2012).

En France, comme en Catalogne ou au Québec, la posture de praticien réflexif est convoquée en tant que modalité ou condition de la professionnalisation de la formation et du professionnel novice. Dès lors, les différents intervenants qui participent de la réussite du futur professionnel, dans le cadre de son parcours de professionnalisation, sont invités à accompagner et non plus seulement à former au sens académique et universitaire du terme. C'est donc moins le paradigme de la réflexivité (Tardif et al., 2012) qui est à l'œuvre dans la transformation des pratiques des acteurs des formations par alternance (notamment ceux impliqués dans la gestion des stages) que les paradigmes de développement et d'apprentissage professionnel (Mazalon, Gagnon et Roy, 2014 ; Boutet et Villemin, 2014).

Boutet et al. (2016, p. 201) considèrent que l'apprentissage en stage est une démarche d'apprentissage expérientiel. C'est donc la finalité d'apprentissage conférée aux situations de stage (Correa Molina et al., 2008) qui conduit à envisager d'autres pratiques didactico-pédagogiques que celles mises en œuvre jusqu'à présent par les professionnels chargés de la gestion des stages, qu'ils soient formateurs associés, superviseurs, mentors ou coachs (Baudrit, 2011). Plusieurs auteurs soulignent les conditions de ce changement paradigmatique : des conditions organisationnelles plaçant notamment la collaboration entre différents acteurs de l'alternance au cœur d'une ingénierie de formation renouvelée, des conditions didactico-pédagogiques conduisant à « former » ces acteurs de l'alternance aux théories de l'apprentissage, notamment en les informant des travaux sur l'apprentissage expérientiel, au développement des recherches sur les savoirs formels et informels, aux conditions relationnelles centrées sur le développement et la maîtrise d'une véritable relation d'aide et de médiation favorisant l'apprentissage, le développement et l'insertion professionnelle des professionnels novices. Les pratiques d'accompagnement semblent ainsi s'inscrire dans la défense d'une nouvelle forme d'alternance, non plus une alternance associative, mais une alternance davantage intégrative, fruit de synergies soutenues par l'accompagnement.

Nous identifions bien ici qu'une formation future des acteurs des formations par alternance basée sur l'acquisition, le développement et la maîtrise d'une posture et d'une pratique d'accompagnement devrait aussi inclure une réflexion sur les trois domaines d'expertise suivants : une expertise dans l'ingénierie des formations par alternance, une expertise dans le domaine de l'apprentissage professionnel, une expertise dans le domaine de l'analyse réflexive de l'activité du travail. Sans doute pourrions-nous ajouter un quatrième domaine d'expertise, celui des pratiques évaluatives en contexte de formation par alternance (Gremion et Maubant, 2017). L'accompagnateur, pièce maîtresse d'une formation par alternance, deviendrait ainsi un acteur polyvalent dont l'expertise principale tiendrait dans sa capacité à aider un futur professionnel à analyser l'activité de son travail. Sans la maîtrise de ces différents domaines d'expertise, l'accompagnement ne serait qu'une injonction de plus sans véritable balise ni repères pour agir (Brau-Antony et Mieusset, 2013).

De la recherche de l'accompagnateur idéal : mythe et espérances

Différentes recherches insistent sur l'importance de développer chez les acteurs des formations par alternance des compétences spécifiques. L'un des facteurs de qualité des formations par alternance touche aux pratiques et aux compétences des tuteurs (Zabalza, 2011 ; Martínez Figueira et Raposo, 2011 ; Coiduras et al., 2014). Les tuteurs et formateurs se réclamant de pratiques ou de stratégies d'accompagnement ont, en Catalogne, tous reçu une formation spécifique (Cid et al., 2011). Pour les auteurs de ces recherches, les tuteurs doivent utiliser des stratégies adéquates permettant : de promouvoir la réflexivité comme théorie fondatrice de l'analyse des pratiques, de faciliter le développement de l'identité professionnelle chez les étudiants, de les encourager à l'analyse de pratique, d'inviter tous les acteurs concernés à renforcer la communication entre tous les partenaires de l'alternance (Sánchez Núñez et al., 2011).

Certains auteurs montrent les proximités et les différences entre pratiques d'accompagnement et pratiques évaluatives. D'autres chercheurs soulignent l'absence de communications entre les formateurs relevant des différents contextes de formation (l'université et les milieux professionnels). Or, il semble essentiel pour ces auteurs de favoriser le partage des objectifs, le partage des conceptions des dispositifs de formation par alternance, le partage des formes pédagogiques de l'alternance, en favorisant le recours aux observations en stage et à l'analyse réflexive, en invitant au partage de ces données d'observation et d'analyse.

La formation des tuteurs semble donc, selon les recherches consultées, une condition d'amélioration des stages (Serrano, 2006, Tejada Fernández, 2002). Les différents protagonistes des formations par alternance, y compris les étudiants, réclament, semble-t-il, un accompagnement plus systématique et la mise en place de formations de formateurs *ad hoc*. Entre autres aspects, Cid et al. (2011) expriment combien un accompagnement de qualité favoriserait la réussite des étudiants. L'accompagnement aiderait notamment à éviter l'isolement des étudiants. Il apaiserait les tensions voire les conflits entre théorie et pratique. L'accompagnement contribuerait aussi à l'amélioration de l'estime de soi chez les étudiants. Il permettrait le développement de postures et de pratiques réflexives.

Coiduras et al (2014) proposent d'identifier et de caractériser les fonctions de l'accompagnateur. Ils proposent deux grandes fonctions de l'accompagnateur : 1. Favoriser le développement psycho-social ou l'appui social et émotionnel de la personne accompagnée ; 2. Favoriser le développement professionnel de l'accompagné lorsque l'accompagnateur mobilise ses connaissances pour l'aider à décider afin d'améliorer son action. Cid et al., (2011) repèrent quelques conditions à mettre en œuvre pour garantir un accompagnement « performant et de qualité » : une disposition de l'accompagnateur à partager ses expériences et ses analyses de sa propre pratique, une disposition de l'accompagnateur à travailler avec autrui, une connaissance par l'accompagnateur des besoins de l'étudiant, sa capacité à réfléchir sur la pratique. Ces compétences particulières attendues ne peuvent voir le jour sans une formation spécifique d'accompagnateur.

Au Québec, en 2014, les travaux du sous-comité du Groupe d'intervention et d'innovation pédagogique (GRIIP, 2014) sur la formation et l'accompagnement pédagogique des nouveaux enseignants soulignent l'importance de former, notamment les enseignants de l'université, à l'accompagnement des étudiants. En effet, participer à la professionnalisation d'autrui ne va pas de soi. Peu de formateurs, intervenant dans les parcours universitaires de professionnalisation, ont eu l'occasion de penser leurs interventions et leurs pratiques. Autrement dit, comment contribuer au développement et à l'apprentissage professionnel de l'étudiant ? Comment est-ce possible pour un formateur de terrain (superviseur, coach, mentor, etc.) de réfléchir, par soi-même et sur soi-même, à la manière dont on a appris le métier visé par le parcours de professionnalisation ?

Certes, les universités québécoises ont mis en place des programmes de formation à l'enseignement supérieur. Mais il convient sans doute de les asseoir davantage sur une vision commune et partagée ne se réduisant pas à des aspects de gestion de classe ou de gestion de groupe. Ici encore, une pratique d'accompagnement n'est rendue possible que si, au préalable, on détermine les finalités de cette pratique singulière mise en œuvre au service de l'étudiant. Or nous avons vu, à la lecture des travaux sur l'ingénierie de l'alternance, que cette configuration stratégique, organisationnelle et pédagogique de l'alternance devait se justifier principalement au regard de l'affirmation de l'une des visées de la professionnalisation : l'apprentissage professionnel. Dès lors, pour certains chercheurs, l'accompagnement d'autrui devrait être une pratique visant à créer les conditions de l'apprentissage et du développement professionnel de l'étudiant. Des publications évoquent même l'idée d'émancipation de l'autre comme finalité de l'accompagnement (Clénet, 2020). Selon les publications scientifiques consultées, pour parvenir à cette conception de l'accompagnement, la formation aux pratiques d'accompagnement devrait prendre appui préalablement sur des pratiques d'analyse réflexive de l'activité du travail. L'analyse de l'activité induirait en quelque sorte un changement de posture et de pratique faisant progressivement de l'intervention formative une intervention accompagnante. Pour tout futur accompagnateur, cela nécessiterait préalablement de maîtriser trois domaines de compétences : des compétences didactico-pédagogiques dans l'accompagnement de l'apprentissage et dans l'accompagnement du développement professionnel (Jorro et al., 2017), des compétences d'analyste du travail et de l'activité (Robin et Vinatier, 2011), des compétences relationnelles et communicationnelles (Portelance et al., 2008).

Les compétences d'accompagnement ne relèvent pas seulement de savoirs à acquérir et à maîtriser, qu'ils soient des savoirs touchant aux techniques relationnelles ou des savoirs d'ordre psycho-social (Faulx et Petit, 2011) et communicationnel. Les expériences menées par certains centres de formation professionnelle sont de toute évidence inspirantes pour inventer et mettre en œuvre des pratiques d'accompagnement. L'analyse des collaborations scientifiques avec le réseau des Maisons familiales rurales (MFR du Granit au Québec, EFA de Quintanes en Catalogne) montre combien les pratiques d'accompagnement sont plus aisément déployables si elles sont en harmonie avec la culture stratégique et organisationnelle de l'établissement de formation (Lerbet, 1992). En effet, l'analyse des publications scientifiques souligne combien certaines conditions culturelles sont indispensables pour mettre en œuvre des pratiques d'accompagnement. Ces conditions culturelles sont les suivantes : inscrire la profession et la professionnalisation au cœur de l'ingénierie de formation, inscrire la finalité de l'apprentissage professionnel au cœur de l'ingénierie pédagogique, prendre en compte les différentes formes d'apprentissages professionnels fondés sur des apprentissages expérientiels, partager des compétences et des expertises entre acteurs des formations par alternance, partager des valeurs et des finalités assignées à l'alternance en formation. Ces conditions culturelles semblent inscrites dans le concept même d'alternance. L'alternance semble ainsi constituer l'ADN de ces centres de formation professionnelle, là où les formateurs ne sont pas seulement formateurs mais davantage des compagnons du parcours de professionnalisation. Portelance (2008) souligne d'ailleurs qu'adopter une posture d'accompagnement contribue au développement de l'identité professionnelle du stagiaire et à son engagement dans l'organisation apprenante (Roger et Maubant, 2018). Autrement dit, la culture organisationnelle s'incarne dans - mais aussi génère - des pratiques d'accompagnement qui, à leur tour, enrichissent et participent du développement de cette culture organisationnelle.

Afin d'esquisser le portrait idéal de cet accompagnateur de l'alternance, nous reprendrons ici les propos de Gremion et Maubant (2017) caractérisant ainsi l'accompagnateur : « Que l'on parle d'ami critique (Jorro, 2006 ; MacBeath, 2002), d'accompagnateur professionnel (Vial et Caparros-Mencacci, 2007), d'acteur bienveillant (Maubant, 2007), de compagnon réflexif (Donnay et Charlier, 2008), le profil attendu de l'accompagnateur est toujours sensiblement le même :

- Un acteur bienveillant qui est l'ami, le compagnon de chemin, permettant à l'accompagné de passer par-dessus les soupçons de « rapports de force » (Jorro, 2006, p. 40) véhiculés par l'évaluation ;
- Un acteur en retrait, tout en restant proche, qui ne montre pas le chemin mais aide à le choisir, démarche inscrite dans une pédagogie active et socioconstructiviste, cherchant à « tout faire pour que l'autre fasse » (Maubant, 2007, p. 46) ;
- Un acteur critique qui maîtrise les compétences nécessaires à une évaluation authentique et qui peut, en toute transparence, partager et discuter des résultats de ses observations avec l'accompagné ;
- Un acteur en recherche, pour qui l'évaluation est une recherche de compréhension, et pour qui toutes les pratiques méritent compréhension et réflexion, toutes y compris la sienne, afin de rester dans cette posture auto-évaluative et réflexive qu'il cherche à soutenir chez l'Autre.

Si la réussite d'un parcours de professionnalisation prenant appui sur l'alternance comme configuration organisationnelle et pédagogique nécessite la mise en œuvre de nouvelles pratiques formatives, nommées pratiques d'accompagnement (Charlier, 2016), il convient d'envisager la mise en place de dispositifs de formation de formateurs, ce que proposent depuis peu différentes facultés aidées en cela par des services de soutien pédagogique et par l'appui de nouveaux professionnels comme les conseillers pédagogiques ou les techno-pédagogues.

De la recherche de la formation à l'accompagnement : entre idéal et contraintes

Le gouvernement catalan considère comme une visée stratégique l'amélioration de la formation des enseignants. Pour cela, il promeut l'idée de développer des formations à l'accompagnement. Cornadó Teixidó (2016) a dirigé une équipe interuniversitaire étudiant les dimensions formatives à inscrire dans une formation d'enseignants scolaires et universitaires. L'auteur encourage le recours à l'accompagnement comme pratique formative spécifique de la formation pour l'enseignement. À terme, les formations à l'enseignement devraient, selon cette équipe, privilégier le développement, chez les formateurs, de compétences en accompagnement, leur apprentissage de techniques d'observation et de pratiques d'analyse de l'activité des étudiants ou alternants, leur engagement à une réflexion sur la construction de l'identité professionnelle enseignante, la maîtrise de pratiques évaluatives spécifiques d'un contexte d'alternance, un travail réflexif sur l'exploitation des stages.

Coiduras et al. (2014) proposent une formation à l'accompagnement enracinée dans l'expérience réelle des étudiants. L'expérience professionnelle des étudiants deviendrait ainsi un « matériel pédagogique » exploitable permettant une analyse partagée entre formateurs et formés. Cornadó Teixidó (2016) propose ainsi des activités de formation partagées entre enseignants universitaires, enseignants experts et enseignants novices. Les trois profils d'enseignants et les trois fonctions assignées par l'ingénierie de formation devraient constituer les fils rouges des séances formatives.

Une formation à l'accompagnement pour tout intervenant œuvrant dans les formations en alternance devrait privilégier une alternance d'expériences et de savoirs. González Sanmamed et Fuentes Abeledo (2011) reprennent l'idée de Nilsson et Driel (2010) visant à repenser une formation pour les accompagnateurs universitaires et pour les accompagnateurs de terrain. Se former ensemble afin de promouvoir des échanges et une mutualisation des connaissances sur le rôle et les pratiques des accompagnateurs, permettrait de partager des concepts, des stratégies pédagogiques et un vocabulaire commun sur l'accompagnement. L'accompagnement pourrait ainsi devenir un objet central de formation, communément partagé.

Dans une perspective méthodologique, l'observation de la pratique, comme l'activité et son analyse, peuvent être aussi des objets pertinents d'une future formation des acteurs de l'alternance. Autrement dit, si les pratiques de l'accompagnement ont besoin d'outils ou de démarches particulières, alors certains instruments, modèles ou méthodes peuvent être convoqués. Les travaux sur l'apprentissage des adultes de Kolb (1984), fondés sur la pratique pour « revenir à la pratique », peuvent orienter aussi la formation des accompagnateurs. L'analyse des situations professionnelles réelles mobilisant des phases d'observation, de débriefing, d'aide à faire des liens entre pratique et théorie, d'analyse de l'activité, d'évaluation formative, en utilisant notamment la vidéoscopie, pourrait devenir la pierre angulaire d'une formation à l'accompagnement des étudiants en contexte de formation par alternance.

Les recherches consultées nous indiquent que l'accompagnement ne doit pas se déployer uniquement dans un lieu de formation. Il doit constituer une pratique pédagogique favorisant les collaborations entre les différents partenaires de l'alternance et contribuer à renforcer les articulations entre les matières ou contenus disciplinaires. Dans cette perspective, les formateurs-accompagnateurs devraient être en mesure de mobiliser des compétences propres et de connaître en profondeur le dispositif de formation et les conditions du développement de partenariats nécessaires à la réussite de l'alternance en formation. Pour cela, Le Boterf (2002) propose de recourir à des ressources externes visant à rendre possible l'harmonisation entre les activités universitaires et les activités en milieu de travail.

IV. Section 2 : Nouvelles conceptions de l'intervention formative, émergence d'une posture de compagnonnage évaluatif et renouvellement des pratiques professionnelles des acteurs de l'alternance

Prégnance des conceptions de l'alternance sur les configurations formatives et évaluatives à inventer

Si l'alternance exprime parfois une conception duale du monde structurée autour du travail et de la formation, certains travaux de recherche plaident pour l'identification d'une zone interstitielle entre les deux entités concernées. Les travaux de Boutet et Villemin (2014) identifient un troisième espace de formation : un entre-deux situé entre l'espace de formation en milieu professionnel et l'espace de formation en école ou en centre. Cet espace, à l'interstice des deux autres, est qualifié d'espace de construction identitaire du professionnel en formation. Pour les deux auteurs, ce troisième espace produit chez les formateurs des tensions qu'il convient de mettre en synergie afin de les réguler ou de les d'atténuer et qui relèvent de pratiques formatives ou évaluatives (Mottier Lopez, 2015). L'une de ces tensions serait produite par le fait que le formateur, en contexte d'alternance, hésiterait entre une posture d'aide/accompagnement et une posture évaluative. La posture évaluative ferait obstacle au processus de développement professionnel, notamment si celle-ci se drape dans les oripeaux de la certification. Boutet et Villemin s'appuient sur différents travaux révélant ce constat d'une tension entre deux postures, l'une davantage formative, la seconde radicalement évaluative, dans le sens d'une évaluation sommative et certificative. Ils rappellent que des recherches récentes confirment cette donnée en montrant combien les formés eux-mêmes réclament de leurs formateurs l'endossement d'une posture davantage accompagnante et moins « évaluative ».

Mais l'accompagnement serait aussi une pratique formative favorisant l'atténuation d'une seconde tension présente dans les formations par alternance, celle du rapport entre théorie et pratique. Boutet et Villemin dressent le constat que l'accompagnement constitue un soutien à la transformation de l'expérience des formés. Cette posture d'accompagnement se traduit dans une pratique formative spécifique attendue chez les formateurs. Dans les travaux de Boutet et Villemin, ces formateurs qualifiés par le contexte organisationnel de superviseurs de stage sont encouragés à développer une pratique d'accompagnement entendue comme soutien à la transformation de l'expérience du formé. Ce soutien ou cette aide vise à réduire les écarts entre, d'une part, la théorie exprimée par le professionnel en formation et qui est énoncée comme les fondements de sa pratique et, d'autre part, la pratique réalisée. Transformer l'expérience du formé vise à le soutenir dans l'explicitation de sa pratique professionnelle, en l'incitant à un retour réflexif sur les expériences vécues. Le rappel des expériences vécues ne les réduit pas aux expériences professionnelles, mais à toute situation expérientielle. L'explicitation de la pratique professionnelle concerne tout autant le dire sur le « faire réalisé » que le dire sur le « faire souhaité ou voulu ». L'expression du « vouloir faire » permet, selon les auteurs, d'aider le futur professionnel à clarifier ses intentions et ses buts. Elle l'encourage à questionner ses conceptions de la profession et de la pratique qui y est associée.

Les recherches exposées par Boutet et Villemin confirment trois réalités. La première réalité confirme la thèse défendue dans les pages précédentes. Étudier l'alternance en formation, c'est postuler la présence de dysfonctionnements dans l'ingénierie de formation et *a fortiori* dans l'ingénierie pédagogique. Ces dysfonctionnements sont le résultat de tensions entre les deux composants de la dualité constitutive de l'alternance telle qu'elle est pensée et imaginée par les différents acteurs des formations par alternance, y compris par les chercheurs. La dualité de l'alternance est pensée comme un rapport de tensions voire d'oppositions. Les recherches visent donc aussi à explorer des pistes de remédiation à ces tensions. La seconde réalité permet de conforter l'argument suivant : l'alternance en formation semble constituer un contexte favorable à l'émergence, chez les formateurs, de pratiques formatives nouvelles voire de pédagogies alternatives appréciées des formés. Dès lors, l'alternance en formation ne peut s'assimiler exclusivement à une pédagogie spécifique. Elle ne fait que favoriser, voire révéler des pédagogies soutenant les formés dans la réussite de leurs apprentissages professionnels. Est-ce pertinent dès lors d'espérer l'avènement d'une et une seule pédagogie de l'alternance ? Ne devrait-on pas considérer que le contexte de l'alternance génère une inventivité pédagogique propice à l'émergence de nouvelles relations éducatives voire à de nouvelles reliances entre différentes situations porteuses d'apprentissages professionnels ? La troisième réalité révélée par les recherches de Boutet et Villemin permet de définir plus précisément une pratique d'accompagnement. L'accompagnement est d'abord le retrait progressif du formateur. Celui-ci doit échapper à la tentation de l'enseignement, du contrôle et de la certification pour privilégier une pratique résolument formative et somme toute évaluative. Ces pédagogies spécifiques favorisées ou déclenchées par les formations par alternance, dont l'accompagnement fait partie, semblent agir principalement sur le processus de développement professionnel et peu ou pas sur le processus d'apprentissage. Certes, cette pédagogie de l'accompagnement fait la part belle à une posture d'ami critique et à une relation éducative bienveillante. Elle participe de la création d'un climat favorable aux apprentissages en aidant le formé à porter un regard rétrospectif et critique sur ses expériences passées. Or, nous faisons l'hypothèse que cette pratique réflexive ne peut avoir de sens que si elle se met en place à partir d'un objectif d'apprentissage professionnel. Sinon, elle risque de tourner sur elle-même et de favoriser un narcissisme virulent faisant obstacle à l'analyse de la pratique. Sans l'identification conjointe et partagée d'un objectif d'apprentissage, entre formé et formateur, la pratique réflexive demeure l'unique but, alors qu'elle doit rester un moyen parmi d'autres favorisant l'apprentissage professionnel. En posant l'intention d'apprentissage comme objectif commun et partagé entre accompagnateur et accompagné, nous esquissons ici un compagnonnage critique fondé sur une posture réflexive revendiquée et assumée par les deux protagonistes nécessitant une auto-évaluation co-construite.

Il faut souligner combien l'invitation à développer une pratique réflexive chez les formés se traduit par faire de la réflexivité l'*alpha* et l'*omega* de la réflexion sur les pratiques formatives attendues en particulier chez les formateurs en charge de la conduite et de la gestion des interstices spatio-temporels se situant entre le milieu professionnel et l'école ou le centre de formation. Le développement d'une pratique réflexive est devenu au fil du temps un cadre de référence et réglementaire pour penser la formation des formateurs, tuteurs, mentors, superviseurs. Ces formateurs dédiés à la gestion de cet entre-deux, caractéristique des formations par alternance, interviennent aussi dans le pilotage des périodes de stage. Ils peuvent aussi porter plusieurs fonctions et plusieurs dénominations : formateur, superviseur, tuteur, mentor, coach...

Une certaine ingénierie des formations par alternance reposant sur la conviction que la problématique centrale de l'alternance réside dans le constat d'un dysfonctionnement d'articulations entre travail et formation a, depuis quelques années, identifié des acteurs dédiés à l'atténuation voire à la disparition de ce dysfonctionnement. Une fois repéré ces formateurs particuliers, il convenait de leur attribuer une pédagogie spécifique. C'est ici que la pratique réflexive et le concept de réflexivité contribuent à construire une réponse formative à une problématique institutionnelle et organisationnelle, toujours en quête de l'introuvable relation travail-formation. L'inflation croissante du concept de réflexivité dans les travaux scientifiques épouse son apologie politique et idéologique. Néanmoins, plus les décideurs, responsables et ingénieurs de formation semblent s'enthousiasmer pour la réflexivité, plus il semble difficile de cerner avec précision les contours de cette notion. La pratique réflexive semble se réduire aujourd'hui à une *doxa* chargée d'attentes multiples touchant tour à tour au développement professionnel, à la transformation identitaire, à la reconnaissance, au conseil, à la bienveillance et à l'aide à la décision. Sans finalité explicitement affichée, la pratique réflexive et l'invitation à la réflexivité sont parfois devenues des slogans permettant de vendre des formations de formateurs articulées autour de l'analyse de pratiques. Cette compétence réflexive se doit d'être maîtrisée tant par les formateurs de formateurs que par les formateurs eux-mêmes. Dans la formation à l'enseignement, tous les acteurs intervenant dans la formation des enseignants se doivent d'être aujourd'hui des praticiens réflexifs tout autant que les enseignants qu'ils forment. Les promoteurs de cette pratique réflexive considèrent sans doute qu'en formant les formateurs d'enseignants à cette pratique, les enseignants en formation vont développer à leur tour ces compétences. Or, sans une argumentation scientifique et pédagogique solide, l'usage non finalisé de la pratique réflexive fait obstacle à l'identification des objectifs de la formation. Autrement dit, il ne suffit pas de réfléchir à sa pratique, même accompagné pour cela, pour s'engager dans un processus d'apprentissage professionnel. L'incantation abusive et virale de la pratique réflexive empêche les acteurs des formations par alternance de discuter, de débattre et de décider de la mise en œuvre de la finalité intrinsèque de toute entreprise formative : apprendre et faire apprendre. Pour cela, il convient de réfléchir à une pratique réflexive dont l'objectif serait essentiellement l'apprentissage professionnel.

L'analyse de quelques recherches portant sur les formations par alternance a permis d'identifier que la formation des acteurs de l'alternance constituait non pas un objet de recherche en tant que tel mais davantage une perspective conclusive de résultats de recherche. Ces résultats soulignent les difficultés rencontrées par ces acteurs de l'alternance, voire leurs impuissances à réduire les dysfonctionnements constitutifs de ces formations. Ces dysfonctionnements s'expriment au travers de tensions récurrentes constatées entre travail et formation. Dès lors, les pratiques formatives des acteurs de l'alternance, en particulier celles de ceux intervenant dans la gestion des « entre-deux », comme les superviseurs de stage par exemple, sont étudiées de près, tant par les chercheurs que par les responsables de formation. Un modèle pédagogique semble émerger. Il porte un nom : l'accompagnement. S'il demeure jusqu'à présent une notion peu étudiée, souvent méconnue des formateurs eux-mêmes, proches d'autres notions reconnues institutionnellement comme le conseil, le tutorat ou la supervision, l'accompagnement semble cristalliser autour de lui des concepts ou des expressions particulièrement populaires dans les milieux de la formation : réflexivité, pratique réflexive, analyse de pratiques. Les concepts ou expressions phares de la formation des adultes s'adressaient jusqu'à présent à tout professionnel de l'humain, et pas exclusivement à ceux intervenant dans le champ de la formation ou de l'éducation. Or, le recours à la notion d'accompagnement et à la nouvelle fonction ou profession d'accompagnateur donne une coloration plus « relationnelle » voire davantage pédagogique à l'analyse réflexive ou à l'analyse de la pratique. Souvent coincée entre, d'une part, une ingénierie de formation, didactique et souvent dogmatique centrée sur une méthodologie faite de grilles d'analyse et de vidéoscopies et, d'autre part, une approche clinique faisant la part belle à l'explicitation non directive des pratiques, l'analyse réflexive de la pratique professionnelle s'est parfois perdue en chemin. Se tourner dès lors vers ceux qui ont la charge de mettre en place ces pratiques analytiques et réflexives dans les situations formatives, c'est alerter les acteurs de l'alternance sur l'importance de décider d'un objectif et d'une valeur attendue dans une telle démarche. C'est aussi, enfin, s'entendre sur une finalité de l'alternance, qui ne se réduise pas à un objectif politique, stratégique ou organisationnel mais qui relève de la réflexion pédagogique. Si l'analyse réflexive des pratiques doit être mise en perspective au regard d'une intention formative explicite comme l'apprentissage professionnel, cela exige alors de celui qui met cela en œuvre une posture et une pratique pédagogique particulière. L'accompagnement peut-il être cette pédagogie favorisant l'apprentissage professionnel ? L'analyse réflexive des pratiques peut-elle être utilisée à cette fin ? L'analyse des recherches sur les formations par alternance, et plus particulièrement l'analyse de celles portant sur la formation des acteurs de l'alternance, semblent indiquer que l'accompagnement comme posture professionnelle spécifique des formateurs crée les conditions pour faire des situations formatives des situations d'apprentissage professionnel. Mais ces recherches semblent confirmer aussi que les pratiques d'accompagnement restent souvent une nébuleuse composée de pratiques diverses (Paul, 2004). Les travaux scientifiques peinent à caractériser cette pratique. Ils ne peuvent conduire à l'émergence d'un modèle pratique de l'accompagnement. Dès lors, de la tentative de définir l'accompagnement, concept en émergence, structuré autour de notions de sens commun comme celles de médiation, de conseil, d'aide, de soutien, de soin ou encore de facilitateur, émergent, chez les chercheurs, semble-t-il, deux consensus : assigner à l'accompagnement une ou plusieurs finalités et penser l'accompagnateur comme un pair aidant. L'accompagnateur n'est pas un guide, ni un mentor influent, ni un acteur d'interface, ni un médiateur chargé de résoudre les conflits, ni un thérapeute au chevet de la faiblesse humaine. L'accompagnateur est avant tout celui qui comble l'absence. De cette absence temporairement disparue nait immédiatement une relation bienveillante a priori compagnonnique. Mais cette relation n'est pas encore éducative. Pour qu'elle le devienne, il convient que l'accompagnement, comme pratique éducative, s'assigne un objectif. Or, si comme le suggère Paul, l'invitation à développer des pratiques d'accompagnement dans toutes les sphères sociales peut s'expliquer par le désir d'une re-connaissance de soi et de ses rapports aux autres, l'accompagnement peut viser aussi et surtout un objectif d'apprentissage de soi et sur soi, dans et par une relation mutuelle, réciproque, dialogique et dialectique entre accompagnateur et accompagné.

V. Conclusion

La réflexion nourrie de la recherche conduite sur les formations par alternance et sur les formations des acteurs de l'alternance a réveillé et a confirmé des constats mis en évidence dans différentes publications. L'alternance établit avec ceux qui la prennent pour objet d'étude une relation forte, souvent obsédante, toujours fascinante au risque d'être aliénante, tant elle exprime des imaginaires audacieux, des idéologies ambitieuses et des attentes de jours heureux.

Lorsqu'il s'agit d'imaginer une formation des acteurs de l'alternance, la tentation serait grande de dupliquer, à l'identique, le modèle d'ingénierie de l'alternance ayant cours encore aujourd'hui en formation professionnelle et dans les parcours de professionnalisation : des cours de pédagogie universitaires constitués de savoirs sur la pédagogie universitaire et, possiblement, de retours sur sa pratique d'enseignement à l'université. Nous avons pu montrer dans les pages précédentes les impasses de cette ingénierie.

A contrario, nous proposons de privilégier quelques entrées ou quelques dimensions significatives pour concevoir et mettre en œuvre une formation des acteurs de l'alternance : inscrire cette formation comme une action à part entière de formation continue de professionnels maîtrisant l'alternance comme pédagogie et notamment devenant experts de la question de l'apprentissage professionnel, rénover les *curricula* de formation dans lesquels ces différents intervenants agissent en prenant appui sur le diagnostic des besoins des formés (par un travail sur les liens entre, d'une part, leur projet de formation, leur projet d'apprentissage et de développement professionnel et, d'autre part, leurs processus de construction de l'identité professionnelle), mettre en place l'étude des différentes manières d'agir en contexte de travail par l'usage de démarches et de techniques comme l'observation et l'analyse de l'activité du travail. La qualité d'une offre de formation de formateur réside donc dans sa dimension professionnalisante. Autrement dit, il est important de vérifier que les formateurs intervenant dans les dispositifs de formation par alternance soient d'abord et avant tout des experts de l'apprentissage professionnel.

La mise à jour de l'accompagnement comme « pédagogie de référence » des acteurs de l'alternance qu'ils soient formateurs, tuteurs, superviseurs ou mentors, coachs, accompagnateurs, etc. souligne la dimension nomade et instable de ce concept. Tantôt articulé aux théories et méthodologies d'analyse de l'activité du travail, tantôt habité des publications soumises à un effet de mode éditorial sur le développement personnel, tantôt vampé par certains discours sur l'évaluation en panne de renouvellement, le concept d'accompagnement, s'il s'invite aujourd'hui dans les discours sur les pratiques des acteurs de l'alternance, mériterait d'être davantage étudié en fonction de différentes épistémologies : psycho-sociales, didactiques, pédagogiques. Il nous apparaît essentiel de confronter les travaux sur les théories, méthodologies et modèles d'analyse de l'activité du travail aux pratiques d'accompagnement dans des contextes de formation par alternance. En dépassant la simple évocation de nombreuses et récurrentes *doxa* comme celle du praticien réflexif, il semble important de nourrir les pratiques d'accompagnement par un cadre théorique, conceptuel et méthodologique structurant et organisant ces pratiques. Sans cette réflexion en amont, il semble inconcevable de penser une formation des acteurs de l'alternance à l'accompagnement, notamment si on lui assigne l'objectif de faire des accompagnateurs des experts de l'apprentissage professionnel.

L'analyse des pratiques d'accompagnement souligne l'importance de la prise en compte de l'identité professionnelle tant du côté des formateurs et des différents intervenants que du côté des apprenants, autrement dit, des alternants eux-mêmes. Accompagner autrui, c'est d'abord et avant tout s'accompagner soi-même dans cette quête identitaire vitale. L'accompagnement doit privilégier l'apprentissage professionnel comme visée formative et évaluative. Les recherches consultées rappellent combien apprendre donne un sens à ce regard réflexif, rétrospectif et projectif. Dans cette perspective, former et évaluer, c'est inviter le futur professionnel à regarder par devers soi, dans son rapport intime à la profession envisagée. C'est créer, avec lui, à ses côtés, dans une finalité éducative commune et partagée, les conditions de son apprentissage. Dès lors, les liens entre apprentissage professionnel et construction identitaire se dessinent comme éléments structurants de pratiques d'accompagnement. L'accompagnement d'autrui constitue non seulement une pratique éducative mais aussi une posture psycho-sociale jouant un rôle sur la construction de compétences psycho-sociales des alternants. Une pratique d'accompagnement redonne toute sa valeur à une évaluation misant tout autant sur l'apprentissage professionnel que sur la construction d'une identité professionnelle et sociale. Dès lors comment sensibiliser les acteurs des formations par l'alternance à cette nouvelle lecture de l'évaluation en lien avec une pratique d'accompagnement en émergence ? En considérant que l'alternance comme pédagogie conduit, quoi qu'il en coûte de renonciation et de deuils, à transformer les pratiques formatives, évaluatives et accompagnantes.

VI. Bibliographie

Bardin, L. (2013). *L'analyse de contenu*. Presses universitaires de France.

Baudrit, A. (2011). *Mentorat et tutorat dans la formation des enseignants*. De Boeck.

Boudjaoui, M., et Gagnon, C. (2014). L'alternance en formation, nouveaux enjeux, nouveaux regards. *Éducation et francophonie*, 42(1), 1-9.

Boutet, M., et Rousseau, N. (2002) (dir.). *Les enjeux de la supervision pédagogique des stages*. Presses de l'université du Québec.

Boutet, M., et Villemin, R. (2014). L'accompagnement : un élément clé pour l'apprentissage en stage et pour le développement professionnel continu des enseignants. *Phronesis*, 3(1-2), 81-89.

Boutet, M., Arsenault, M., Ferland, L., Francoeur, L., et Gagné, L. (2016). Le pari de l'accompagnement pour la formation de praticiens réflexifs de l'enseignement : possibilités et limites d'un système de stages. *Approches inductives 3* (1), 189-218.

Brau-Antony, S., et Mieusset, C. (2013). Accompagner les enseignants-stagiaires : une activité sans véritables repères professionnels. *Recherche et Formation*, (72), 15–26.

Charlier, E. (2016). Accompagner : une démarche singulière et plurielle. Dans A. Jorro et Y. Mercier-Brunel (dir.), *Activité évaluative et accompagnement professionnel* (p. 18-28). Presses universitaires de Tours.

Chisvert-Tarazona, MJ., Palomares-Montero, D., et Soto-González, MD. (2015). Formación en Alternancia en el ámbito universitario. Una experiencia de proyecto integrado a partir del aprendizaje basado en problemas. *Revista Educar 2015, vol 51/2*, 299-320. http://educar.uab.cat/article/view/679

Cid, A., Pérez Abellás, A., et Sarmiento Campos, J.A. (2011). La tutoría en el Practicum. Revisión de la literatura. *Revista de Educación*, (354), 127-154.

Clénet, J. (2020). Formations en alternance : au cœur de l'aventure humaine. Champ social.

Coiduras, J., París, G., Torrelles, C., et Carrera, X. (2014). La evaluación de competencias en una experiencia de formación dual de maestros : diferencias y semejanzas entre tutores de escuela y de universidad. Estudios *Pedagógicos,* (XL), 29-48.

Cornadó Teixidó, M.-P. [dir.] (2016). El pràcticum en la formació inicial de mestres. Estat de la qüestió i propostes de futur. Barcelona, Programa de Millora i Innovació en la Formació Inicial de Mestres. Col·lecció DocsMIF, núm 2.

Correa Molina E., et Gervais, C. (2008). *Les stages en formation en enseignement : pratiques et perspectives théoriques.* Presses de l'Université du Québec.

Correa Molina, E., Gervais C., et Rittershaussen, S. (2008). *Vers une conceptualisation de la situation de stage : explorations internationales.* Éditions du CRP.

Crasborn, F., Hennisson, P., Brouwer, N., Korthagen, F., et Bergen, T. (2008). Promoting versatility in mentor teachers' use of supervisory skills. *Teaching and Teacher Education,* (24), 499-514.

Donnay, J., et Charlier, E. (2008). *Apprendre par l'analyse de pratiques : Initiation au compagnonnage réflexif.* (2e éd.). Presse Universitaire de Namur.

Faulx, D., et Petit, L. (2011). Penser et pratiquer la formation aujourd'hui : mise en perspective des approches psychosociales et ergonomiques de la formation. *Les cahiers internationaux de psychologie sociale,* (92), 421-443.

Gagnon, C. (2013). Analyse de l'échec du stage en enseignement professionnel : perceptions de formateurs quant aux difficultés des stagiaires et à l'accompagnement fourni. Desbiens, J-F, Spallanzani, C., Borges, C. *Quand le stage en enseignement déraille. Regards pluriels sur une réalité trop souvent occultée.* (117-146). Presses de l'Université du Québec.

Gervais, C., et Leroux, M. (2011). Ressources mobilisées par des stagiaires pour enseigner : faible part des savoirs théoriques. *Revue des sciences de l'éducation, 37*(2), 281-306.

González Sanmamed, M., et Fuentes Abeledo, E.J. (2011). El Practicum en el aprendizaje de la profesión docente. *Revista de Educación,* (354), 47-70.

Gremion, C., et Maubant, P. (2017). Évaluation et étayage de l'analyse de pratique. *Phronesis, 6*(4), 1-10.

GRIIP (2014) : Formation et accompagnement pédagogique des nouveaux enseignants. Rapport de recherche. Université du Québec. http://pedagogie.uquebec.ca/portail/sites/ptc.uquebec.ca.pedagogie/files/R%C3%A9pertoire%20de%20ressources/rapport-final-et-annexes-vf.pdf

Guyton, E., et McIntyre, D., J. (1990). Student teaching and school experiences. Dans W. R. Houston (dir.), *Handbook of research on teacher education* (p. 514-534). Macmillan.

Jorro, A. (2006). Devenir ami critique. Avec quelles compétences et quels gestes professionnels. *Mesure et évaluation en éducation, 29*(1), 31–44.

Jorro, A., et Pana-Martin, F. (2012). Le développement professionnel des enseignants débutants. *Recherches & éducations,* (7), 115-131.

Jorro, A., De Ketele, J.-M., et Merhan, F. (2017). *Les apprentissages professionnels accompagnés.* De Boeck.

Kolb, D., A. (1984). *Experiential learning: experience as the source of learning and development.* Pearson F.T. Press.

Knight, P., et Yorke, M. (2004). *Learning, curriculum and employability in Higher Education.* RoutledgeFalmer.

Lapointe, J.-R., et Guillemette, F. (2015). L'évaluation des stages par les acteurs de la formation pratique : modalités, supervision, évaluation et guide de stage. *Revue des sciences de l'éducation, 41*(2), 199–217.

Le Boterf, G. (2002). *Développer la compétence des professionnels : construire les parcours de professionnalisation.* Eyrolles.

Lemoigne, J.-L. (2008). Edgar Morin, le génie de la reliance. *Synergies Monde,* 177-184.

Lerbet, G. (1992). *L'école du dedans.* Hachette éducation.

MacBeath, J. (2002). I Didn't Know He Was Ill: The Role and Value of the Critical Friend. Dans P. L. Stoll (dir.), *No Quick Fixes: Perspectives on Schools in Difficulty* (p.118-132). Routledge.

Martínez Figueira, E., et Raposo Rivas, M. (2011). Funciones generales de la tutoría en el Practicum: entre la realidad et el deseo en el desempeño de la acción tutorial. *Revista de Educación, 354,* 155-181.

Maubant, P. (2007). Penser l'alternance comme logique de professionnalisation des enseignants. Dans F. Mehran, C. Ronveaux, S. Vanhulle (dir.), *Alternance en formation,* (p.67-82). De Boeck.

Maubant, P. (2013). *L'apprentissage professionnel en situations : un analyseur de la professionnalisation dans les professions adressées à autrui.* Presses de l'Université du Québec.

Mazalon, É., Gagon, C., Roy, S. (2014). L'encadrement des stagiaires en milieu de travail. Étude exploratoire dans un cadre formel d'alternance en formation professionnelle initiale. *Éducation et francophonie, 42(1),* 113-135.

Molina, E. (dir.). (2004). Formación práctica de los estudiantes de Pedagogía en las Universidades españolas. Profesorado. *Revista de currículum y formación del profesorado, 8(2).* Recuperado el 16 de junio de 2010, de www.ugr.es/local/recfpro/Rev82.html

Mottier Lopez, L. (2015). *Évaluation formative et certificative des apprentissages : enjeux pour l'enseignement.* De Boeck.

Nilsson, P., et Van Driel, J. (2010). Teaching together and learning together. Primary science student teachers' and their mentors' joint teaching and learning in the primary classroom. *Teacher and teaching education, 26(6),* 1309-1318.

Pastré, P. (2011). *La didactique professionnelle : approche anthropologique du développement chez les adultes.* Presses universitaires de France.

Paul, M. (2004). *L'accompagnement : une posture professionnelle spécifique.* L'Harmattan.

Perrinel, M., et Maubant, P. (2018). L'alternance comme révélateur de la fonction des temporalités dans la compréhension des situations d'apprentissage professionnel. Dans P. Maubant (dir.), *Les temps heureux des apprentissages,* (p. 217-230). Champ social éditions.

Portelance, L., Gervais, C., Lessard, M., et Beaulieu, P. (2008). *La formation des enseignants associés et des superviseurs universitaires.* Rapport de recherche. Cadre de référence. Gouvernement du Québec.

Robin, J.-Y., et Vinatier, I. (2011). (dir.). *Conseiller et accompagner. Un défi pour la formation des enseignants.* L'Harmattan.

Roger, L., et Maubant, P. (2018). Esquisse d'une évaluation délibérative et apprenante pour penser autrement l'alternance en formation. *Distances et médiations des savoirs, (22).* https://doi.org/10.4000/dms.2202

Roure, J., et Boudjaoui, M. (2016) Estrategias de profesionalización para la implementación de la formación en alternancia en educación superior en España : El caso del Instituto Máquina Herramienta (IMH)de Elgoibar (País Vasco). *Revista Educar 52*(2), 315-336. http://www.raco.cat/index.php/Educar/article/view/311811/401872

Sánchez-Núñez, C.A., Ramírez Fernández, S., et García Guzmán, A. (2011). La formación de tutores externos de prácticum en educación: diseño, desarrollo y evaluación de una experiencia. *Revista de Docencia Universitaria, 9*(2), 119–145.

Serrano, Y, M. (2006). Las practicas de FP en Cataluna : entre la ley, los agentes y el mercado. *Revista europea de formacion profesional,* (2), 42-52.

Spallanzani, C., Vandercleyen, F., Beaudoin, S., et Desbiens, J.-F. (2017). Encadrement offert par des superviseurs universitaires en formation à l'enseignement : le point de vue des stagiaires en EPS. *Revue canadienne de l'éducation, 40*(2), 1-30.

Tardif, M., Borges, C., et Malo, A., (2012). *Le virage réflexif en éducation : où en sommes-nous 30 ans après Schön?* De Boeck.

Tejada Fernández, J. (2002). La formación de formadores. Apuntes para una propuesta de plan de formación. *Revista Educar* (30), 91-118.

Valencic Zuljan, M., et Vogrinc, J. (2005). The mentor's task with regard to novice teacher. Dans Popov, N. (dir.) *Comparative education and teacher training*, (4), 154-160.

Vial, M., et Caparros-Mencacci, N. (2007). *L'accompagnement professionnel ? Méthode à l'usage des praticiens exerçant une fonction éducative.* De Boeck.

Zabalza, M. A. (2011). El Practicum en la formación universitaria: estado de la cuestión. *Revista de Educación,* (354), 21-43.

Chapitre 9. Plus d'une évaluation : l'homo academicus à l'épreuve

Nathalie Younès

I. Introduction

Le contexte de profondes modifications bouleversant les cadres et pratiques de l'enseignement supérieur est marqué par une pression institutionnelle d'évaluation sans précédent s'exerçant sur les différentes facettes du métier d'enseignant-chercheur. Dans un marché mondialisé, la multiplication des évaluations et des classements, sur tous les plans, des universités et des universitaires, met en tension les niveaux politiques, institutionnels et personnels. Ce qui peut engendrer un certain sentiment de désorientation des enseignants-chercheurs quant au devenir de l'université et leurs propres possibilités d'action. Certains évoquent une forme de désagrégation de la profession académique (Mac Farlane, 2011), l'émergence d'une multitude de métiers spécialisés sur l'une ou l'autre des dimensions du métier pouvant contribuer à un sentiment de dépossession professionnelle potentiellement source de désengagement institutionnel (Cummings, 2015) ou de diversification de l'investissement (Teichler et Höhle, 2013).

En France, la récente polémique à la fin de l'année 2019 sur les critères de nomination des membres de la 16ème section du CNU[72] (la psychologie),

---

[72] Spécificité française, le Conseil national des universités (CNU) est l'instance nationale d'évaluation des enseignant·es-chercheur·ses. Il est organisé en sections disciplinaires composées de représentants des deux corps (maitres de conférences et professeurs), élus par leurs pairs et nommés par le ministère, pour 4 ans, il intervient aux principales étapes de leur carrière : qualification (ou retrait en cas de fraude ou de plagiat), avancement, attribution des congés de

est extrêmement révélatrice du climat social engendré par la compétition exacerbée par des logiques normatives qui s'expriment de plus en plus fortement dans les pratiques d'évaluation de la recherche et des enseignant·es-chercheur·ses. Elle conduit l'un de ses membres à visibiliser sur son blog (Ramus, 2019), les h-index[73] de chacun, comme indicateurs de qualité scientifique pour montrer que les membres nommés ont un h-index supérieur à celui des membres élus. Le nombre et le contenu des réactions témoignent de la vivacité des débats qui agitent la communauté à propos de cette logique de classement basée sur une mesure. Les critiques portent tant sur la pertinence que sur la validité et la fiabilité de cet indicateur. Non seulement il ne serait pas adéquat pour évaluer les enseignant·es-chercheur·ses, mais les effets pervers de l'utilisation de ce type d'indicateurs pourraient même conduire à une baisse de la qualité de la recherche tout en détruisant les collectifs de travail et les individus. Au-delà des critiques se référant à des travaux publiés portant sur la pertinence et la validité de l'indice h, qui ne prend pas en compte la taille de la communauté de référence et qui mesure surtout l'insertion dans un réseau de chercheur·ses très majoritairement Etasuniens (Pansu et al., 2013), c'est le projet politique sous-tendu de division entre « les bons » et « les mauvais » chercheurs, au regard de critères normatifs discutables qui est le plus critiqué. A ce projet clivant, sont opposés respect de la diversité et de la co-construction de solutions partagées dans un climat apaisé. Toujours en réaction, Daniel Gaonac'h s'appuie sur une longue expérience des instances évaluatives de la discipline pour mettre l'accent sur la dimension collégiale dans la construction des critères d'évaluation de la recherche, et la prise en compte de la pluralité des missions des enseignants-chercheurs ainsi que de leurs situations personnelles. Des EC expriment la blessure entraînée par cette dévalorisation d'autant plus durement ressentie qu'elle ne prend absolument pas en compte cette réalité complexe.

Le débat n'est pas neuf. Notamment, dans l'ouvrage issu du 23ème colloque de l'ADMEE-Europe (Romainville et al., 2013), l'inflation quantitative

---

recherche et de reconversion thématique (CRCT), expertise des demandes de prime d'encadrement doctoral ou de recherche, suivi de carrière.
73 Le h. index est un indicateur qui propose de mesurer par un nombre unique, la contribution d'un ou d'une chercheuse à la science prenant en compte le nombre de ses publications et le nombre de citations de celles-ci (Roediger, 2006).

dans l'évaluation de la recherche était déjà largement discutée. L'illusion trompeuse de simplicité apparente offerte par un indicateur quantitatif unique était battue en brèche par une série d'arguments ontologiques, épistémologiques et méthodologiques recouvrant les arguments mobilisés ci-dessus. Le caractère situé de l'activité de recherche invalide une vision individualiste et hiérarchique simpliste de l'évaluation. Les EC sont inséré·es dans des équipes plus ou moins bien dotées en ressources matérielles, organisationnelles et sociales, qui déterminent pour une large part leur productivité en recherche selon des processus de renforcement mutuels fortement inégalitaires. De plus, chaque recherche n'a pas la même visée selon qu'elle est destinée d'abord à la communauté des chercheurs ou d'abord à une communauté professionnelle. Et dans ce cas, une perspective d'expert est différente d'une perspective transformatrice et/ou émancipatrice. Ces différents types de recherche ont chacune leur utilité et peuvent s'inter féconder. Cette diversité ne remet pas en cause la mise en œuvre, dans l'évaluation de la recherche, d'un noyau commun de critères de qualité que sont la pertinence, la validité et la fiabilité (De Ketele, 2013). Mais ils se conjuguent de façons spécifiques suivant les visées poursuivies. Et dans un paradigme constructiviste, on utilise les critères alternatifs de crédibilité, transférabilité, fiabilité et confirmation (Lincoln et Guba, 1985 ; Guba et Lincoln, 1989).

Selon une approche sociologique et économique, la logique scientifique en masquerait une autre, performative (Muniesa et Callon, 2009) visant plus à produire par les classements une forme de marché qu'à en prendre la mesure. En transposant au monde de la recherche les travaux de Karpik (2007) sur l'économie de la singularité, Goasdoué (2013) prolonge les travaux de Musselin (2005) sur le marché des universitaires. Selon Goasdoué, accepter les dispositifs de jugement que sont les outils de quantification de la recherche revient à adopter, pour évaluer la recherche, des valeurs dont la pertinence est manifeste pour les marchés commerciaux comme ceux de l'édition mais pas pour le champ de la production et de la diffusion des connaissances scientifiques : « Les logiques relevant de l'excellence sont toutes basées sur le principe de la valeur associée à la rareté... Ainsi en imposant des dispositifs de jugement inadaptés au fonctionnement de la profession, on s'expose à une désingularisation, une perte d'originalité et de diversité et à une forme de standardisation, et un risque majeur de destruction professionnelle » (p.

214-216). Cet argumentaire convaincant se trouve en écho avec les recherches conduites sur l'évolution de l'enseignement supérieur et la profession académique. Mais il faut constater que peu de travaux encore ont investigué les propres points de vue des enseignant·es-chercheur·ses à propos de leurs vécus et de leurs représentations du métier et de son évaluation. C'est la raison pour laquelle une enquête ethnographique mise en perspective avec la littérature sur les évolutions internationales a été conduite en France de 2013 à 2017, auprès d'universitaires dans un large éventail de disciplines (Paivandi et Younès, 2019). Ce chapitre s'appuie cette investigation qui appréhende différentes dimensions de la carrière et de ses paradoxes dont nous ne reprenons ici que quelques éléments, mettant en évidence dans quelle mesure l'*homo academicus* (Bourdieu 1984) est à l'épreuve de plus d'une évaluation.

Après avoir resitué très brièvement les élargissements de la mission de l'université et donc de l'évaluation des universitaires, nous envisageons comment les enseignant·es-chercheur·ses rendent compte de leurs difficultés à articuler les missions plurielles qui leur sont assignées et comment la carrière se multiplie en trajectoires singulières. Nous traçons ensuite quelques lignes de force autour du chantier d'explicitation et d'harmonisation à effectuer entre référents normatifs, dispositifs de contrôle et dynamiques formatives dans l'évaluation des enseignant·es-chercheur·ses.

II. Entre université et « multiversité »

L'Université de Berlin, fondée au début du 19ème siècle dans le but de créer un établissement élitiste d'enseignement supérieur, a constitué une étape décisive de l'évolution de l'université moderne et reste aujourd'hui encore une référence fondatrice de par le monde (Hohendorf, 1993 ; Renaut, 1995). Jusque-là, les missions d'enseignement et de recherche étaient séparées, les premières étant assurées par les universités alors que les secondes s'effectuaient dans les académies. En les réunissant en un même individu et dans une même institution, Humboldt initiait un processus de transformation du corps professoral qui donna naissance à une nouvelle catégorie sociale, l'enseignant-chercheur (Gingras, 2003). La liberté d'enseignement et de recherche est perçue comme une condition fondamentale pour que l'université poursuive sa mission scientifique (humanités et sciences exactes) dans une perspective idéaliste, désintéressée. C'est donc sans conditions que l'Etat finance l'université et procure aux professeurs un emploi permanent (« tenure »), les protégeant des contraintes d'une productivité à court-terme. L'unité de l'enseignement et de la recherche s'applique également aux étudiant·es, qui participent, avec leurs professeurs, au développement du savoir et se forment par la recherche.

Socle de l'organisation des grandes universités mondiales, ce modèle a été critiqué dès les années 1980 pour le primat accordé à la recherche au détriment de l'enseignement relégué au second plan, alors que le lien entre la productivité en recherche et la qualité de l'enseignement n'est pas avéré (Blondin, 1987 ; Hattie et Marsh, 1996). L'articulation de ces deux dimensions du métier est restée peu étudiée, les recherches étant souvent focalisées soit sur le travail scientifique, soit sur l'enseignement « alors même qu'une des difficultés quotidiennes que rencontrent les enseignants du supérieur est la gestion de la tension qui existe entre ces deux activités, sans oublier les nombreuses tâches d'administration estimées occuper une place de plus en plus importante » (Musselin, 2008, p. 30). Il peut effectivement paraître étonnant qu'étant donné le caractère fondamentalement double de l'activité de l'universitaire, leurs interconnections n'aient pas été plus étudiées jusqu'à une époque récente.

L'étude de ces relations s'avère d'autant plus nécessaire qu'un fort décalage s'observe entre la référence humboldtienne et la réalité de l'université de masse. Celle-ci obéit à des impératifs qui sont avant tout ceux de la formation professionnelle et qui l'éloignent d'une formation réservée à quelques-uns pour et par la recherche. Ce passage a exigé de faire un enseignement plus professionnalisé qui se préoccupe, dans toutes les formations, filières longues ou courtes, de ses débouchés professionnels. L'enjeu du service rendu à la société constitue ainsi une des caractéristiques de l'université, qui prend de plus en plus d'ampleur dans l'injonction qui lui est faite de rendre des comptes. En une expression significative du changement de perspective, Kerr, alors président de l'université de Berkeley, dénomme en 1964 l'université moderne comme « multiversité », en ce qu'elle ne vise plus l'unité du savoir en tant que tel mais se caractérise comme un vaste agrégat de formations aux finalités hétérogènes, visant des compétences très variées et correspondant à des niveaux d'exigence très différents (Robert, 2004). Conçue comme une entreprise ou « industrie du savoir », sa fonction est positionnée comme production, distribution et consommation de connaissances suivant un modèle économique, rompant une tradition centrée sur une formation plus intellectuelle que professionnelle.

Par ailleurs, le paradigme humboldtien se décline de manière différente selon les histoires nationales. Aux États-Unis ou au Japon, seules les universités dites de recherche offrent des conditions d'exercice du métier fondées sur une réelle articulation de la recherche et de l'enseignement. En France, cette conception des universitaires, à la fois chercheur·ses et enseignant·es, s'inscrit dans un paysage particulièrement fragmenté entre organismes de recherche, écoles plus ou moins prestigieuses et universités. Cette situation place les universités dans une position désavantagée sur le plan des conditions d'enseignement comme sur celui de la recherche. En revanche, les enseignant·es-chercheur·ses bénéficient toutes et tous, encore pour le moment, du statut de fonctionnaire d'état garantissant des conditions salariales et de service d'enseignement communes. Le mouvement de protestation face au projet d'une loi de programmation pluriannuelle de la recherche qui prévoit l'institutionnalisation des contrats à durée déterminée, perçus comme précarisation et menace de la liberté académique, témoigne de l'attachement de la communauté universitaire à ses fondamentaux.

Les universitaires et leur évaluation en redéfinition

En France, avec la succession des réformes, les missions de l'universitaire se sont multipliées jusqu'à être explicitement définies dans la loi de 1984 : enseignement, recherche, administration, publications, échanges internationaux, formation continue et diffusion de l'information scientifique et technique auprès du grand public. Les changements majeurs que nous venons de rappeler dans cette reprise rapide de la trajectoire des missions de l'université ont entrainé une grande diversification du métier d'enseignant·e-chercheur·se et de ses cadres de référence, sans toutefois effacer la référence à une unicité mythique de l'université qui fonderait l'identité de ses membres. Globalement, il apparait que la profession universitaire s'exerce dans un grand malentendu entre des missions assignées et la réalité d'exercice de celles-ci, ce qui participe au brouillage de ce qui est en jeu dans l'évaluation. D'ailleurs, face à la multiplication des tâches et la lourdeur de certaines, à un moment donné de la carrière, plusieurs pays ont déjà opté pour une flexibilité grandissante ou une modulation plus importante des services des universitaires entre l'enseignement, la recherche et l'administration.

Partout dans le monde, la profession académique est interrogée au regard de ces fondamentaux que sont la culture disciplinaire, l'autonomie et le couplage enseignement/recherche. La recherche qui se développe largement dans des laboratoires parfois déconnectés du monde de l'université se trouve soumise aux feux croisés de l'évaluation : concurrence, pression sur l'obtention de financements, production de publications.

Quant à l'enseignement qui se reconfigure entre professionnalisation des diplômes et promotion de la pédagogie et des innovations numériques, il se trouve également désormais soumis à une pression évaluative sur tous les plans. Alors que l'enseignement avait été auparavant largement minoré au profit de la recherche, on constate qu'il fait l'objet d'une certaine reconnaissance : développement des services universitaires de pédagogie, financement de projets d'innovation pédagogique, formation pédagogique à l'entrée dans le métier, prise en compte dans la carrière avec la notion de dossier ou portfolio d'enseignement, évaluation de l'enseignement par les étudiant·es… Avec le décret du 9 mai 2017 qui rend obligatoire la formation pédagogique des nouvelles et nouveaux EC lors de leur première année de recrutement, l'université française instaure un changement majeur dans un milieu où l'accès et le déroulement de la carrière continue à s'effectuer surtout en fonction du dossier de recherche. Cette réforme s'inscrit dans un mouvement plus général de transformation de l'enseignement supérieur visant notamment à reconnaitre et promouvoir la mission d'enseignement à l'université mais également à l'orienter. Une telle évolution participe d'une redéfinition du métier d'enseignant·e universitaire et de l'émergence de nouveaux métiers orientés vers l'accompagnement pédagogique. Ce qui questionne la capacité de l'institution à concevoir des dispositifs de formation et d'évaluation adaptés à la réalité des conditions professionnelles des enseignant·es-chercheur·ses et des ressources des établissements d'enseignement supérieurs. Alors que l'enseignement était une affaire plutôt individuelle voire privée, de nouveaux référents se sont construits tels que l'apprentissage actif, les compétences transversales, l'usage extensif du numérique, l'apprentissage collaboratif. Ces référents, diversement appropriés, deviennent de nouveaux cadres d'évaluation, ce qui élargit l'évaluation des enseignant·es-chercheur·ses jusqu'alors essentiellement fondée sur l'évaluation par les pairs de l'activité de recherche.

III. Une enquête auprès des enseignant·es-chercheur·ses qui met en évidence la difficile évaluation d'une triple exigence

La recherche que nous avons menée en France entre 2013 et 2017 visait à comprendre les différentes manières d'être universitaire à travers les points de vue des intéressé·es sur les pratiques d'enseignement et d'évaluation, l'approche pédagogique, la carrière. Cette recherche s'est inscrite dans une perspective phénoménologique, qualitative et compréhensive afin de pouvoir appréhender les expériences des enseignants-chercheurs et enseignantes-chercheuses, la façon dont ils et elles vivent et perçoivent les différentes facettes de leur métier. Une enquête qualitative par entretiens semi-directifs approfondis a été conduite auprès de 49 personnes dans 8 groupes de disciplines[74]. Les analyses ont porté sur les constructions subjectives des événements et de la situation professionnelle par les protagonistes.

L'ensemble des résultats a été présenté par ailleurs (Paivandi et Younès, 2019). Nous nous centrons dans ce chapitre sur un des objectifs qui était de rendre compte des vécus de la triade enseignement/recherche/administration en explorant les perceptions de cette triple exigence. Il apparait que si le couple enseignement-recherche

---

[74] Sciences exactes et expérimentales, sciences appliquées, sciences humaines et sociales, lettres, médecine, droit, sciences politiques, sciences économiques et gestion, sciences et techniques des activités physiques et sportives.

est revendiqué, il est parfois loin de son image idéalisée et que la pluralité des tâches conduit à des stratégies d'adaptation variées et fluctuantes au cours de la carrière.

La reconnaissance d'une alliance à construire entre enseignement et recherche

Pouvoir faire un lien entre le contenu de l'enseignement et celui de la recherche, productrice de connaissances, est particulièrement apprécié par les enseignant·es de notre enquête et constitue à leurs yeux un enjeu scientifique et pédagogique important. Il est aussi souligné que les deux activités « peuvent se nourrir l'une de l'autre » même si la relation se fait généralement davantage de la recherche vers l'enseignement. Ce lien semble au premier abord plus important dans des cours de master que dans les premières années où ce sont les fondamentaux de la discipline qui sont enseignés alors que les savoirs issus des recherches sont souvent considérés comme étant hors de portée des débutants. Toutefois, même en licence, l'actualisation des cours en fonction des résultats de la recherche est fréquemment évoquée. De nombreux exemples sont donnés en ce sens, qu'il s'agisse de l'utilisation de techniques particulières dans les travaux pratiques ou d'exemples illustratifs dans des cours théoriques. Rares sont les enseignant·es qui ne font pas de lien entre leur enseignement et la recherche.

Cette relation s'exprime dans le contenu de l'enseignement, (savoirs et savoir-faire visés) mais peut-être plus encore dans une attitude face à la connaissance favorisant la construction chez l'étudiant·e d'un état d'esprit et d'un sentiment d'identité en tant que membre d'une communauté disciplinaire et/ou professionnelle. Faire partager sa passion de chercheur ou de chercheuse pouvant même parfois prendre une dimension esthétique et développer un esprit critique et autonome face au savoir est considéré comme essentiel par les interviewé·es.

Ce couplage enseignement-recherche est cependant très variable. Sans surprise, ce sont les enseignant·es les plus investi·es en recherche qui en témoignent le plus. La tendance à s'appuyer sur ses propres travaux et l'appartenance à un laboratoire spécialisé va participer à orienter le contenu de l'enseignement. Par ailleurs, les jeunes tentent de cibler des postes où ce lien est réel, ce qui montre la valorisation de cette alliance. En fait, la pratique scientifique et notamment sa communication sont considérées elles-mêmes constitutives des compétences d'enseignement dans le supérieur. Réciproquement, même si cet aspect est plus rarement signalé, l'enseignement va participer à affirmer des connaissances utiles pour la recherche ainsi qu'à clarifier et centrer sa pensée.

Sous différentes modalités, l'association fondatrice de l'enseignement et de la recherche constitue donc bien un socle identitaire puissant. Mais les tensions autour de ce couplage sont fortes, car leur synergie ne va pas de soi. Elle peut même se trouver contrecarrée par le curriculum dans des formations professionnalisantes, y compris au niveau master, où la recherche peut s'avérer marginalisée au détriment des savoirs directement utiles pour l'exercice du métier visé. De plus, le morcellement des cours et la multiplication des intervenant·es créent un contexte de fragmentation des services d'enseignement qui n'est pas propice à un approfondissement pédagogique lié à la recherche.

Valuations variables et fluctuantes

A la conjonction de la recherche et de l'enseignement s'ajoute la mission de service public qui est également parfois mise en avant, plus souvent chez les universitaires ayant des responsabilités administratives, exercées à différents niveaux. Certain·es s'impliquent sur le plan local, dans le fonctionnement des collectifs d'enseignement et/ou de recherche, d'autres sont plus engagé·es dans des réseaux de recherche internationaux ou nationaux ou bien privilégient les rapports avec l'environnement social et économique. En étant attendu·es aussi bien dans l'enseignement, la recherche et le service à la collectivité, il est difficile d'arriver à un équilibre harmonieux par rapport à cette triple exigence qui se décline en une myriade de compétences.

L'activité de recherche est perçue comme étant encore plus exigeante que l'enseignement étant donné la pression compétitive nationale et internationale dans laquelle elle s'inscrit et le temps long qu'elle requiert. Le manque de temps et de ressources pour la mener à bien est fréquemment mentionné. Il s'agit pourtant, dans la plupart des discours, de la principale source de valorisation professionnelle institutionnelle sur le plan de la carrière. Parmi les interviewé·es, certain·es maintiennent une activité de recherche importante quand d'autres y renoncent par lassitude, marginalisation ou choix d'une autre orientation. Le parcours classique de la production scientifique jusqu'à l'encadrement de la recherche n'est pas systématique et il s'effectue à différents stades de rayonnement local ou/et international.

Les interprétations de la mission dans sa globalité sont diverses, l'investissement des responsabilités dans ces trois missions également. Elles peuvent être investies à des moments stratégiques pour obtenir des promotions. Dans d'autres cas, il s'agit de personnes proactives dans la création de diplômes, de filières... Comme toujours, orientations stratégiques et orientations idéalistes coexistent et interfèrent. Notre enquête montre des configurations variables selon les moments de la carrière et les préférences personnelles mais aussi selon les parcours et les contextes locaux qui offrent des perspectives différentes de socialisation. Alors que dans certains cas, on tente de protéger et d'accompagner les débutant·es, de leur construire un service d'enseignement adapté et allégé, ailleurs ils et elles sont surchargé·es de cours et on leur confie d'emblée des responsabilités administratives dans les diplômes, ce qui rend souvent l'entrée dans le métier particulièrement difficile et l'assimile à une situation de survie. De même, l'intégration en recherche est très différente si elle s'inscrit d'emblée dans une équipe en pointe dotée de moyens matériels et organisationnels importants ou si le jeune chercheur ou la jeune chercheuse, se retrouvant plus ou moins isolé·e, doit faire sa place entre anciens et nouveaux réseaux, voire construire lui-même ou elle-même son contexte de recherche. La dimension administrative du métier est d'autant plus mal perçue que peu d'aide est reçue à ce niveau.

Au fil du temps des configurations d'investissement, alternatives ou priorisées se dégagent par rapport à la triple exigence. Un équilibre est recherché, parfois trouvé, toujours au prix d'un fort investissement professionnel et personnel. Par contre on observe également, dans certains cas, une distanciation que ce soit une prise de recul ou un investissement privilégié à l'extérieur de l'université.

En tout état de cause, la plupart des interviewé·es rendent compte d'une activité fluctuante au cours de leur carrière. Rares sont celles et ceux qui se trouvent dans la même configuration tout au long de leur parcours professionnel. Les facteurs personnels sont déterminants dans les arbitrages. La famille, les ancrages locaux, les ambitions matérielles amènent à faire des choix pouvant entrer en contradiction avec une stratégie ambitieuse, voire même avec les attentes institutionnelles minimales. L'autonomie relative et l'emprise partielle de l'institution font que la marge de manœuvre reste assez importante pour permettre de développer des stratégies individuelles et la reconfiguration permanente des priorités professionnelles.

Les entretiens menés démontrent clairement le vécu paradoxal des universitaires. D'un côté, ils et elles témoignent d'expériences pénibles, à cause des mauvaises relations et de la compétition entre collègues ou du fonctionnement administratif à la fois lourd, inefficace, contraignant et inégalitaire. De l'autre, il est fait état d'un plaisir important dans l'exercice du métier, certain·es redoutant d'ailleurs le moment de la retraite quand elle s'approche. La grande majorité des personnes interviewées exprime une satisfaction professionnelle importante et témoigne de stratégies qui leur ont permis de construire une trajectoire qui leur convient dans la plupart des cas, malgré de fortes frustrations. A la question de savoir si ces personnes recommenceraient leur parcours, la grande majorité d'entre elles a déclaré sans hésiter que ce serait le cas. Les facteurs de satisfaction qui sont pluriels portent principalement sur la qualité des relations avec certains collègues et les étudiant·es, le caractère intellectuellement stimulant du métier, l'autonomie, la marge de manœuvre personnelle, la liberté d'exercer son métier à sa manière. Ce qui explique pourquoi les enseignant·es-chercheur·ses s'avèrent souvent réfractaires aux orientations normatives descendantes, perçues comme des menaces de la liberté académique ; une liberté d'autant plus revendiquée qu'il est constaté qu'elle est grignotée par un cadre de plus en plus contraignant.

IV. Dissonance versus harmonisation

Comme nous venons de le souligner beaucoup de dissonances s'expriment et mettent en évidence l'importance de prendre la mesure de la réinvention plus ou moins chaotique du métier d'universitaire et de l'enjeu d'harmoniser des logiques qui peuvent s'avérer contradictoires et blessantes. Des recherches conduites dans d'autres pays montrent une forme de déqualification de la profession académique et son éclatement (Finkelstein et Altbach, 2014 ; Musselin, 2008).

L'articulation des missions plurielles voire contradictoires entre enseignement, recherche et administration se révèle particulièrement ardue, d'autant qu'une dissymétrie structurante au profit de la recherche persiste alors que l'institution exerce une pression normative et cherche à promouvoir la pédagogie par des réformes qui constituent à la fois des forces de changement et de résistance. Les enseignant·es-chercheur·ses sont désormais à l'épreuve de plus d'une évaluation. A l'évaluation par les pairs s'adjoint dorénavant l'évaluation de l'enseignement par les étudiant·es et par d'autres professionnel·les. Le discours reflète souvent le sentiment que le corps professoral est dépossédé de « son université » par des réformes non participatives et imposées de l'extérieur. Les nouvelles normes sont plutôt perçues comme issues d'une culture du management et du contrôle externe qui tente de légitimer l'usage d'outils de gestion destinés à plus d'efficacité au détriment de ce qui est en jeu dans l'ethos de la profession.

Ces résultats obtenus en France sont concordants avec des recherches conduites dans d'autres pays. Par exemple l'enquête de Dayer (2010) menée auprès d' enseignant·e-chercheur·se de l'université de Genève ou celle de De Susa (2015) au Brésil, montrent un positionnement globalement critique qui associe l'évaluation quantitative de la recherche au monde marchand plutôt qu'à celui de la création. Les enseignant·es-chercheur·ses considèrent également que ces indicateurs mesurent davantage un degré de réputation et de visibilité que la qualité scientifique mais également qu'ils tendent à vider le travail de son sens en allant à l'inverse des valeurs de solidarité et de participation qui caractérisent le monde civique.

Concurrence, compétition, critères de performance, quantification entrainent une course effrénée imprégnant toutes les situations professionnelles et personnelles au détriment d'un équilibre. Cette situation n'est pas propre au monde universitaire même si les dissonances s'y trouvent particulièrement prégnantes. Avec le thème de la résonance, Rosa (2018) prospecte des manières alternatives de vivre et de faire, considérant que « les rapports de résonance présupposent continuellement un ajustement rythmique réciproque et doivent satisfaire à des exigences spécifiques de synchronisation » (p. 37). Définissant la résonance comme « se sentir en harmonie » (p.75), il explore l'art d'entrer en relation de manière cognitive et affective, réintroduisant l'importance des rapports interpersonnels et de sens : « En tant qu'elle dénote une faculté de sympathie et d'empathie, la résonance crée et signale une demande d'interaction et de coopération, donc de capital social » (p.39).

Cette approche fait écho à l'ampleur qu'a pris le chantier du coopératif dans le monde de l'évaluation comme dans bien d'autres domaines. Dans le champ de la pédagogie universitaire, il est de plus en plus question de production de collectifs d'enseignement incluant collègues et étudiant·es, de communautés de pratiques, etc. Notre enquête comme tant d'autres montre pourtant que cette culture réflexive collective est loin d'être partagée et qu'elle est sujette à de fortes différences d'appréciation selon que les personnes interviewées se situent ou non dans le cadre de dispositifs institués ou qu'elles valorisent des dynamiques interpersonnelles informelles.

Trois modalités de mise en commun de la pédagogie sont repérables, allant de l'absence totale de collectif à un réel esprit d'équipe en passant par différents niveaux de moments collectifs institués ayant une efficacité variable. Si l'on se réfère au continuum établi par Vangrieken et al. (2015), la configuration qui se présente comme un agrégat d'individus prédomine largement relativement à celle d'équipe avec un fort niveau d'unité. Dans l'ensemble, la solitude pédagogique reste prédominante et la mise en œuvre du collaboratif difficile. Plusieurs recherches dans différents courants soulignent l'importance cruciale de la mise en place de dispositifs d'évaluation de l'enseignement appropriés à même de développer une culture du collectif pédagogique (Abernot et al., 2012 ; Bernard, 2011 ; Younès et Paivandi, 2017). En l'absence de tels dispositifs dialogiques pour s'accorder sur les pratiques du métier avec les différences de points de vue et les conflits de critères, il s'avère que c'est le poids institutionnel et les dynamiques relationnelles aléatoires qui en viennent à supplanter les ajustements mutuels et coopératifs.

V. Conclusion

Le processus d'évaluation est un mouvement de savoirs et de pratiques qui condense des appropriations et des vécus divers imbriquant peur, contestation, performance, imagination, découragement, décrochage, etc. L'évaluation ouvre un champ de possibles, invitant à ne pas fuir les difficultés et les contradictions mais à les affronter dans un temps de perturbation. Dans son ouvrage « Staying with the Trouble », Haraway (2016) insiste sur l'importance de l'immersion dans les situations, afin d'apprendre et d'inventer ensemble dans ces expériences situées sans céder à la tentation d'un repli sur un passé édénique ni à celle de se projeter dans des récits de futurs apocalyptiques ou salvateurs. Ces attitudes se retrouvent dans notre enquête, même si prédominent des discours signifiant des expériences dans lesquelles les personnes travaillent avec les incertitudes, les difficultés et les paradoxes des formes d'évaluation qui se multiplient et se contredisent souvent. Il apparait à quel point la question du pilotage de l'évaluation et de la fabrique collective du sens est en jeu pour harmoniser référents normatifs, dispositifs de contrôle et dynamiques formatives. Des dispositifs sont à construire, créateurs de reliances entre les personnes, les collectifs et les politiques, ce qui engage une autre génération d'évaluation capable de faire tenir ensemble des approches contradictoires pour susciter des synergies de milieu.

VI. Bibliographie

Abernot, Y., Gangloff-Ziegler, C., et Weisser, M. (2012). Contribution à l'épistémologie de l'évaluation des enseignements par les étudiants. *Éducation et socialisation, 32*. http://edso.revues.org/361

Bernard, H. (2011). *Comment évaluer, améliorer, valoriser l'enseignement supérieur ?* De Boeck.

Blondin, D. (1987). *Les rapports entre l'enseignement et la recherche dans la profession d'universitaire*. Thèse de doctorat, Université de Montréal.

Bourdieu, P. (1984). *Homo Academicus*. Les Editions de Minuit.

Clot, Y. (2007). De l'analyse des pratiques au développement des métiers. *Éducation et didactique*, 1, https://doi.org/10.4000/educationdidactique.106.

Cummings, W. K., et Teichler, U. (dir.) (2015). The Relevance of Academic Work in Comparative Perspective. *The Changing Academy – The Changing Academic Profession in International Comparative Perspective*. Springer.

Dayer, C. (2010). Expériences d'entre-deux et de passage : du blocage de l'action à l'innovation. Dilemmes dans le monde scientifique. *Pensée plurielle*, 24(2), 31-43. https://doi.org/10.3917/pp.024.0031

De Ketele, J.M. (2013). Des effets positifs et pervers des classements internationaux dans l'évaluation de la recherche et des chercheurs. Dans M. Romainville, R. Goasdoué et M. Vantourout (dir.), *Evaluation et enseignement supérieur* (p.165-187). De Boeck.

De Sousa, A. (2015). Productivisme et souffrance chez les enseignants-chercheurs au Brésil. *Pensée plurielle*, 38(1), 45-66. https://doi.org/10.3917/pp.038.0045.

Finkelstein, M.J., et Altbach, P.G. (2014). *The Academic Profession: The Professoriate in Crisis*. Routledge.

Goasdoué, R. (2013). La folie des grands nombres ou la construction sociale des marchés de la recherche. Dans M. Romainville, R. Goasdoué et M. Vantourout (dir.), *Évaluation et enseignement supérieur* (p.189-217). De Boeck.

Gingras, Y. (2003). Idées d'universités. *Actes de la recherche en sciences sociales*, 148, 3-7. https://doi.org/10.3406/arss.2003.3317.

Guba, E. G., et Lincoln, Y. S. (1989). *Fourth generation evaluation*. Sage.

Haraway, D. (2016). *Staying with the Trouble; Making Kin in the Chthulucene*. Duke University Press.

Hattie, J., et Marsh, H. W. (1996). The Relationship Between Research and Teaching: A Meta-Analysis. *Review of Educational Research*, 66(4), 507–542. https://doi.org/10.3102/00346543066004507.

Hohendorf, G. (1993). Wilhelm Von Humboldt (1767– 1835). *Perspectives : revue trimestrielle d'éducation comparée*, XXIII, 3-4, 685-696. UNESCO. http://www.ibe.unesco.org/sites/default/files/humboldf.PDF.

Karpik, L. (2007). *L'économie des singularités*. Gallimard.

Lincoln, Y. S, et Guba, E. G. (1985). *Naturalistic inquiry*. SAGE.

Mac Farlane, B (2011). The Morphing of Academic Practice: Unbundling and the Rise of the Para-academic. *Higher Education Quarterly*, 65(1), 59-73. https://doi.org/10.1111/j.1468-2273.2010.00467.

Muniesa, F., et Callon, M. (2009). La performativité des sciences économiques. Dans P. Steiner et F. Vatin (dir.), *Traité de sociologie économique* (p.289-324). PUF.

Musselin, C. (2005). *Le marché des universitaires*. Presses de Sciences Po.

Musselin, C. (2008). *Les universitaires*. La découverte.

Paivandi, S., et Younès, N. (2019). *A l'épreuve d'enseigner à l'université*. Peter Lang.

Pansu, P., Dubois, N., et Beauvois, J.-L. (2013). *Dis-moi qui te cite, et je saurai ce que tu vaux. Que mesure vraiment la bibliométrie ?* Presses Universitaires de Grenoble.

Ramus, F. (2019). Sur quels critères les membres du CNU en psychologie sont-ils nommés? Une analyse bibliométrique de la section 16. http://www.scilogs.fr/ramus-meninges/nominations-cnu16/

Robert, F. (2004). L'Enseignement supérieur aux États-Unis : l'exemple de Clark Kerr et de l'université ou « multiversité » de Berkeley en 1964. *Revue LISA/LISA e-journal*, 2, 1. https://doi.org/10.4000/lisa.308.

Roediger, H. L. (2006). *The h Index in Science: A New Measure of Scholarly Contribution. Observer*, vol. 19. https://www.psychologicalscience.org/observer/the-h-index-in-science-a-new-measure-of-scholarly-contribution.

Rosa, H. (2018). *Résonance. Une relation au monde*. La découverte.

Romainville, M., Goasdoué, R., et Vantourout, M. (2013) (dir.). *Évaluation et enseignement supérieur*. De Boeck.

Teichler, U., et Höhle, E. (dir.) (2013). *The Work Situation of the Academic Profession in Europe: Findings of a Survey in Twelve Countries*. Springer.

Vangrieken, K., Dochy, F., et Raes, E. (2016). Team learning in teacher teams: Team entitativity as a bridge between teams-in-theory and teams-in-practice. *European Journal of Psychology of Education*, *31* (3), 275-298.

Younès, N., et Paivandi, S. (2017). Expérimentation d'un dispositif coopératif d'EEE entre enseignants et *chercheur*-médiateur dans le cadre d'un master de formation d'enseignants. *Education & Formation*, n°e-307-01, 167-182. http://revueeducationformation.be/.

Conclusion : Vers une évaluation dialogique ?

Gérard Figari et Christophe Gremion

I. L'évaluation : des tensions au dialogue

Une résolution de tensions au sein d'un dialogue entre acteurs ?

Les formes que prend l'évaluation dans les différentes situations et pratiques d'enseignement et de formation ne relèvent pas de l'écoulement d'un fleuve tranquille. Toute mesure, tout contrôle, tout accompagnement d'apprentissage risquent de se dérouler dans la crainte, la souffrance, ou tout au moins, dans la tension. Cette tension entre attentes et résultats, entre objectifs et réalité, entre évaluateur et évalué, entre acteurs et systèmes, a été souvent décrite par les auteurs (De Ketele et al., 2010; Jorro, 2016; Mottier Lopez, 2009; Paquay et al., 2010). Elle est devenue un analyseur fécond des phénomènes qui constituent la transaction d'évaluation.

C'est justement un aspect de ce sujet qu'une rencontre de chercheurs, lors du 31ème colloque de l'ADMEE Europe (01-2019), a voulu traiter : le rôle des tensions dans les pratiques évaluatives, entre des processus aussi éloignés qu'une tendance à la *normalisation* et un puissant levier de *développement formatif*. Nous avons vu, tout au long de cet ouvrage, que les résultats de la confrontation ont fait apparaître des configurations extrêmement variées qui amènent à reconsidérer sensiblement les oppositions traditionnelles telles que l'évaluation sommative et formative, pourtant si éprouvées et si commodes.

Conclusion : Vers une évaluation dialogique ?

En conclusion de ce travail, à quels constats sur la recherche actuelle en évaluation arrive-t-on, à partir de l'analyse des quelque 180 communications ayant répondu à la grande question posée, celle qui consistait à se demander si l'évaluation en éducation pouvait se définir comme *source de synergie entre normalisation, contrôle et développement formatif* et si d'autres chemins nous étaient proposés pour découvrir des significations nouvelles aux résultats de ces évaluations contradictoires.

Les tensions et les oppositions : des matériaux pour enrichir le sens de l'évaluation ?

La question des synergies en jeu dans les processus d'évaluation a souligné la force des tensions, des contradictions et des oppositions inhérentes aux situations d'enseignement/apprentissage et de leur nécessaire mise en perspective. Ces tensions, loin de constituer des apories en principe insolubles, pouvaient être interprétées, plutôt, comme des signes de phénomènes vivants, originaux et également représentatifs de la vérité recherchée. Cette dernière ne pourrait-elle pas émerger également de ces interfaces ainsi mises à jour ?

La question peut alors être complétée ainsi : les tensions repérées pourraient-elles être interprétées comme des processus d'évaluation eux-mêmes, rendant compte de phénomènes qui relèvent de l'interaction, de l'antagonisme, de la concurrence, de la coopération, de la complémentarité, enfin du dialogue que les protocoles d'évaluation classiques peuvent difficilement exploiter ? Autrement dit, nous passerions du règne d'une évaluation monologique, celle de la recherche d'un jugement unique d'un évaluateur, à une évaluation dialectique (qui cherche un jugement synthétique entre partenaires) et à l'avènement progressif d'une *évaluation dialogique*, plus collaborative (qui cherche à conserver, à valoriser et à mettre en résonance les différents jugements en présence).

Comment interpréter les processus d'évaluation apparaissant dans ces interfaces ?

L'hypothèse précédente s'est imposée lors de la lecture des réponses des auteurs à la question centrale du colloque. Les tensions intervenant au sein des processus évaluatifs peuvent, certes, suggérer des efforts de réduction ou de synthèse : mais elles pourraient aussi être interprétées comme une dimension constitutive, encore peu explorée, des processus d'évaluation. Tel va être le postulat qui va guider l'ensemble de ce bilan de travaux.

L'analyse des communications produites sous ce thème a mis en valeur, effectivement, l'importance de tensions apparemment irréductibles, entre normalisation et développement, externalité et internalité, objectivité et subjectivité, comme nous allons l'examiner plus loin. Mais elles ont aussi apporté des éléments nouveaux pour caractériser des pratiques évaluatives relevant de ce que Merle (1996) a appelé des arrangements implicites ou explicites constituant un construit social entre partenaires de l'évaluation.

L'intérêt apparaît alors de trouver des descripteurs de la partie du jugement évaluatif qui s'élabore dans ces espaces ainsi repérés. L'évaluation étant toujours, d'abord, une situation et une pratique, on ne cherchera pas à dérouler, ici, une typologie de tensions entre idées, conceptions ou théories. On proposera plutôt d'en rester au repérage de postures, empruntant ce terme aux travaux de Jorro (2000), lorsqu'elle qualifie les stratégies des enseignants-évaluateurs : « les intentions pédagogiques qui animent les gestes de l'évaluateur fondent des possibilités d'action sensiblement différentes pour l'apprenant » (p. 20). La notion de posture intégrera, pour nous aussi, celle d'intention pédagogique, de choix stratégique et de conception du rôle de partenaire du processus évaluatif.

Le sens produit par des évaluations en tension sera complété par la prise en compte du dialogue entre acteurs qui est de plus en plus souvent décrit par les évaluateurs. Plusieurs manières différentes d'utiliser les tensions pour créer du dialogue seront ainsi mises en évidence, correspondant chacune à une posture innovante de l'évaluateur utilisant les tensions comme sources de dialogue.

Quelles tensions examiner ?

Trois objets majeurs de tensions ont été privilégiés dans ce rassemblement de travaux de recherche : utilisons-les comme catégories organisatrices.

Tension 1 : une propension courante *au contrôle et à la normalisation* des savoirs et des compétences acquis par l'apprentissage *versus* une tendance de plus en plus affichée par les acteurs des systèmes éducatifs, celle d'une évaluation essentiellement dédiée au développement formatif.

Tension 2 : une opposition déjà ancienne mais toujours pertinente entre évaluation externe - ou selon le regard externe d'un observateur - et évaluation dite *interne* - mettant en scène le sujet apprenant lui-même - (Cardinet, 1990 ; Duru-Bellat, 2009 ; Strittmatter, 2007).

Tension 3 : une antinomie apparente entre *objectivité et subjectivité* qui a toujours hanté et divisé les évaluateurs.

II. Comment décrire ces tensions ?

Tension entre normalisation et développement

Cette tension fondatrice de la confrontation de recherches et d'expériences analysée ici, déjà traitée par Gremion (2020) qui pose la question : « La norme est-elle fixée et attendue (normalisation) ou est-elle choisie et/ou mise en débat (développement) ? » (p. 37) a été largement développée dans cet ouvrage par Mottier Lopez (p.128 dans cet ouvrage) lorsqu'elle différencie *normativité* de *normalité*. Elle se retrouve, par exemple, chez Monney et Dumais (Actes[75], p. 53) qui font clairement le constat de cette discussion actuelle dans l'école québécoise.

L'opposition entre *évaluation/normalisation* et *évaluation/développement* formatif a créé l'intérêt de questionner une apparente évidence s'appuyant sur le bon sens et sur une doxa bien établie : on évalue pour classer par rapport à une norme, ce qui peut être vu comme une menace (cf Butera et al., p. 53 dans cet ouvrage), ou on évalue pour favoriser un apprentissage. Nous avons cherché à savoir si cette opposition n'offrait pas, dans son interface et malgré la forte valorisation de l'évaluation certificative (cf. Lafont, Rywalski et Cavaco, p. 178 dans cet ouvrage), des combinatoires synthétiques (avec des recherches de rapprochements plus efficaces) ou

---

[75] Par simplification bibliographique, dans ce texte, « Actes » renvoie à Gremion et al., 2019

dialogiques (avec la co-invention de postures originales) ou d'un « monde commun à construire » (cf. Schwartz, p. 157 dans cet ouvrage).

Tension entre externalité et internalité

L'analyse des communications a permis d'identifier, à de nombreuses reprises, une deuxième catégorie de tensions autour de la conception de *l'évaluation externe* et de *l'évaluation interne*. Déjà thématisés par Cardinet (1990), ces deux types d'évaluations se différencient par les acteurs impliqués dans l'acte d'évaluer. Cardinet précisait, pour définir l'évaluation externe : « comme ce sont les résultats qui comptent, et non les intentions, ou les raisons, qui servent trop souvent de justifications fallacieuses, les observateurs [externes] se contenteront de décrire les niveaux atteints du point de vue de quelques variables critères, en n'introduisant qu'un minimum d'interprétation personnelle » (p. 141). Quant à l'évaluation interne, il la commentait ainsi : « L'explication est à découvrir en compréhension, non plus grâce à la recherche des « causes », mais par celle des « raisons ». Au lieu d'un déterminisme extérieur qui interviendrait par des lois contraignantes, ce sont les actions intentionnelles des participants qui rendent compte du déroulement historique des faits » (p. 145).

Dans les Actes, certaines communications illustrent ces distinctions mais ce sont les raisonnements monologiques ou dialectiques qui dominent généralement : par exemple, Fenaroli et Petrucci (p. 123) s'intéressent à la méthodologie des évaluations externes alors que Montalbetti (p. 49) interroge des démarches d'évaluation interne dans l'école secondaire italienne, sans qu'une dynamique entre les deux approches ne soit étudiée. Mais des configurations plus complexes peuvent apparaître lorsque l'on considère l'origine (interne ou externe) et le destinataire (interne ou externe également) du discours évaluatif (Gremion, 2020). Le dialogue devient alors possible dans des dispositifs mixtes tels que *évaluations mutuelles* ou *co-évaluations* (Allal, 1999).

Tension entre objectivité et subjectivité

Les postures subjectives ont souvent été dénoncées par les évaluateurs à la recherche d'objectivité, mais l'opposition entre évaluation objective et évaluation subjective est, par ailleurs, difficile à établir. Ce qui paraît plus clair, c'est plutôt ce qui oppose deux postures en réalité indissociables : la posture « objectiviste » et la posture « subjectiviste » empruntées à Rodrigues et Machado (2012) qui les avait distinguées, entre autres paradigmes explicatifs des choix méthodologiques d'évaluation. Là encore, il ne s'agirait peut-être pas, selon nous, d'une simple contradiction ou opposition. Là encore, un espace plus complexe est à envisager lorsque l'évaluateur mobilise des gestes de l'accompagnement (Guillemot et Vial, 2013) dans une recherche de compréhension subjectiviste qui prépare l'apprenant à subir le même évaluateur devenu expert, et souvent objectiviste par tradition (cf. Giglio et Mottier Lopez, p. 69 dans cet ouvrage), pour valider et certifier une fin de parcours d'apprentissage.

III. Des postures repérées comme contributives à l'émergence d'une évaluation dialogique

Postures croisant des approches externes et internes

Ces postures sont des occasions de montrer qu'une vérité évaluative peut être cherchée dans « l'interface » entre vision externe et vision interne, ou entre posture d'expertise ou d'accompagnement (externe) et posture d'autoévaluation (interne).

L'exemple de l'évaluation des enseignements par les étudiants

Les attentes des acteurs internes et externes sont parfois contradictoires ; d'où l'intérêt de comprendre le jeu des postures en présence dans une situation comme celle des évaluations des enseignements par les étudiants. Ainsi, la confrontation entre les points de vue externes des enseignants par rapport à ceux internes des étudiants pourrait dégager un sens plus nuancé que l'interprétation par le recours au fait qu'il s'agirait de deux systèmes de valeurs différents entre une posture d'évaluateur et une autre, opposée, d'évalué. L'attente des étudiants vers plus de mises en situations réelles et pratiques relève d'une posture « interne » soucieuse de plus grand confort des modalités de formation alors que la posture « externe » des enseignants consisterait davantage à attendre l'acquisition formelle de connaissances plus académiques. Constantin (Actes) montre cette difficulté : « faire évaluer le programme d'études en licence de chimie autant par les étudiants sortants et entrants que par les enseignants et les responsables académiques se présente comme un grand défi pour identifier les améliorations à apporter à chaque réforme » (p. 194).

Une posture tentant de combiner une auto-évaluation (interne) et le recours à un référentiel externe

Une manière de mettre en lien des postures externes et internes est de communiquer à l'apprenant, comme outil d'autoévaluation, le *référentiel externe*, s'il existe. La norme attendue (externe) est intégrée par les apprenants (renormalisation) à travers cet outil.

Leroux et Nolla (Actes) décrivent une situation dans laquelle il s'agit de « confier un rôle beaucoup plus actif à l'étudiant dans la régulation de ses apprentissages. L'autoévaluation, la co-évaluation et l'évaluation mutuelle ou par les pairs (Allal, 1999) invitent l'étudiant à réfléchir sur sa démarche [lorsqu'il confronte ces autodiagnostics aux catégories] d'un référentiel externe » (p. 90).

Ces exemples montrent que l'opposition entre évaluation externe et évaluation interne est insuffisante pour distinguer des méthodes caractéristiques. Elle dépend des postures des acteurs, de leurs angles de vue ainsi que de leurs interactions pour que le jugement évaluatif emprunte des éléments que le dialogue aura pu confronter. On accède ainsi à une situation incitant à négocier un jugement évaluatif plus représentatif d'une réalité éducative interne, toujours insérée dans une réalité externe prégnante, voire rémanente.

Postures objectivo-subjectivistes[76]

Croce-Spinelli (Actes, p. 386) constate la double articulation entre les « critères procéduraux objectifs » utilisés par l'évaluateur et les dimensions subjectives perçues lors des « réceptions singulières » des élèves. « Si l'enseignante accorde de l'importance à la dimension

---

[76] Qu'on nous excuse pour l'emploi de ces barbarismes : la flexibilité de la langue française permet d'exprimer ainsi certaines nuances

subjective de l'évaluation », elle consacrera « plus de temps aux explications individualisées ». Cette prise en compte de l'interaction entre objectivité et subjectivité ouvre des « perspectives de consolidation, de reconstruction, de reconfiguration et d'ajustement de l'activité évaluative ». On aperçoit clairement, ici, l'existence d'une posture « objectivo-subjective » favorisant la recherche d'une évaluation dialogique entre des critères retenus par l'évaluateur et d'autres appropriés par l'apprenant.

On retiendra de cette réflexion sur l'opposition classique entre évaluation objective et subjective, les postures pré-dialogiques repérées dans les travaux étudiés :

- la coexistence (ou plutôt la succession), dans la même situation d'apprentissage, entre des postures accompagnantes (donc subjectives) et certifiantes (donc objectives), les deux postures s'accommodant d'une combinaison entre elles ;
- l'émergence de postures « objectivo-subjectives » apparemment plus complètes en termes de jugement évaluatif que des postures à dominante « monologique ».
-

Postures accompagnantes

Si l'on définit la posture accompagnante comme celle qui propose un regard externe non guidant comme soutien à l'autoévaluation, elle est une occasion de dialogue entre postures d'évaluations externe et interne, facilitant ainsi le processus d'autorégulation. Elle est aussi une manière de conforter le développement en suggérant au sujet soumis à évaluation une « auto-confrontation » à la norme ou au référentiel attendu.

L'exemple de l'accompagnement évaluatif des apprentissages des élèves

Pour mieux qualifier cette posture, examinons la situation de classe dans laquelle l'enseignant quitte son rôle de *magister* pour accompagner les apprentissages de ses élèves, y compris dans certaines séquences évaluatives. Dans cette configuration, l'enseignant est amené à œuvrer à l'appropriation progressive de la norme par l'élève. Mercier-Brunel

(Actes) observe, par exemple, dans ses recherches, les « différents indicateurs caractéristiques de l'aide [accompagnante] apportée aux élèves dans le passage à une corégulation puis à une autorégulation des apprentissages » (p. 400).

Lafont et Pariat (Actes) présentent un dispositif innovant en termes de lien entre accompagnement et évaluation : « la nouveauté irriguée par ce projet expérimental est caractérisée par la suppression des cours magistraux conjuguée d'une part, à un accompagnement par les pairs (complément de celui assuré par l'équipe pédagogique) et d'autre part, à l'évaluation des compétences acquises. Ainsi, pairs et enseignants partagent une pratique d'accompagnement envers l'apprenant » (p. 312). Ce partage se discute dans un dialogue coconstructif dans le cadre d'un diagnostic ou d'un jugement. La norme, quant à elle, est gérée par un logiciel de gestion informatisé qui « convertit » les compétences diagnostiquées en notes utilisables pour la certification.

L'autoconfrontation comme posture accompagnante dialogique

Certaines contributions ont mis en évidence la possibilité de déléguer aux outils numériques le rôle de « témoins externes » d'une pratique. Blondeau et Van Nieuwenhoven (Actes) utilisent la vidéo comme support à cette autoévaluation : « la confrontation d'un individu à des traces filmées de son activité [tout en constituant] un levier de développement professionnel puissant, entraîne un protocole d'évaluation [de type] dialogique : parmi toutes les manières d'aborder l'analyse de vidéos [...], l'autoconfrontation (AC) permet [sous - ou sans - guidage pédagogique] et dans un échange avec des partenaires] d'exprimer *a posteriori* ce qui a été vécu au moment de l'activité » (p. 101).

Les exemples recueillis montrent que les pratiques d'accompagnement ou de *compagnonnage évaluatif* (cf. Maubant, p. 199 dans cet ouvrage) peuvent favoriser une posture dialogique d'évaluation, surtout si elles décomposent cet accompagnement entre plusieurs partenaires (rendant nécessaires l'interaction et la collaboration).

Postures de co-construction de référentiels

Il n'est pas étonnant, actuellement, dans un corpus de recherches remettant en question la vérité des jugements évaluatifs monologiques, de trouver des travaux décrivant des postures ouvertes à *l'importance des interactions entre partenaires des dispositifs d'évaluation.* L'observation de pratiques de *référentialisation,* habituellement définie comme « construction » de référentiel, prend ici une signification augmentée, à partir de l'adjonction de la dimension collaborative inscrite dans les textes recueillis, sous le vocable de « *co-construction* ». Cette posture apparaît, par exemple, chez Picard et al. (Actes) : « l'ensemble de cette démarche est pensé de manière à favoriser une référentialisation (Figari, 1994) des pratiques de tutorat dans des dispositifs organisés, avec *des critères en partie prédéfinis, mais qui se co-construisent* aussi par *interaction entre participant·e·s*, entre ceux/celles-ci et les chercheuses-formatrices, toutes impliquées dans une dynamique de projet et une *évaluation régulatrice des pratiques* » (p. 200).

Dite autrement, on retrouve la même conception chez Barbaza Simonot et al. (Actes, p. 241), lorsqu'ils décrivent leur protocole comme « une focale de travail d'appropriation (multi-niveaux), avec un nécessaire équilibre à trouver dans la définition de référentiels collectifs qui se composent à l'interface de dynamiques internes et de contraintes externes ». Pour conclure, « la mise en consultation du référentiel a amené des feedbacks d'autres acteurs concernés [...] conduisant à des rétroactions qui ont enrichi ce dispositif » (p. 249).

Cette posture a été traitée dans la conférence de Lucie Mottier Lopez (non publiée dans les Actes, Colloque ADMEE-Europe de Lausanne, 2019) et son contenu rejoint l'article de Mottier Lopez et Dechamboux (2019). Dans cet article, les auteurs concluent leur recherche ainsi : « Les résultats de l'étude montrent que la co-construction du référentiel dans la classe... est susceptible de soutenir un processus de co-régulation associé à l'évaluation formative informelle, c'est-à-dire orientant... l'autorégulation des apprentissages des élèves » (p.87).

Les travaux précédemment cités montrent la valeur ajoutée à la référentialisation (Figari et Remaud, 2014) par la posture « co-constructive » des acteurs qui attribuent au référentiel d'évaluation une fonction de protocole de négociation, de confrontation et d'interaction exploratoire, précédant le déroulement des processus et du jugement évaluatifs qui s'ensuivront : une « référentialisation dialogique » est ainsi favorisée lorsque la posture « co-constructive » est adoptée par tous les partenaires de cette recherche collaborative.

Postures collaboratives

Dans les situations d'évaluation où s'opposent des processus de normalisation et de développement, apparaissent de plus en plus des postures que l'on va nommer « collaboratives » car visiblement héritées du courant de recherche homonyme (Desgagné, 1997), influençant un renouvellement de l'évaluation. Ce sont les tensions préexistantes entre acteurs qui semblent ainsi pouvoir être traitées, comme le laissent voir ces quelques exemples.

Voici, tout d'abord, ce que, dans leur étude, Wa Chao et Durand[77] décrivent comme une situation semi-collaborative entre chercheurs et enseignants (n'incluant donc pas les élèves). Certes, la tension entre adultes associés et apprenants reste non traitée : l'observateur constate que, « pour parachever une synergie entre contrôle et développement, il suffirait de coconstruire entre formateurs et étudiants les finalités d'une régulation fine entre planification de l'enseignement et remédiation des stratégies d'apprentissage ».

Les travaux menés par Efrancey Dao et al.[78] montrent comment les étudiants se trouvent au cœur du développement pédagogique de leur programme. « Ils expriment leur avis quant à la qualité de leur formation et formulent des pistes pour son amélioration. Les résultats de cette consultation sont pris en compte pour une mise en œuvre des recommandations qui en découlent. » Ainsi, certains « ont entrepris de mettre en place de façon autonome un dispositif permettant de récolter l'avis de leurs pairs par rapport à la qualité du programme. S'est ainsi opérée une évolution d'une approche institutionnelle à une approche locale, avec une implication croissante des étudiants : une sorte d'évolution de la tendance normalisante du système vers une

---

[77] Communication non publiée dans les actes
[78] Communication non publiée dans les actes, portant sur l'évaluation d'un Master en sciences de l'environnement de l'Université de Genève

appropriation plus développementale d'une collaboration favorisant l'acquisition d'une plus grande autonomie ».

Poitrat et Gérard (Actes) montrent, dans leur recherche, que le contrôle qualité (normalisation) peut conduire au développement de l'enseignement. « Une clé de cette assimilation semble venir du dialogue systématique qui invite chacun à assumer ses responsabilités : l'enseignant mais aussi le responsable de formation, le conseiller pédagogique, ainsi que les étudiants. L'évaluation des enseignements fait vivre une coresponsabilité quant à la qualité des cours et incite les acteurs à coopérer pour faire réussir, toujours mieux, l'édition suivante » (p. 69). Dans ce dispositif, les étudiants ne sont pas consultés uniquement pour dire leur avis sur le déroulement et l'organisation du cours, mais également pour imaginer les modifications que pourraient subir les enseignements, modifications qui auront un impact sur leur cursus de formation.

On peut en conclure, lorsque le dialogue s'instaure entre normalisation et développement, que l'opposition entre ces deux visées antagonistes est source d'un dialogue porteur de changement lorsque l'évaluation s'inscrit dans cette posture collaborative (cf. Younès, p. 232 dans cet ouvrage). Ceci pour autant que tous les acteurs, y compris les « évalués », fassent partie de la collaboration.

Postures de « construit social »

A travers les présentations des auteurs apparaît fréquemment la tension entre postures normalisantes et postures soutenant le développement, considérant prioritairement des ensembles. Detroz et Younès (Actes) illustrent ainsi cette tension : face à « une évaluation de type formaliste se sont imposés des modèles de type naturaliste, arguant pour la prise en compte des contextes et des situations » (p. 438-439), argumentation que l'on retrouve dans ce que Mottier Lopez (2013) appelle évaluation *située* ou que Younès (2013) définit comme *écologique*.

Entre ces deux postures ont été repérées des pratiques évaluatives plutôt influencées par la tradition normative de la note tout en étant sensibles à des négociations entre acteurs. C'est ce que mettent en lumière Segueda et Morrissette (Actes) : « les [acteurs] universitaires réfléchissent et agissent en fonction de ce qui est important pour eux…[cad] non le développement de la compétence, mais la note en tant que principale récompense institutionnelle consacrant la réussite ou l'échec à l'université. La note, et plus généralement la réussite universitaire, est plus qu'une affaire individuelle : elle constitue un *construit social*, dans lequel les interactions jouent à plein à travers la *coopération* et la *négociation* » (p. 417-420). Dans cette recherche, on repère la fonction dialogisante de la note, fonction que l'on n'imaginait pas habituellement : elle peut être le résultat d'un processus de dialogue voire participer à la genèse de ce dialogue.

Finalement, l'acceptation par les partenaires de l'évaluation de la cohabitation de plusieurs représentations de la « note » (dans son attribution et dans sa réception) constitue une ouverture vers des possibilités polysémiques de ce type de jugement évaluatif. Dans ce contexte d'opposition entre postures normalisantes et postures soutenant le développement, on retiendra le « construit social » comme une forme « complexe » mais représentative d'un « dialogue »" évaluatif utile à une description des résultats plus complexe et plus équilibrée.

Postures épistémologiques en situation professionnelle

La tension entre situation de travail et situation d'enseignement dans les formations alternées constitue également l'occasion d'une posture évaluative particulièrement originale. Ulmann (Actes, 88.5, p. 216-219) explicite la « Mise en Situation Professionnelle », épreuve d'évaluation pratiquée dans la formation intégrée au travail. S'opposent ici, frontalement, le diagnostic d'une « acquisition de savoirs » et « la prise en compte de l'effectivité de l'action ». L'auteure part du constat que « l'avènement de la compétence projette…[l'évaluateur] hors de l'espace de la formation pour découvrir celui du travail… ». La posture évaluative est complètement transformée : « il ne s'agit plus de contrôler, valider… mais *d'installer le dialogue entre différentes formes d'agir mobilisant différents types de savoirs* pour accroître des compétences ». La posture épistémologique du « formateur-évaluateur » est alors décrite comme celle pratiquant une évaluation-analyse d'un « processus continué » de formation liée au travail, une évaluation-analyse qui demande constamment de changer de paradigme, en passant d'une posture normalisante à une posture développementale.

Les enjeux socioprofessionnels d'une telle forme d'évaluation intégrée dans le travail se dévoilent alors dans son orientation. En effet, cette posture d'évaluation, en « assurant des compétences et en favorisant leur développement », consisterait, finalement, à créer, dans un dispositif particulier, « cet espace d'échanges et de confrontation argumentée » qu'une approche par la didactique professionnelle peut méthodologiquement et scientifiquement favoriser. Il fallait oser hisser ce dialogue évaluatif entre deux mondes disjoints (scolaire et du travail) jusqu'à une posture « épistémologique » du formateur/évaluateur décrivant un processus continué de dialogue entre « travail/formation/savoir/compétence/valuation ».

IV. En conclusion : des postures contribuant à une évaluation dialogique

Le « dialogue », dans des situations d'évaluation, ne devient inévitable que lorsque plusieurs regards des partenaires présents divergent ou que plusieurs discours se contredisent : « cette tension qui est la source du dialogue » affirme Clot (2017), lorsqu'il analyse la théorie de Bakhtine, évoquée ci-après.

C'est pourquoi l'analyse des tensions, des oppositions et des interfaces entraînées par la problématique du colloque de Lausanne a facilité l'apparition des postures précédemment décrites comme propédeutiques à ce que nous proposons d'appeler « une évaluation dialogique », reprenant ainsi la terminologie de Bakhtine (1970) et de Morin (1982). Pour Bakhtine, fondateur d'une première théorie « dialogique » d'analyse de discours, un texte pouvait en cacher d'autres (intertexte, paratexte, contexte, etc.) qui, en dialoguant et en interagissant, pouvaient élargir la signification du discours. Clot fait remarquer que le dialogue bakhtinien ne concerne pas seulement deux locuteurs : « tout dialogue, selon Bakhtine, se déroule en présence d'un troisième participant invisible qui se situe au-dessus de tous les participants du dialogue » (p. 207).

Cette conception du « dialogisme » nous écarte de la simple recherche d'une synthèse entre deux éléments opposés. Nous avons essayé de l'appliquer à la résolution des tensions éventuelles entre dimensions antagonistes de l'évaluation (c'est-à-dire le défi du colloque de Lausanne). Alors, selon Clot dans une évaluation dialogique, ce serait « moins montrer l'homme en accord avec l'autre, que ce même homme dialoguant en dépit de l'autre, de lui-même et de ses propres intentions, réfractaire à la synthèse, et ce au nom de la recherche dans le réel de ce qui est vrai ou faux, juste ou injuste, bon ou mauvais, efficace ou non » (p. 210). Ceci nous invite à chercher plus loin, encore, le supplément de sens que peut fournir l'analyse approfondie du « dialogue évaluatif ».

Pour Morin (1982), la « dialogique » (unité de deux contraires) s'oppose à la « dialectique » (seul dépassement des contradictions). On aurait pu exploiter également cette opposition entre raisonnement évaluatif dialectique et dialogique pour caractériser des postures plus nuancées : ce sera l'occasion d'un autre travail. Il s'agit uniquement, ici, de noter les références permettant de théoriser ce que nous avons cru découvrir dans le « corpus du colloque de Lausanne ». Nous avons pu distinguer, dans certaines études, des différences entre postures dialectiques (avec recherche de synthèses et d'intégration) et dialogiques (avec co-présence des oppositions entre partenaires de l'évaluation). Nous avons pu voir s'affirmer, dans un certain nombre de travaux, à côté de discours évaluatifs monologiques, traditionnellement externes et objectifs, des conceptualisations plus dialogisantes de processus évaluatifs, cherchant, sous des postures « objectivo-subjectivistes, accompagnantes, co-constructives de méthodes, collaboratives ou mutuelles », un sens collectivement élaboré aux résultats de l'évaluation.

V. Bibliographie

Allal, L. (1999). Impliquer l'apprenant dans le processus d'"évaluation : Promesses et pièges de l'autoévaluation. Dans C. Depover et B. Noël (dir.), *L'évaluation des compétences et des processus cognitifs : Modèles, pratiques et contextes* (p. 35-56). De Boeck Université.

Bakhtine, M. (1970). *Problèmes de la poétique de Dostoïevski*. L'Age d'homme. http://data.rero.ch/01-0037967/html?view=FR_V1

Cardinet, J. (1990). Évaluation externe, interne, ou négociée ? Dans J.-A. Tschoumy et J. Cardinet (dir.), *Hommage à Jean Cardinet* (p. 139-157). IRDP ; Delval.

Clot, Y. (2017). *Travail et pouvoir d'agir*. PUF, Presses universitaires de France.

De Ketele, J.-M., Périsset, D., Kaddouri, M., et Wittorski, R. (2010). Une évaluation tendue entre efficacité et transformation identitaire ? dans L. Paquay, C. Van Nieuwenhoven, et P. Wouters (dir.), *L'évaluation, levier du développement professionnel tensions, dispositifs, perspectives nouvelles* (p. 49-65). De Boeck.

Desgagné, S. (1997). Le concept de recherche collaborative : L'idée d'un rapprochement entre chercheurs universitaires et praticiens enseignants. *Revue des sciences de l'éducation*, 23(2), 371-393. https://doi.org/10.7202/031921ar

Duru-Bellat, M. (2009). Chapitre 2. Évaluation externe du système éducatif et ressenti des acteurs. Dans L. Mottier Lopez et M. Crahay (dir.), *Évaluations en tension* (p. 47-59). De Boeck. https://www.cairn.info/evaluations-en-tension--9782804101893.htm

Figari, G. (1994). *Evaluer : Quel référentiel ?* De Boeck.

Figari, G., et Remaud, D. (2014). *Méthodologie d'évaluation en éducation et formation*. De Boeck.

Gremion, C. (2020). Accompagner et/ou guider pour aider à la professionnalisation : Des pistes pour dépasser le paradoxe. Dans C. Pélissier (dir.), *Notion d'aide en éducation* (p. 33-56). ISTE Editions.

Gremion, C., Sylvestre, E., et Younès, N. (2019). Actes du 31ème Colloque scientifique international de l'ADMEE-Europe : Entre normalisation, contrôle et développement formatif. Évaluations sources de synergies ? IFFP et CSE de l'Université de Lausanne.

Guillemot, V., et Vial, M. (2013). Quelle place pour les référentiels en formation ? Le cas du coaching. *Les dossiers des sciences de l'éducation*, (30), 53-70. https://doi.org/10.4000/dse.213

Jorro, A. (2000). *L'enseignant et l'évaluation : Des gestes évaluatifs en question*. De Boeck.

Jorro, A. (2016). De l'évaluation à la reconnaissance professionnelle en formation. *Revue française de pédagogie, 190*, 41-50.

Merle, P. (1996). *L'évaluation des élèves*. Presses Universitaires de France. https://doi.org/10.3917/puf.merle.1996.01

Morin, E. (1982). *Science avec conscience*. A. Fayard.

Mottier Lopez, L. (2009). Introduction. *L'évaluation en éducation : Des tensions aux controverses*. De Boeck. https://www.cairn.info/evaluations-en-tension--9782804101893-page-7.htm

Mottier Lopez, L. (2013). De la mesure à l'évaluation collaborative en éducation. *Revue francaise d'administration publique, 148*(4), 939-952.

Mottier Lopez, L., et Dechamboux, L. (2019). Co-construire le référentiel de l'évaluation formative pour soutenir un processus de corégulation dans la microculture de classe. *Évaluer. Journal international de recherche en éducation et formation, 5*(2), 87-111.

Paquay, L., Van Nieuwenhoven, C., et Wouters, P. (2010). *L'évaluation, levier du développement professionnel tensions, dispositifs, perspectives nouvelles*. De Boeck.

Rodrigues, P., et Machado, E. A. (2012). Modélisation de la participation des acteurs dans le processus d'évaluation de la formation. Dans L. Mottier Lopez et G. Figari (dir.), *Modélisations de l'évaluation en éducation* (p. 147-161). De Boeck.

Strittmatter, A. (2007). Surveillance scolaire. Quelles relations entre évaluations internes et externes ? Dans M. Behrens (dir.), *La qualité en éducation : Pour réfléchir à la formation de demain* (p. 157-181). PUQ.

Younès, N. (2013). Perspective d'évaluation « écologique » des dispositifs éducatifs et de formation. Dans V. Bedin et L. Talbot (dir.), *Les points aveugles dans l'évaluation des dispositifs d'éducation ou de formation* (p.71-87). Peter Lang.

Conclusion : Vers une évaluation dialogique ?

Index des auteurs cités

Abernot, 245, 246
Albanese, 96
Albornoz, 191, 195
Allal, 16, 26, 54, 62, 63, 73, 92, 100, 102, 105, 121, 122, 126, 128, 152, 183, 195, 254, 256, 264
Altbach, 244, 247
Anderson, 97
Antonietti, 64
Ardoino, 168, 175
Arsenault, 226
Astier, 193, 195
Auger, 127
Aussel, 91
Autin, 53, 56, 60, 64, 273
Bain, 102, 112, 117, 121, 122, 126
Bakhtine, 263, 264
Bardin, 202, 226
Barrère, 189, 195
Bataillard, 64
Batruch, 53, 56, 61, 64, 273
Baudrit, 210, 226
Baye, 27
Beaudoin, 231
Beaulieu, 230
Beauvois, 248
Bedin, 18, 27, 29, 51, 266
Bednarz, 70, 71, 92, 93
Belair, 95
Bennett, 92
Bergen, 227
Berger, 168, 175
Bernard, 245, 246
Bernier, 190, 198
Bernstein, 90, 92
Bidet, 169, 175
Biémar, 92

Biggs, 182, 195
Black, 62, 64, 76, 92, 182, 183, 195
Blanc, 107, 109, 110, 111, 113, 122, 127
Blondin, 236, 246
Bloom, 73, 92, 182, 195
Bodin, 101, 103, 107, 111, 114, 115, 117, 122
Bonnaud, 96
Bonniol, 128, 129, 152
Borges, 153, 227, 231
Borloz, 96
Boudjaoui, 205, 208, 226, 230
Bourdieu, 25, 27, 235, 246
Boutet, 201, 206, 209, 210, 217, 218, 219, 226
Boutin, 79, 80, 81, 93
Bowers, 138, 152
Boyer, 187, 195
Brau-Antony, 211, 226
Brochier, 187, 195
Broussal, 96
Brousseau, 101, 102, 122
Brouwer, 227
Brun, 100, 102, 122
Buchs, 62, 64, 65, 67
Butera, 20, 53, 54, 55, 57, 58, 62, 64, 65, 66, 67, 68, 253, 273
Callon, 234, 248
Canguilhem, 163, 169, 171, 174, 175, 177
Caparros-Mencacci, 167, 175, 214, 231
Cardinet, 29, 51, 101, 108, 119, 121, 122, 123, 152, 253, 254, 264
Cartier, 21, 27, 71, 79, 80, 81, 93, 94, 96, 154
Cathal de Paor, 24, 181, 182, 184

Index des auteurs cités

Cavaco, 24, 178, 180, 253, 274
Champagne, 109, 110, 123
Chanudet, 78, 93
Charlier, 215, 226, 227
Chevallard, 101, 104, 123
Chisvert-Tarazona, 226
Chudowsky, 97
Cid, 211, 212, 226
Clénet, 213, 227
Clot, 23, 27, 50, 51, 152, 247, 263, 264
Cobb, 138, 140, 147, 152, 153
Coen, 95
Coiduras, 201, 211, 212, 216, 227
Connell, 56, 68
Cook, 17, 28
Coppé, 105, 107, 108, 116, 123, 124, 127
Cordoba, 125
Cornadó Teixidó, 215, 216, 227
Correa Molina, 201, 209, 210, 227
Cortessis, 25, 159, 175, 187, 188, 191, 196
Couture, 93
Crahay, 16, 28, 76, 77, 78, 88, 89, 93, 95, 96, 124, 128, 131, 150, 153, 154, 155, 265
Crasborn, 208, 227
Crinon, 132, 153
Cummings, 232, 247
Darnon, 55, 56, 57, 65, 67, 68
Dauvisis, 16, 26, 100, 121
Dayer, 244, 247
De Ketele, 16, 17, 26, 27, 75, 93, 100, 109, 121, 123, 124, 158, 175, 191, 196, 197, 198, 228, 234, 247, 250, 265
De Landsheere, 20, 27
de Pietro, 111, 112, 114, 124
De Sousa, 247
Dechamboux, 75, 96, 110, 111, 126, 136, 140, 141, 142, 143, 145, 151, 155, 156, 259, 266

Deci, 56, 65, 68
Dehon, 111, 123
Dejean, 70, 92, 93
Delmas, 65
Demeuse, 16, 27, 197
Demonty, 109, 110, 111, 114, 115, 124
Dénervaud, 125
Deriaz, 125
Derobertmasure, 111, 123
Desbiens, 227, 231
Desgagné, 70, 71, 93, 260, 265
Desmoulières, 127
Desrosières, 119, 120, 124
Detroz, 106, 124, 154, 261
Dierendonck, 190, 196
Dochy, 249
Dompnier, 65
Donnay, 92, 215, 227
Doudin, 96
Douglas, 90, 94
Driel, 216
Drijvers, 111, 114, 124
Dromard, 171, 176
Droz Giglio, 80, 82, 94
Dubois, 186, 198, 248
Dupin, 110, 125
Dupont, 124
Dupuis, 191, 195
Durand, 260
Durrive, 24, 162, 167, 192
Duru-Bellat, 253, 265
Earl, 73, 94
Efrancey Dao, 260
Elliot, 54, 57, 65, 66, 67
Etienne, 124
Fagnant, 106, 107, 124, 154
Faulx, 214, 227
Ferland, 226
Figari, 16, 26, 28, 29, 51, 52, 95, 130, 141, 153, 155, 160, 179, 196, 250, 259, 265, 266, 274
Filliettaz, 137, 153

Finkelstein, 244, 247
Francoeur, 226
Fréchette, 96
Fuentes Abeledo, 209, 216, 228
Gagné, 198, 226
Gagnon, 201, 205, 210, 226, 227
Gangloff-Ziegler, 246
García Guzmán, 230
Gardner, 19, 27, 40, 51, 95
Gervais, 206, 209, 227, 228, 230
Giglio, 7, 21, 27, 69, 72, 78, 80, 82, 90, 91, 94, 95, 97, 255, 275
Gilles, 64
Gingras, 235, 247
Girardet, 79, 80, 84, 85
Glaser, 55, 66, 97
Goasdoué, 105, 113, 120, 124, 127, 234, 247, 249
Godelier, 161, 176
González Sanmamed, 216, 228
Grapin, 99, 107, 109, 111, 113, 114, 115, 117, 122, 125
Gravemeijer, 153
Greeno, 138, 139, 153
Grégoire, 118, 125
Gremion, 3, 15, 26, 27, 29, 49, 50, 51, 94, 143, 150, 211, 214, 228, 250, 253, 254, 265, 275
Grimm, 96
Gros, 96
Grugeon, 104, 109, 110, 111, 113, 114, 115, 125
Grugeon-Allys, 109, 110, 111, 113, 114, 115, 125
Guba, 17, 28, 234, 247, 248
Guidotti, 66
Guillemette, 209, 228
Guillemot, 255, 265
Gunn, 156
Guyton, 209, 228
Hadji, 73, 76, 94, 95, 105, 125
Hafen, 123

Hanin, 111, 125
Haraway, 246, 247
Harlen, 76, 95
Harrison, 92
Hastings, 74, 92, 195
Hattie, 63, 66, 236, 247
Hayek, 58, 59, 62, 66
Hennisson, 227
Herbert, 96
Hindryckx, 124
Hohendorf, 235, 248
Höhle, 232, 249
Hutmacher, 38, 52
Issaieva, 77, 95
Jany-Catrice, 175
Johnson, 58, 62, 66, 183, 196
Johsua, 110, 125
Jorro, 18, 27, 29, 51, 52, 179, 186, 196, 210, 213, 214, 215, 226, 228, 250, 252, 265
Jullien, 17, 28
Kaddouri, 265
Karpik, 234, 248
Kerbrat-Orecchioni, 183, 196
Klenowski, 156
Knight, 54, 67, 205, 228
Köhler, 123
Kolb, 216, 228
Korthagen, 227
Krajcik, 97
Lafont, 24, 178, 179, 184, 196, 197, 253, 258, 275
Lainé, 180, 196
Lakoff, 183, 196
Landre, 127
Lapointe, 209, 228
Lave, 23, 28, 138, 139, 153
Laveault, 73, 76, 92, 96, 118, 125
Le Boterf, 217, 229
Le Grand, 168, 176
Lebuis, 93
Lee, 92

Index des auteurs cités

Lemoigne, 200, 229
Lenoir, 90, 95
Lenzen, 107, 125
Leplat, 192, 196
Lerbet, 214, 229
Leroux, 206, 228, 256
Lessard, 148, 153, 230
Leutenegger, 155
Leviton, 17, 28
Lincoln, 17, 28, 234, 247, 248
Linn, 147, 154
Loarer, 196
Loye, 111, 114, 115, 126
Lussi Borer, 143, 154, 155
Mac Farlane, 232, 248
MacBeath, 214, 229
Machado, 29, 52, 255, 266
Madaus, 74, 92, 195
Maier, 67
Malo, 153, 231
Marcoux, 93, 131, 153
Marsh, 236, 247
Marshall, 55, 67, 92
Martel, 79, 80, 81, 93
Marthe, 127
Martínez Figueira, 211, 229
Martinot, 68
Matoul, 27
Matthey, 94
Maubant, 25, 199, 201, 204, 205, 211, 214, 215, 228, 229, 230, 258, 276
Maury, 99, 108, 109, 118, 121, 122, 127
Mayen, 196, 197
McClain, 153
McCombs, 63, 67
McGregor, 65, 66
McIntyre, 209, 228
McMillan, 75, 95
Melfi, 94
Merhan, 228
Merle, 252, 266
Mertens, 17, 28

Methenitis, 96
Mieusset, 211, 226
Miserez Caperos, 86, 94
Molina, 208, 229
Monteil, 55, 67
Morales Villabona, 110, 126, 136, 142, 143, 148, 154, 155, 156
Morin, 19, 28, 29, 49, 52, 229, 263, 264, 266
Morrissette, 70, 95, 149, 154, 261
Mottier Lopez, 16, 21, 22, 27, 28, 51, 52, 54, 63, 67, 69, 70, 73, 75, 76, 77, 78, 79, 80, 84, 85, 91, 93, 94, 95, 96, 110, 111, 118, 124, 126, 128, 129, 130, 131, 132, 136, 137, 138, 139, 140, 141, 142, 143, 145, 148, 151, 153, 154, 155, 156, 183, 195, 218, 229, 250, 253, 255, 259, 261, 265, 266, 276
Mucchielli, 141, 155
Mugny, 55, 64, 67
Muller, 132, 143, 153, 154
Muniesa, 234, 248
Murayama, 57, 66, 67
Musselin, 234, 236, 244, 248
Nicaise, 27
Nilsson, 216, 229
Oberlé, 66
Paillé, 141
Paivandi, 25, 28, 235, 239, 245, 248, 249
Palomares-Montero, 226
Pana-Martin, 210, 228
Pansu, 233, 248
Paquay, 197, 198, 250, 265, 266
Parent, 127
Pariat, 24, 184, 258
Pasquini, 19, 29, 31, 41, 50, 79, 80, 86, 87, 148, 155, 277
Pastré, 188, 197, 207, 230
Paul, 19, 29, 31, 36, 49, 94, 191, 197, 223, 230, 277

Payot, 96
Pekrun, 57, 66, 67
Pellegrino, 82, 97
Penuel, 97
Pérez Abellás, 226
Périsset, 265
Perrenoud, 76, 97, 102, 105, 121, 122, 126, 152
Perrinel, 205, 230
Petit, 214, 227
Petkova, 95
Pineau, 168, 176
Poirier, 93
Portelance, 213, 214, 230
Pot, 96
Poussin, 125
Prot, 170, 176
Pulfrey, 53, 56, 57, 62, 65, 67
Quiamzade, 55, 67
Raes, 249
Ramírez Fernández, 230
Ramus, 233, 248
Raposo Rivas, 229
Redersdorff, 65
Remaud, 179, 196, 259, 265
Reuter, 102, 108, 121, 126
Rey, 190, 196, 197
Ricco, 127
Rittershaussen, 227
Robert, 237, 248
Robin, 213, 230
Roditi, 107, 117, 123, 124, 126, 127
Rodrigues, 29, 52, 255, 266
Roediger, 233, 248
Rogalski, 127
Roger, 214, 230
Romainville, 233, 247, 249
Romian, 103, 126
Rosa, 244, 248
Rothenbühler, 72, 94
Rouchier, 127
Roure, 208, 230

Rousseau, 206, 226
Ryan, 56, 65, 68
Rywalski, 24, 159, 168, 175, 176, 178, 190, 191, 197, 253, 277
Sahuc, 96
Saint-Onge, 41, 52
Sales Cordeiro, 144, 155
Salini, 159, 175
Salles, 117, 126
Samurçay, 127
Sánchez-Núñez, 230
Sarmiento Campos, 226
Sayac, 75, 76, 97, 110, 111, 126
Scallon, 75, 76, 97
Schneuwly, 96, 112, 122
Schubauer-Leoni, 153
Schwartz, 23, 157, 162, 165, 166, 169, 172, 175, 177, 192, 193, 197, 198, 254, 278
Scriven, 73, 97, 182, 183, 198
Serrano, 212, 230
Shadish, 17, 28
Shepard, 97
Smeding, 60, 65, 68
Smith, 97
Sorin, 96
Soto-González, 226
Souchal, 60, 65, 68
Spallanzani, 209, 227, 231
Stasser, 58, 68
Straeten, 27
Strittmatter, 253, 266
Sylvestre, 3, 15, 27, 94, 143, 150, 265, 278
Talbot, 109, 110, 111, 114, 115, 127, 266
Taras, 75, 76, 97, 182, 198
Tardif, 153, 186, 198, 210, 231
Teichler, 232, 247, 249
Tejada Fernández, 212, 231
Tessaro, 95, 97, 148, 149, 154, 155, 156
Thélot, 180, 197, 198

Index des auteurs cités

Titus, 58, 68
Toczek-Capelle, 65, 68
Toma, 53, 58, 66, 68, 278
Tominska, 50, 51
Torrelles, 227
Tourmen, 107, 111, 126
Trudel, 109, 110, 111, 114, 115, 127
Tsandev, 196
Turcotte, 109, 110, 111, 114, 115, 127
Valencic Zuljan, 231
Van Driel, 229
Van Nieuwenhoven, 79, 85, 111, 125, 258, 265, 266
Vandercleyen, 231
Vangrieken, 245, 249
Vantourout, 22, 99, 105, 108, 109, 110, 111, 113, 118, 119, 120, 121, 122, 124, 127, 247, 249, 279
Vatin, 168, 177, 248
Vergnaud, 101, 104, 127, 197
Verhoeven, 132, 135, 136, 137, 156
Vial, 17, 28, 29, 52, 128, 129, 152, 165, 166, 167, 168, 174, 175, 177, 214, 231, 255, 265
Viala, 127
Villabona, 111
Villemin, 210, 217, 218, 219, 226

Vinatier, 213, 230
Vlassis, 109, 110, 111, 112, 114, 115, 124
Vogrinc, 208, 231
Von Erlach, 190, 198
Vygotski, 169, 170, 177
Wa Chao, 260
Waldenfels, 129, 132, 133, 156
Weber Guisan, 187, 196
Weinstein, 55, 67
Weisser, 246
Wenger, 23, 28, 138, 153
Whitenack, 153
Wiggins, 74, 84, 89, 98
Wiser, 97
Wittorski, 265
Wouters, 265, 266
Wyatt-Smith, 148, 156
Yackel, 153
Yerly, 95
Yorke, 54, 67, 205, 228
Younès, 3, 15, 17, 25, 28, 143, 150, 232, 235, 239, 245, 248, 249, 261, 265, 266, 279
Zabalza, 211, 231
Zbinden, 96

Les contributeurs

Frédérique Autin est maitresse de conférences en psychologie sociale à l'université de Poitiers et membre du Centre de Recherches de la Cognition et l'Apprentissage (CNRS UMR 7295). Ses recherches portent notamment sur comment certaines pratiques en œuvre au sein de l'institution scolaire peuvent contribuer à la reproduction des inégalités sociales.

Anatolia Batruch est postdoctorante en psychologie sociale à l'Université de Lausanne. Après avoir terminé sa thèse en Suisse, elle a effectué des séjours doctoraux et postdoctoraux en Australie et au Pays-Bas. Son domaine d'expertise est la psychologie des classes sociales. Elle travaille notamment sur les antécédents structurels et idéologiques ainsi que les conséquences psychologiques des inégalités de classes sociales.

Fabrizio Butera est Professeur de Psychologie Sociale à l'Université de Lausanne. Il a été membre du conseil de la recherche du Fonds National suisse pour la Recherche Scientifique et président de la European Association of Social Psychology. Ses travaux de recherche portent sur les processus d'influence sociale. Dans ce cadre il a étudié les facteurs cognitif, motivationnels, relationnels et structurels qui influencent l'apprentissage. https://orcid.org/0000-0002-8856-4374

Les contributeurs

Carmen Cavaco, docteur en Sciences de l'Éducation/Formation des Adultes, est enseignante-chercheuse à l'Instituto de Educação da Universidade de Lisboa| UIDEF, depuis 2000. Ses domaines d'enseignement et recherche sont la formation expérientielle, la reconnaissance et validation des acquis de l'expérience, les adultes non scolarisés et peu scolarisés, la recherche biographique, les politiques publiques d'éducation et la formation des adultes.

Jacques Dubochet est professeur honoraire de l'Université de Lausanne. Dans son curriculum vitae, il précise qu'il était le premier enfant dyslexique officiellement diagnostiqué dans le canton de Vaud. Malgré ce trouble d'apprentissage qui a rendu sa scolarité difficile au début, il devient en 2017 prix Nobel de chimie pour ses travaux dans le domaine de la cryomicroscopie électronique.

Gérard Figari , professeur honoraire à l'Université Grenoble Alpes, conduit des travaux de recherche sur l'évaluation en éducation, notamment en lien avec les environnements de formation (dispositifs, programmes, curricula et acquis des apprentissages expérientiels). Il mène également des expertises nationales et internationales sur les dispositifs éducatifs. Il participe, depuis de nombreuses années, à la vie de l'ADMEE Europe.

Les contributeurs

Marcelo Giglio, qui nous a quittés pendant le processus éditorial, était professeur de Créativités et collaborations en éducation à la Haute école pédagogique BEJUNE où il enseignait aussi la didactique de la musique. Il était engagé dans des sociétés savantes internationales notamment, l'European Association for Practitioner Research on improving Learning (EAPRIL), l'International Society for Music Education (ISME), et l'ADMEE-Europe.

Christophe Gremion est maître d'enseignement en sciences de l'éducation auprès de l'Institut fédéral des hautes études en formation professionnelle (IFFP) et chercheur associé du groupe pour l'évaluation des pratiques professionnelles (gEvaPP). Ses recherches portent principalement sur les dispositifs de formations à visées professionnalisantes en alternance et sur l'accompagnement au service de la professionnalisation des personnes.

Pascal Lafont est enseignant chercheur, docteur en sciences de l'éducation, habilité à diriger des recherches, et membre du LIRTES de l'Université Paris Est Créteil. Président du GIS REDFORD 2i, il est auteur d'ouvrages et d'articles sur la formation des adultes, la reconnaissance et la validation des acquis de l'expérience, et porteur de projets d'innovation pédagogique et de recherche dans l'enseignement supérieur, en France et à l'étranger.

Directeur de recherche et d'équipes scientifiques, enseignant-chercheur en France et au Québec, **Philippe Maubant** a une longue expérience de chercheur, de formateur d'adultes et de consultant sur les questions d'apprentissage professionnel. Ses publications sur les pédagogies de l'alternance font référence. Directeur de la revue Phronesis, éditeur, expert international, il contribue à la valorisation des recherches sur la professionnalisation dans les professions adressées à autrui.

Olivier Maradan s'exprimait en tant que secrétaire général de la conférence réunissant les ministres cantonaux dirigeant les Départements de l'éducation des cantons francophones de Suisse. Ayant exercé de multiples fonctions dans l'encadrement et la coordination de la formation, notamment en tant que responsable du projet d'harmonisation de la scolarité obligatoire en Suisse (HarmoS), il s'est depuis lors établi comme consultant indépendant et travaille dans la gestion de projets, l'expertise et le conseil sur le plan institutionnel, ainsi que comme rédacteur, blogueur et chargé de cours (www.faits-educatifs.ch).

Lucie Mottier Lopez est professeure ordinaire à la Faculté de Psychologie et des Sciences de l'Éducation de l'Université de Genève. Elle dirige le groupe de recherche « Évaluation, régulation et différenciation des apprentissages dans les systèmes d'enseignement » (EReD). Elle a présidé l'ADMEE-Europe de 2009 à 2013. Elle est co-coordinatrice du réseau « Recherches collaboratives sur les pratiques évaluatives » (RCPE) de l'ADMEE-Europe depuis 2008.

Jean-Paul Moulin. Les 25 premières années de ma vie professionnelle ont été consacrées à la formation des enseignants dans le domaine de la pédagogie spécialisée, à l'Université de Fribourg d'abord (1983 à 2001) et à la Haute Ecole Pédagogique du canton de Vaud (2001 à 2008). Durant les 12 dernières années de ma carrière, j'ai dirigé un Centre de formation professionnelle pour des jeunes présentant des difficultés d'apprentissage.

Raphaël Pasquini (PhD) est Professeur associé en évaluation scolaire à la Haute école pédagogique du canton de Vaud (Lausanne), en Suisse romande. Ses travaux portent principalement sur l'étude des pratiques d'évaluation sommative et de notation. Il est actif au sein de réseaux académiques traitant d'évaluation aux niveaux régional, national et international.

Patrick Rywalski, titulaire d'un DESS, est Maître d'enseignement, Responsable Formation continue certifiante auprès de l'Institut fédéral des hautes études en formation professionnelle (IFFP) à Lausanne. Ses centres d'intérêt sont la formation des formateurs et formatrices d'adultes, la conception de dispositifs, la reconnaissance et validation des acquis, l'accompagnement.

Les contributeurs

Yves Schwartz, professeur émérite de philosophie Aix-Marseille Université, membre de l'Institut Universitaire de France (1993-2003), Président de la Société Internationale d'Ergologie, Membre correspondant de l'Académie des Sciences Morales et Politiques.

Emmanuel Sylvestre, docteur en Sciences de l'Education, est Directeur du Centre de soutien à l'enseignement de l'Université de Lausanne et chercheur invité à l'Université Gustave Eiffel. Dans ses différentes fonctions, il accompagne les enseignants, les équipes pédagogiques et l'institution dans l'adaptation des pratiques pédagogiques suite à l'évolution du contexte d'enseignement (évolution du nombre d'étudiants, de leurs attentes, du contexte culturel et socio-économique etc.).

Claudia Toma est professeure en psychologie sociale et comportement organisationnel à Solvay Brussels School of Economics and Management de l'Université libre de Bruxelles. Ses principales recherches portent sur la prise de décision et le partage des informations en groupe, les jugements sociaux et la gestion de diversités. Elle enseigne le comportement organisationnel, le leadership, la négociation et la gestion de diversités.

Marc Vantourout est maître de conférences en sciences de l'éducation à l'Université de Paris. Ses travaux portent sur les relations entre l'évaluation des apprentissages scolaires et les didactiques disciplinaires. Il a été en 2013-2014 l'un des fondateurs du réseau EVADIDA (Évaluations et didactiques) de l'ADMEE-Europe dont il est l'un des coordinateurs.

Nathalie Younès est docteure sciences de l'éducation, habilitée à diriger des recherches. Maîtresse de conférences à l'Université Clermont-Auvergne, INSPE, elle est co-responsable du thème « Conception et évaluation d'outils et de dispositifs » du laboratoire ACTé. Elle est actuellement la présidente de l'ADMEE-Europe, cofondatrice du réseau Évaluation et Enseignement supérieur.